厚土忠实丛书

陈忠实纪念文选

张志昌　冯希哲　编选

西安出版社

图书在版编目（CIP）数据

陈忠实纪念文选 / 张志昌，冯希哲编选. —西安：西安出版社，2020.1（2021.5重印）
（厚土忠实丛书）
ISBN 978－7－5541－4398－8

Ⅰ. ①陈… Ⅱ. ①张… ②冯… Ⅲ. ①陈忠实（1942-2016）—纪念文集 Ⅳ. ①K825.6-53

中国版本图书馆 CIP 数据核字（2019）第 302036 号

陈忠实纪念文选
CHENZHONGSHI JINIAN WENXUAN

编　　者：张志昌　冯希哲
出版发行：西安出版社
社　　址：西安市曲江新区雁南五路 1868 号影视演艺大厦 11 层
电　　话：（029）85253740
邮政编码：710061
印　　刷：永清县晔盛亚胶印有限公司
开　　本：787mm×1092 mm　1/16
印　　张：20.25
字　　数：274 千字
版　　次：2020 年 1 月第 1 版
印　　次：2021 年 5 月第 2 次印刷
书　　号：ISBN 978－7－5541－4398－8
定　　价：68.00 元

目录

CONTENTS

一

二

三

四

五

附　录

一

阎纲 铁凝 李卫
忽培元 梁鸿鹰 张燕峰
杨海蒂 叶子 李星 王心剑
王蓬 贾平凹 李向红 樊蓉 肖云儒 张志忠
白烨
张凤 陈毓 朱鸿 洪清波 红柯 陈彦 韩小蕙 常振家
陈晓明 李国平 周明 赵安
叶广芩 刘华溪 金炳华 张艳茜 雷钟哲 陈世旭
牛倩 刘醒龙
何启治 杨小玲 白描 蒋惠莉 姚秦川 李清霞 党益民 雷达
吴克敬 赵刚 魏英杰 周燕芬 梁桂 韩怀仁 何平 王仲生 阿莹
李遇春

在陈忠实的创作道路研讨会上的讲话

铁　凝

各位嘉宾、同志们、朋友们：

大家上午好！

2016 年 4 月 29 日，一颗为文学跃动了 74 年的心脏在黄土高原上安息了，中国作家协会副主席、茅盾文学奖获得者陈忠实先生永远离开了我们。今天，中国作家协会在这里举行陈忠实的创作道路研讨会，既是为了表达对这位卓越作家的深切怀念，也是希望通过深入的学术研讨，从陈忠实的创作道路中总结经验，获得启迪，推动中国文学的繁荣发展。我谨代表中国作家协会，对各位作家、评论家、文学界同仁和媒体朋友们出席今天的会议表示衷心感谢！

陈忠实先生去世到今天一个月零八天，我至今有时候还不能接受老陈已经走了。我想，很多朋友和我一样，想起老陈，我们就如同想起黄土高原上一棵挺拔的老白杨树，立在那里，饱经风霜，是那么的刚毅、忠厚、热情、苍劲。在我的印象里，老陈似乎从没有年轻过，但老陈也永远不会老去。此时此刻，我不由得想起 1992 年 11 月 21 日在路遥追悼会上陈忠实评价路遥的一句话："我们不得不接受这样的事实，无论这个事实多么残酷以至至今仍不能被理智所接纳，这就是：一颗璀璨的星从中国文学的天宇陨落了，一颗智慧的头颅终止了异常活跃、异常深刻也异常痛苦的思维。”我想，这句话也完全可以用来表达我们在这一个多月里的心情。

陈忠实离去了，但是他留下了《白鹿原》，留下了包括中短篇小说、散文随笔、报告文学、文学评论等多方面的丰硕成果。陈忠实是为文学而生的，他从初中二年级开始尝试写作，1965 年初，他 23 岁时第一次发表作品，那是一篇散文。此后在漫长的岁月里，他从来没有放下他的笔。直到生命垂危，他依然用笔在纸上写着，字迹已难以辨认，但那支笔却不甘就这么停下来。卡夫卡说：“笔不是作家的工具，而是作家的器官。”这对陈忠实来说尤其贴切，写作就是他的生命，他把一切献给了他所挚爱、他所信仰的文学。

在陈忠实的遗体告别仪式上，我看到老陈的颈下枕着的是他的《白鹿原》。这时，我想到他生前最后一本散文集的名字，这本书叫作《生命对我足够深情》。陈忠实一生自奉甚俭，他对这个世界的生活需求人们所能记得的可能只是一碗面、一根烟、一曲秦腔，但是，他获得了生命对一个作家最丰厚的馈赠：在他生前，在他写完那部名为《白鹿原》的书的时候，他就已经确信，这是一部“死后可以放在自己棺材里当枕头用”的大书；而今天，我们所有的人对此同样确信不疑，《白鹿原》作为中国当代文学的经典将长久地被阅读、被记住。

陈忠实是人民的作家，他来自人民，属于人民。在他去世后，前往灵堂吊唁的人络绎不绝，他们中不仅有文学界和文化界的朋友，更多的是普通的读者，是远道而来的乡亲们。在最后送别的那天，大厅外的广场上聚集着那么多的人，一种发自内心的热爱和悲伤把人们召唤在一起。这样的情景让我们深刻地理解了陈忠实的根本力量。他是一个从未离开他的乡亲、他的人民的作家。对陈忠实来说，人民不是一个抽象的概念，人民是活生生的有血有肉的具体的人，是那些和他谈笑、向他倾诉生活中的苦恼的农民朋友，是素昧平生但一见如故的读者。陈忠实从来不会用居高临下的眼光去看待他们，因为他知道自己和他们一样，自己就在他们中间，他和人民血脉相通、心心相印。

这样一个作家，毕生执着地热爱着他的土地和村庄。这些天，我们看到了陈忠实的很多照片，其中有一张给我很深的印象，那应该是在他的晚年，明显看得出他的身体瘦弱，老陈站在田地里，扬起锄头，脸上是阳光灿烂的笑容。给人的感觉，就是一个老农站在自家的田里，站在他一辈子劳作和收获的地方，顶着他的天，踩着他的地，他是那么的自信、踏实、敞亮。这就是陈忠实，他的根深深地扎在乡土中，扎在中国的乡村生活中。也正因为如此，他才会见人所未见，对乡土中国的现代命运做出了振聋发聩、别开天地的表现；他的《白鹿原》才成为来自民族生活深处、凝聚着文化和历史的丰厚经验的“中国故事”。

这样一位忠于人民、忠于生活的作家，他的创作道路始终贯彻着强烈的责任感。《白鹿原》的扉页上写着巴尔扎克的一句话：“小说是一个民族的秘史。”我想，对陈忠实来说，这不仅是一种文学观，更是一种责任，一种信念。从 1985 年创作中篇小说《蓝袍先生》时起，陈忠实便开始了对民族命运的深入思考。他花费两三年的时间做了周密的准备，1988 年清明开始写作《白鹿原》，6 年后——1993 年，《白鹿原》出版。在写完《白鹿原》的那一刻，陈忠实失声痛哭。我想，这一哭不仅是艰难跋涉后抵达峰顶的激动，更包含着一位自觉承担着书写民族秘史责任的作家面对民族的苍茫历史和壮阔灵魂的百感交集。

经过艰难的探索与蜕变，陈忠实“寻找到了属于自己的句子”。《白鹿原》是恢宏的史志和史诗，它带领我们进入想象中国的新的思想和艺术境界，同时也把中国新文学以来的现实主义传统带到了一个新的高度。面对传统，陈忠实满怀虔诚和礼敬，是一个忠实的学生；但同时，他又是一个坚决的、大胆的、一往无前的创新者。他曾经说过：“柳青是我最崇拜的作家之一。在我小说创作的初始阶段，许多读者认为我的创作有柳青味儿，我那时以此为荣耀。因为柳青在当代文学上是一个公认的高峰。到 80 年代中期我的艺术思维十分活跃，这种活跃思维的直接结果，就是必须摆脱老师柳青，摆脱得越早越能取得主动，摆脱得越彻底越能完全自立。”正是一代又一代作家这种“完全自立”的雄心和意志延续着中国文学与时俱进、生生不息的生命活力。

陈忠实一生忠厚为本、质朴为人、真诚待人、坦诚做人。他从未失去做人的“初心”，也从未失去为文的“初心”。他是一个好人，是一个好作家，一个沉静、高洁的作家。他的一生有力地证明了，一个作家的精神境界、思想高度和人格力量决定着他的作品的境界、高度和力量。陈忠实无愧于自己的人生，无愧于哺育他的三秦大地，无愧于时代、历史和人民。

今天，我们回顾陈忠实的创作道路，也是在回顾一个作家迈向高峰的历程。习近平总书记在文艺工作座谈会上的重要讲话，为中国文学在新的时代条件下的繁荣发展指明了方向。在前进的道路上，陈忠实为我们提供了丰富的、多方面的经验和启迪。斯人已逝，风范长存，中国广大作家一定会从前辈的探索和创作中汲取力量，书写中国故事，弘扬中国精神，不断迈向新的艺术高峰！

谢谢大家！

（《文艺报》2016 年 6 月 8 日）

回忆陈忠实同志

金炳华

虽然一直听说陈忠实同志身体不好，但真的得到他去世的消息，还是感到非常突然，十分难过。他生于 1942 年，长我一岁。作为一位作家，70 多岁依然是创作的黄金时期，无数的读者都在期待他继续寻找属于自己的句子，把深厚的文化积淀、丰富的生活体验、崇高的人生情怀、娴熟的表现能力，化作一篇篇、一部部属于陈忠实的精品力作。然而，这一切的期盼与祝愿，都被无情的噩耗所阻断。

当得知忠实同志去世的消息后，我怀着十分悲痛的心情，立即委托中国作家协会办公厅送了花圈，对忠实同志不幸逝世表示深切哀悼，并向他的家属表示慰问。5 月 2 日，忠实同志的告别仪式在西安举行。看到新闻报道中，无数普通的读者从四面八方自发赶来，手里举着印有忠实同志照片的报纸，汇成了肃穆的人海。这动人的情景，让我十分感动。一位当代作家，为何能受到读者和人民如此的怀念和爱戴？我认为，答案只有一个，就是习近平总书记强调指出的，坚持以人民为中心的创作导向，创作出无愧于时代与人民的精品力作。作家心中装着人民，人民心中敬着作家。

早在上海工作时，我就对忠实同志闻名已久，记得 1993 年他的《白鹿原》一书刚出版，我就买来阅读，至今还一直珍藏着。可惜到中国作家协会工作之前，无缘一见。及至见面，才发现真是名如其人。后来接触得多了，对他更加了解，友谊也在加深。一次，我开玩笑说："忠实忠实，忠厚老实。"他抽着一支雪茄呵呵地乐了。

我在中国作家协会党组书记、副主席的岗位上工作的 8 年多时间里，组织召开过许多次中国作协主席团会和全委会，忠实同志是到会率最高的人之一。平时开会他言语不多，即使发言也是朴实、简洁、明了。中国作协开主席团会或全委会，副主席会轮流主持会议，轮到他时总会笑着推辞说："我的普通话讲不好，还是让其他同志主持吧。"但当向他说明理由后，他也乐意地接受了，并且事先会把主持词念几遍，非常认真。忠实同志用又浓又纯的关中话发言，刚开始，我不是完全能听懂；次数多了，感觉他就应该说那样的话，应该那样说话，如果突然讲起一口标准的普通话，反倒不像他了。斯人虽已殁，千载有余情，此时回想忠实同志，我觉得，他的品格可以概括为五个词：忠厚、善良、正直、谦逊、大度。孟子云：知人论世。作家创作作品，自己本身也是一部作品，而且是立体的、丰富的、多侧面的、有表有里的作品。创作《白鹿原》时，忠实同志立誓，死了垫枕头也要有一部作品。如今，忠实同志枕着《白鹿原》走了。我觉得，他枕着的不仅有优秀的作品，还有崇高的人格！

2005 年 5 月 23 日，是毛泽东同志在延安文艺座谈会上讲话 63 周年纪念日，中国作家"重访长征路，讴歌新时代"纪念红军长征 70 周年采风团从江西出发，时任江西省委书记的孟建柱同志会见了采风团全体成员。作为中国作协副主席的陈忠实当时已 63 岁，也欣然担任一个团的团长。在出发仪式上，忠实同志动情地说："我心中有两座最崇高的山、最神圣的山，一座是井冈山，一座是宝塔山。但我 60 多岁还没到过井冈山这个神圣的地方。井冈山在我心中有着割不断的情缘，井冈山是长征的出发地，延安是长征完成的地方。我是陕西人，延安宝塔山去了许多回，但我总有一个心愿，就是到长征出发的地方看看。这样，长征在我心里也就完整了，也就实现了我的一个心愿。"听到他这朴实的陕西口音，我十分感动。一个老党员的精神境界，一个党员作家的自觉追求，跃然而出。《白鹿原》以深厚的传统文化内涵而为人称道，但触动忠实同志最初创作灵感的，却是他发现自己的家乡是西北最早响应革命的地方之一，有着光荣的红色基因。《白鹿原》中，以大量篇幅描写鹿兆鹏、白灵、黑娃等革命者。忠实同志工作的一生、创作的一生，何尝不是一次伟大的长征呢？当时刘云山同志看了《文艺报》有关中国作家“重访长征路，讴歌新时代”采风活动的系列报道后，专门批示要我转达他对重走长征路的各位作家的敬意和问候，并对中国作协组织“重访长征路，讴歌新时代”采风活动给予了充分肯定和鼓励。11 年后的今天，中国作家又开始重走长征路，忠实同志的发言犹在耳畔，这充分体现了一位作家肩负的责任和使命。

这段时间，我看了许多怀念忠实同志的文章，不少人亲切地称他为“老汉”。我在北京工作多年，知道在北方话里，“老汉”指年纪大、受人尊敬的普通男子，要得到这个看似平凡的称呼，其实是不太容易的。忠实同志是中国作协副主席、陕西省作协名誉主席，是茅盾文学奖获得者，曾任陕西省作协主席，应该说是有身份、有地位的人，但他给读者、给大家的印象，不只是主席，也不只是个著名作家，而是一个“老汉”。不错，忠实同志忠厚大度、平易近人，但更本质的，是他终其一生，都把根牢牢地扎在陕西关中的平原上。不少人请忠实同志写字，他总是谦虚地说“我不会写字”，但又总是认真写好，尽快寄出，他每张字的落款都是“原下陈忠实”。他一生甘做白鹿原下人，愿永远向群众学习，向生活致敬！

忠实同志说：“我的写作是生活的附属物。生活对我来说是决定性的。生活与作家创作的关系是一个根本的关系，这是个很简单的道理。”“生活是创作的源泉这个真理永远不会过时。”忠实同志是这样说的，也是这样做的。在成为专业作家之前，他的大半生都在自己老家度过。从儿时上学，到后来当民办教师，在公社工作，又调到区文化局，从未离开过那一方土地。在公社工作时，30 多个自然村，他不知跑了多少回，有好几个村子一住就是大半年。忠实同志非常感激农村的生活经历，他说："这些经历让我对农村和农民世界有了理解，对我后来的创作非常珍贵。当老师、做乡镇干部让我对中国乡村有了体验、理解以及生活积累，成为后来重要的创作基础。"他 1979 年荣获全国优秀短篇小说奖的《信任》，就正面表现了当时历史条件下的乡村矛盾。他的短篇小说集名叫《乡村》《到老白杨树背后去》，散文集是《原下的日子》，一笔一画描绘的，是真实的中国农村。正是有这样深厚扎实的基础，才能诞生《白鹿原》这样代表新时期文学高峰的杰作。而创作《白鹿原》时，忠实同志住在乡下亲戚家的小屋里，一张小饭桌，一个板凳，绘就了中国现代风云际会的大历史。

陈忠实同志不仅是一位有着杰出成就的作家，而且是非常优秀的文学组织工作者和领导者。我觉得，陕西当代文学之所以在全国有重大影响，新人新作不断涌现，文坛长者的引领示范带动作用不可忽视。柳青、杜鹏程、王汶石、路遥、陈忠实、贾平凹、肖云儒等，作为陕西文坛的中坚，挺起"陕军"的旗帜。1993 年，忠实同志担任陕西省作协主席，2001 年当选中国作协副主席，为陕西省作协和中国作协的工作，付出了很多的心血。忠实同志把很多时间和精力放在关心基层文学爱好者、发现和培养中青年作家上，为他们的成长给予积极帮助和支持，得到了陕西省中青年作家和文学爱好者的广泛好评。2006 年 11 月，中国作家协会召开第七次全国代表大会。这是巴金主席逝世后召开的一次全国作家代表大会，会上要选举产生中国作协新的领导班子。对主席人选，广大作家和社会各方尤为关注。中央高度重视，有关领导部门在充分发扬民主、广泛听取意见的基础上，又在中国作协召开主席团扩大会议的时候，再次个别听取中国作协副主席、主席团委员、各省（区、市）作协负责人和作家代表的意见。主席团扩大会议期间的一次中午饭后，忠实同志和我从餐厅出来，边走边聊，快到房间时，他停住了脚步，郑重其事地对我说："金书记，听说也有人推荐了我，我觉得铁凝更合适。"忠实同志没有多说什么，还是一贯朴实的关中话，但他的真诚态度和思想境界让我感动，令人敬佩。

2008年4月，北京十月文艺出版社和中国现代文学馆联合召开《白鹿原》创作20周年暨荣获茅盾文学奖10周年座谈会，忠实同志专门来电话请我参加。我因当时在云南西双版纳主持召开全国少数民族文学翻译工作会议，未能到会，写了一封贺信，在信的末尾写道“祝忠实同志取得更大的创作成就”。忠实同志逝世后，我把这封信从电脑里找出来，看了许多遍。一边看，他的音容笑貌，像过电影一样从我的脑海里闪过。忽然想起，2008年“5·12”汶川特大地震全国哀悼时，忠实同志“一个人在书房里，起立默哀”，今天也是5月12日，我在书房里写下上面的字，深切缅怀作为作家、同志、朋友的陈忠实。

（《文艺报》2016年5月23日）

二

阎纲 铁凝 李卫
忽培元 梁鸿鹰 张燕峰
杨海蒂 叶子 李星 王心剑
王蓬 贾平凹 李向红 樊蓉 肖云儒 张志忠
白烨
张凤 陈毓 朱鸿 洪清波 红柯 陈彦 韩小蕙 常振家
陈晓明 李国平 周明 赵安
叶广芩 刘华溪 金炳华 张艳茜 雷钟哲 陈世旭
牛倩 刘醒龙 党益民 雷达
何启治 杨小玲 白描 蒋惠莉 姚秦川 李清霞
吴克敬 赵刚 魏英杰 周燕芬 梁桂 韩怀仁 何平 王仲生 阿莹
李遇春

水流原在海　月落不离天
——怀念陈忠实

贾平凹

面对着陈忠实的离去，作为同辈人，作为几十年的文友，到了这个年纪和这一时刻，我真切地感受到什么叫黯然神伤，什么叫无声哭泣。

他是关中的正大人物，文坛的扛鼎角色，在感念着他作为一个作家的丰功伟绩，我就想到一句词：水流原在海，月落不离天。

正如有哲人说过，在这个宇宙里，生命是不息的，当每一个人的一世进入其中，它就活在了整体，活在了无限，而不仅仅是一个家庭，一份工作，一份情感里。当任何一个人的去世，如果说是这个整体的一部分失去，是我们的一部分失去，但那仅仅是带走了一部分病毒、疼痛和恐惧，生命依然不息。

更何况陈忠实有他的《白鹿原》。

他依然在世间。

（《陕西日报》2016 年 5 月 2 日）

去南海栽一棵树

刘醒龙

认识陈忠实是在海边。

那是2004年12月底，俗称圣诞节的日子里，100万字的长篇小说《圣天门口》终于完成了，带着闭关6年间对家人的亏欠，偕妻子和女儿到海南岛休息。本意是想悄悄的不惊动朋友，直到一家人离开海口时，才发短信给蒋子丹，告诉她我来了，不想打扰她，但还是知会一声，现在去三亚了。谁知蒋子丹马上来短信和电话，说她正在三亚陪着陈忠实，还有李国平等人。且不由分说，在我们一家到达三亚后，硬是接到与陈忠实等人同住的一家酒店。原计划私下的家庭休闲变成了公开的文学活动。印象很深的是，女儿见到陈忠实后非要喊爷爷，我不同意，让喊伯伯，女儿又不同意，觉得陈忠实比爸爸老很多，只能喊爷爷。实在没办法只好由她去。那天我们搭乘警备区的交通艇去了一座没有对外开放，全部由部队驻守的小岛，从满是贝壳的沙滩码头上岸后，一队被海风吹得黑亮的年轻士兵在木栈道上列队迎接，他们冲着走在最前面的陈忠实齐声喊道："首长好！"背着一只黑色单肩包的陈忠实一时没有反应过来，陪同上岛的警备区政委在他身后小心提醒一句，陈忠实才像有点羞涩地大声说了一句："该干什么干什么去！"惹得跟在身后的我们想笑又不敢笑。那座神秘小岛除了军人再无他人。动物也只有两条狗，一条是公的，一条是母的，士兵们给这两条狗取了名字。我们一叫那两条狗，它们马上跑过来。陈忠实也学着叫，那两条狗却不大听他的。大家就笑说，陈忠实的陕西话很深奥，它们听不懂。

岛四周的海却是懂得一切。女儿在环岛的沙滩上，欢天喜地地拣着贝壳珊瑚，大人们面对深蓝的大海唯一的选择是沉默。天水茫茫，巨浪无边，那些不同于别处的海水，仿佛看得见年年月月台风刮过的痕迹。一般人上不了这岛，上了岛后任何人都要种下一棵树，这既是责任，也是纪念。我们一起在岛上的人工树林中合力栽下一棵树，那次，是这辈子栽树事例中最神圣的一次。能在祖国的最南端，栽下一棵将个体荣耀与民族兴盛紧紧联系在一起的命运之树，实在令人激动，也令人感慨。只是女儿还不到5岁，不懂得人间还有比快乐淘气更为紧要的庄重与庄严，硬是从一脸严肃认真的部队首长那里拎过那如黄金般珍贵的淡水，用自己的小手浇灌给小树，弄得在场的官兵们不知如何是好。半年后，陈忠实成为我们一应作家的团长，率队重走长征路，从南昌出发，翻过贵州境内的梵净山后，我们在住处的院子里，面对一棵小小的红枫叶树，突然说起在南太平洋的小岛上一起种下的那棵树，还有我那淘气的女儿。女儿的情况我当然尽知，但是那棵树，那棵我们一起种下的树，我们一起种在国土最南端的那棵神圣而庄严的树，虽然相隔只有半年，却无从尽知。那些摧毁力超乎想象的风雨对我们栽下的那棵树有过何种的滋润？那里的海涛对我们栽下的那棵树有过怎样的侵袭？我们共同的想法是，只要那棵树能活下来就好。

2006年4月20日在汉口百步亭又见到陈忠实。之所以要特别提及这个日子，是因为那天他从东湖边归来，冲着我发了一声感叹，说东湖哪里是湖，完全是海！屋里的人很多，陈忠实是看着我说的，他一定是又想起南太平洋空阔无边的波涛，还有被波涛团团围住的那棵由我们四只大手栽下去，再由我女儿那双小小手浇水灌溉过的杳无音信的树。当时我没有反应，多年之后我才想起，在那一刻我本当要回答一句的，却没有回答。也是在这次见面的前前后后，因为《圣天门口》的出版，我接受了不少于百次的访谈与采访，我多次说过自己读书的真相，却没有一家媒体如实登载过，这是为了我好，害怕我这大实话一出来，会得罪一排人。我说过这样的话，当代中国作家的作品我读过三遍的只有《白鹿原》。那次见面后 20 天，陈忠实寄来我代朋友索要的他的书法："胸中云梦波澜阔，眼底沧浪宇宙宽。丙戌书古诗原下陈忠实"。这样的诗句也是海一样的情怀了。当陈忠实说东湖是海时，我本当要告诉他，《白鹿原》的文气像海洋一样！

为人当胸怀江海！生长在滴水如金的黄土高原上的陈忠实，慨叹东湖如大海时，是用自己的心胸装着宽广的海洋。

2008 年元月 7 日正好是周一，我在西宁参加由《芳草》杂志推出来的青年作家龙仁青的作品研讨会。早上 9 点整，正是北京那边的上班时间，忽然一连串地接到中国作家协会几个朋友的电话，几位一上班就分别收到由武汉市钟家村邮局寄出的匿名信。经历过"文革"等种种运动的他们，普遍痛恨写匿名信的行为，也不相信匿名信，所以才告诉我当心小人。元旦前后，中国作家协会颁布了《第七届茅盾文学奖评奖条例》，面对与此相关的不正常的文坛躁动，我只能说无聊，甚至连无德都不想说。话虽这么说，心情还是相当不好，曾经很自信，这辈子没做什么能遭人泼污水的事，却还是遇上了。原本打算回家的，却改了行程，第二天去了九曲黄河第一弯的循化，忽然发现黄河之水也能如此清澈。所住的循化宾馆 201 室，隔着两堵墙就是十一世班禅参拜十世班禅故居时住过的 205 室。那天下午，我们一起前往十世班禅母亲的家。接下来的一些事情，当地人评价说，是非常吉祥的。于十分复杂的心情下，我写了一首歌不是歌、词不是词的文字："雪山想念天鹅，哈达想念卓玛，彩云一样梦幻的姑娘，是雪莲中的雪莲。酥油灯点亮千年高原，吉祥湖畔开满花朵。啊，雪莲中的雪莲，你的眼睛是我的错，你的泪水是我的错。草原想念羊群，白云想念情歌。羊圈中生下你的阿妈，是卓玛中的卓玛，小小女儿要牵苍老的手，忧伤的爱禁不起祝福。啊，卓玛中的卓玛，你的泪水是我的错，你的眼睛是我的错。”写完之后，也不知为什么，忽然想起来发短信给陈忠实。陈忠实不会发短信，他马上来电话，说自己高原反应严重，一直不敢来这些地方。听说我们回程要路过西安时，他很高兴，还特别说，很想见见与我同行的朱小如。他那一声“多年不见朱小如了”，不知有多少情怀在其中。

2008 年 1 月 10 日从西宁飞西安的航班一再延误，一直到傍晚 18 点 20 分才起飞。到西安后，正在取托运行李，女儿来电话，祝爸爸生日快乐。机场外，也在三亚认识的李国平已等候多时，陕西省作家协会办公室主任杨毅亲自驾车进城。到了市内，径直去餐馆，陈忠实率红柯、周燕芬和李清霞等已等候多时。

见面后我将在西宁机场买的一盒雪茄送给陈忠实。刚寒暄了一会儿，陈忠实就主动提及《圣天门口》，他用那天下独一份的陕西方言，说起马上要评的第七届茅盾文学奖，并说《圣天门口》肯定会如何。可以肯定，陈忠实说这些不是关了一盒雪茄的原因，在陈忠实眼里，天下雪茄都不如被关停的宝鸡卷烟厂出产的 7 元钱一盒的雪茄好。借着高兴，我先说，第四届时我的长篇小说处女作《威风凛凛》就与《白鹿原》一道入围初评的前 20 部，接下来我再将前几天有人写匿名信的事当众说了，形容这是前途险恶的凶兆。陈忠实闻听哈哈大笑，然后说了两个字：喝酒！一杯酒喝下来，陈忠实再次冲着我笑，这一次的笑却是意味深长。2011 年 8 月，《圣天门口》之后创作的长篇小说《天行者》获第八届茅盾文学奖之际，想起当初陈忠实的笑声，顿时明了个中滋味。

说话间，朱小如透露今天是我的生日，陈忠实连忙让李国平安排。人在旅途，遇上这样一群好朋友，既吃上了寿面，又吃了蛋糕，一位在西安很红的民间歌手，追着陈忠实而来，也顺便唱了一首生日歌，真的很是惬意，一时间就将那匿名信的不快丢到九霄云外。在西安的第二天，李国平带我们去陕西省作家协会转了一圈，得知陈忠实的办公室是当年西安事变时，张学良用来关押蒋介石的地方，我也找到机会难得大笑地说，这就对了，这样的房子只有像陈忠实这样的人住在里面才镇得住，别的人待在里面怕是要出问题的。2008 年 10 月 28 日下午，从北京传来第七届茅盾文学奖终评结果的消息，在许多打来宽慰的电话中，让我既觉得意外又觉得感动的是陈忠实。正在和妻子儿女们一起吃晚饭，陈忠实的电话来了，在话筒里长叹一声，说简直不敢相信，前些时，他还在《西安晚报》的访谈中，预估《圣天门口》最有可能获奖。陈忠实也不知说些什么才好，只是一声接一声叹息不停，就这样持续了近 10 分钟，一直不肯放下电话，那样子就像是陈忠实自己犯了错。明明公开对记者们发布了个人预测，而今又没有兑现，陈忠实说，这叫我如何与记者们说呀！到头来反而是我劝他，说自己的作品，一定有写得不好的地方，让人揪住了，而当初敢于替《白鹿原》担当的像陈涌先生那样的人又没能出现第二个，出现如此结局也是可以理解的。这一次，我算是与陈忠实合力栽下又一棵树，只是这棵树是无形的，用肉眼看不了，用文字也难叙述，但它是文学的风骨气韵，更是人格的清洁爽朗。

曾经收到一封电邮，落款是陈忠实，内容则是推荐某个青年作家的作品，粗读一遍发现不是那么回事，再细看更发觉多有不对，比如对方称我为“您”，这显然不符合我与陈忠实一向交流的语境，于是打电话过去问。陈忠实没有直接表示什么，只是说曾向一些青年作家推荐我编的杂志，却从未推荐过具体的作品。这种事情换了别人可能会不高兴，发发脾气也是正常的，陈忠实在电话那边不轻不重地说了几句，就将此事一笔带过，再没有表示要追究对方的意思。如何对待这种成功心切、时常使些小手段的青年作家，陈忠实又像在海边栽小树一样，在风狂雨暴的季节，重要的是呵护。

2012 年 5 月 26 日，我开车去甘肃参加一个文学活动，要经过西安，途中约陈忠实，到西延路上的一家酒店小聚。我刚到，陈忠实就来了，还令人惊艳地带来一箱白鹿原出产的樱桃。正是收获高峰季节，那樱桃特别红艳，而我又是格外喜欢樱桃的味道，一口气吃下许多，甚至还约有机会去白鹿原，坐在树下吃那樱桃。陈忠实很高兴，历数陈世旭、刘兆林、舒婷、张炜等朋友，都去他家原上吃过樱桃。第二天一早，我开车继续去往兰州。天黑前，到达兰州城外一处度假村，一帮当地与外地的作家先到了，在那里美美地吃着烤羊肉，喝着鲜啤酒。我将自己吃剩下的半篮子红樱桃拿出来，初时无人动手，待我说起这是陈忠实在白鹿原上亲手摘下的樱桃时，不知从哪里伸出来那么多的手，眨眼之间就被抢得精光。吃完以后还有人盯着汽车后备厢，以为那里面还有。

2014 年 8 月 19 日，《芳草》杂志到西安办一个活动。那天西安城内发生了一件令人啼笑皆非的事情，有两拨人在同一酒店喝酒，因为口角进而互相打起来，其中一方打了对方的人后，发现被打的人是区委要员，打的人是个小官员，也没有人逼他，自个儿主动下跪道歉，而那区委要员也下跪请对方起来等等。大家说笑话时，我给陈忠实打电话，告知自己来了西安，因为日程太满，只有第二天中午有空，问能否见面聊一下。陈忠实稍一迟疑还是同意了，我找好地点后告诉他，他说自己会准时来。回头再给李国平打电话，要他届时也到场聚一下。李国平听后，一连两遍问是不是明天中午，还说老陈中午有午休习惯，是绝对不见任何人的。听到我绝对肯定的回答后，李国平很感叹，说你的面子太大了，这是他认识老陈以来，头一回见他中午出来见朋友。李国平的话说得很严重，我想想也觉得太严重，为什么要生生破坏他人多年养成的良好习惯呢？第二天早餐后我发短信给陈忠实："中午就不打扰你了，你先好好休息，我们在酒店吃过自助餐后赶着去华山看看！醒龙。"那天上午我有讲座，9 点 30 分结束时，陈忠实刚好来电话，遗憾地表示，然后约下次见。中午李国平来小坐，说起来才知，老陈情况不太好，陕西作协党组正要向省委报告，催促老陈到医院仔细检查一下。那一刻，我们的心情突然沉重起来，当然，也更加觉得，自己主动取消的本该是中午的小聚，不管成与不成，于情谊是何等珍贵。

2015 年 7 月 7 日，我去北京参加中宣部一个活动，在八大处报到以后，朋友熟人之间乱串门时，红柯拖着行李进来，三言两语之后，便告诉大家，陈忠实患口腔癌了，正在做化疗，吃东西很困难，完全靠鼻饲。我心里一着急，明知自己没办法帮忙，但还是请红柯回西安时，带去几句话。几天后的晚上 9 点，红柯来电话，他将我托转的癌症靶向治疗方法转告给陈忠实，陈忠实要他一定代表感谢，这时候还有朋友惦记。红柯当时在电话里说，老陈对治疗很有信心。再往后，与知情的朋友打听，也说情况恢复得不错。却不知，再得到消息时，自己只能沉重地写上一句：西去永西安，大道送大贤！那天也是从游泳池里起来，得到消息，人着实有些不肯相信。时间不长，电话就不停地响起来，都是媒体的朋友，心知他们的意思，却不愿接听，我很清楚自己心里还没做好接受这一事实的准备。直到终于可以面对时，我终于接听了一家媒体记者的电话，刚刚开口，说我知道你是为什么事，接下来本要说陈忠实三个字，只是这名字还没说出来，自己已泪流满面，哽咽着半天说不清一个字。

2009 年 11 月 6 日，陈忠实曾打电话，要我给他寄一本《天行者》，他说他当年也当过民办教师。在《天行者》的扉页上，有这样一句话：献给在中国大地上默默苦行的民间英雄。这句话用于陈忠实同样不错。2016 年 4 月 7 日下午，在江西于都红军长征纪念碑前，我代表重走长征路的作家们发言，开头的一段话是说给陈忠实的。我说：10 年前重走长征路时，陈忠实是团长；10 年后再次重走长征路，陈忠实身患重病无法成行。有于都这样曾经庇护过十万红军的偌大福地，希望于都将太多的奇迹赐予一些给陈忠实，希望能庇护长征精神的最好诠释者陈忠实平安长在，养好身体再当团长，再与我们一道继续这将政治与军事的长征融合为文学精神的长征。

这时候，我记起那些撒在兰州城外的来自白鹿原上的红樱桃核，按照童年的经验，那些从嘴里吐出来的红樱桃核不可能全部入土发芽，但也有足够的比例让这些来自白鹿原的红樱桃核长成小树苗。正如南海小岛上那棵由不同的手共同栽下的那棵树，有天地护佑，一定可以长成祖国最南端的最坚强的硕大之树。

我不记得南太平洋上那小岛的名字，也不记得与陈忠实共同栽下的那棵树的名字，更不记得那位同意我的不懂人间艰辛的幼小女儿将一桶如黄金般贵重的淡水浇在小树上的军人的名字，但是我无论如何也不可能忘记，白鹿原和大别山、东湖和南太平洋、南太平洋上不知名小岛上不知名的小树和在兰州城外被朋友们一抢而空的白鹿原上的红樱桃，它们都有一个共同的名字。

用我长江边故乡的话说，男人的泪水是金贵的，因为它是南太平洋上那能浇灌初生树苗的淡水，因为它是那被人生酸甜苦辣泡过的醇酒，因为它能够结出苍黄莽莽的北方大地上灿烂的红樱桃。天下文学莫不是在南海种下一棵树，天下人等莫不如艳丽的红樱桃，好看固然重要，还要做得到在北方黄土高原上也能好看，也能作为他人的生命营养。

2016年6月6日于宜昌

（《当代》2016年第4期）

好作家不会死

——怀念陈忠实

陈世旭

上午 9 点多，我正埋头在家务中，忽然见到刘兆林发的微信：陈忠实去世。

兆林说“这是一个令人悲痛的时刻”，“中国文坛又一棵大树倒下，又一位师友离去，不胜悲痛”，“他是一位大家！《白鹿原》不朽！向陈忠实致哀”云云。兆林是个多愁善感的人，他的伤感我是可以想象的。

但我很平静。不是因为薄情寡义、铁石心肠，也不是因为至少在一年多前就听说了陈忠实罹患重疾，有了思想准备，更不是这些年新时期作家的离世渐成常事，“忍看朋辈成新鬼”，已经麻木了，而是我觉得，一个真正的作家，更多的是一个精神存在。像陈忠实这样一位写出了《白鹿原》这样的杰出作品的作家，是不会死的。

多年来，因为一些偶然的机缘，我有幸认识陈忠实，有幸近距离地接触他，被他的执着、纯粹、真挚、宽厚以及睿智所深深打动。我先后就他的人品、他的襟怀、他的写作写过不算太少的文字，虽然拙劣浅薄，但充分表达了我对他的敬仰。

“44 岁那年”，已经发表了“为数不少的中、短篇小说”，“多次在全国获奖”。但陈忠实觉得“从真实的文学意义上来审视便心虚”，觉得没有写出一部自己满意的作品。由此“经历了一次重大的心理危机，对即将来临的50岁这个进入老年生命区段标志发生了强烈的恐惧”，“清晰地听到了生命的警钟”，担心“万一身体发生不可救治的灾变，死时真的连一本给自己做枕头的书都没有”，“正是在这种纯粹的个人兴趣的自我指向的悲哀中，激起了为自己做一本真的要告别世界也告别生命兴趣时可以做枕头的书的自信”。“一个重大的命题由开始产生到日趋激烈日趋深入”，那便是“关于我们这个民族命运的思考”。这个时候，《白鹿原》的基本构思刚刚完成，即将开笔起草。他已经下定了决心，“充分地利用和珍惜50岁前这五六年的黄金岁月，把这个大命题的思考完成”。带上他认为必须的哲学、文学书籍，以及他这之前收集整理的史料，陈忠实静静地回到灞水河边已经完全破败的祖居的老屋。

“当新的一年的艳丽的太阳把阴坡上的积雪悄悄融化的时候，对生理不幸的畏怯心理完全被汹涌着的创造欲望彻底扫荡了。把那种只属于自己的独特体验倾泄出来展示出来，自信那种生命的和艺术的深沉而又鲜活的体验只属于自己，强烈的创造的欲望既使人心潮澎湃，又使人沉心静气，当我在草拟本上写下第一行字的时候，整个心理感觉已经进入我的父辈、爷辈、老老老爷辈生活过的这座古原的沉重的历史烟云之中了。”

负了写出民族秘史的沉重使命，陈忠实穿越了一条幽深漫长的似乎看不到尽头的历史隧道。《白鹿原》是生性沉重的陈忠实对一个沉重民族的沉重历史的沉重解读。不论对这解读怎样众说纷纭，但它的雄心、它的宏大、它的深邃、它的艰辛，是谁也不至于稍置微词的。陈忠实将会因为这解读，随被他解读的历史同在。

“死去何所道，托体同山阿”。陈忠实把肉体托付给了自然，他的精神生命则会长久地存于世间。就他本人而言，“死时真的”有了“一本给自己做枕头的书”。我想，弥留之际，他应该是欣慰的而不是悲伤的吧。

2016年4月29日午时于岭南

（《中华读书报》2016年4月30日）

原 上 原 下

——走近陈忠实

白 描

一

这里是关中平原的边角地带，一方混沌苍茫的天地。

北边是河，南边是原，东边是山。河道里顽石遍布，细瘦的河水慵懒萎靡，流得无精打采。河堤之外是农田，土地不算肥沃，村落散布在原上原下，几乎都是一样的平庸、沧桑、灰头土脸。人们世世代代守着脚下的土地，在沉重的劳作中挣扎、喘息，年景不好时会怨天尤人，心气不顺时会骂人干仗，但更多的时候是心平气和，与世无争；也容易满足，但凡逢上风调雨顺，看见地里的麦穗饱满，豆荚鼓胀，他们便会笑逐颜开，额手相庆，日子过得倒也舒坦自在，有滋有味。

这里离西安不远，五十里地，但庄户人家，去那花花绿绿、闹闹哄哄的省城干啥？五十里地也要走路爬坡，过河涉水，来回一天都急急慌慌，耽误地里的活计不说，口袋里没银子，去了教人当叫花子看？乡下人就是乡下人，过自己的日子当紧，原坡下庄稼的长势，河堤柳梢上的春暖秋凉，圈里母猪下了几只猪仔，囤里的粮食能不能接到麦黄，土坯旧房能否遮风挡雨，黄鼠狼夜晚又叼走了几只鸡，东邻西舍媳妇的针线茶饭如何，谁家有了生老病死……只有这一切，才是他们心之所系，构成了日常的喜怒哀乐和最要紧的话题。这个世界被骊山、灞水和白鹿原围拢，距离城市五十里的距离，就是距离另一个世界的五十里鸿沟。这里的日出日落，与远方无关。

这是一个幽闭的穷地方。

还有大煞风景的事情。

康熙四十二年，皇上西巡陕西，经风陵，渡黄河，入潼关，进关中，路过骊山脚下，臣子们奏请康熙帝游览骊山。此山远望如同一匹黑色骏马，故以骊山名之。上古时期，女娲在这里“炼石补天”；西周王室在这里建造烽火台，特别是秦始皇千挑万选，将他的陵寝建在骊山脚下。山上自然景观秀丽，文物胜迹众多：烽火台、老母殿、老君殿、晚照亭、上善湖、七夕桥、遇仙桥、三元洞……康熙在山脚下细细打量，传谕奉上笔墨，题诗一首，随后命御驾转头离去。诗曰：“骊山九破头，灞水向西流。民无百年富，官至二品休。”世人看骊山形如骏马，康熙却以为是乱峰破头。那山脚下的灞水，确是西向而流，康熙断定此地风水不佳，拒绝登山。康熙懂不懂风水，是不是真写了那首诗，值得怀疑，但这传说传播开来，便如同谶语，让这一方水土自惭形秽。

陈忠实就出生在这块土地上，村子叫西蒋村，村子东北方向就是骊山，村前就是向西流去的灞水。

山压原挤，僻远苍凉，又传说遭康熙帝厌弃，这地方实在有点让人丧气。

但还可以做梦。

若干年后，当陈忠实打开一本名叫《百年孤独》的书，读到被他视为“神人”的哥伦比亚作家马尔克斯的第一句话时，犹如受到电击：“多年以后，奥雷连诺上校站在行刑队面前，准会想起父亲带他去参观冰块的那个遥远的下午。”他眼前跳出的画面是父亲带他去看戏的那些遥远的日子。少年奥雷连诺看到吉普赛人表演杂耍，父亲带陈忠实看的却是秦地戏台班子的演出。他坐在父亲的肩膀上，在拥挤的人群里高高在上。每逢节庆或麦收忙罢农人短暂歇息的日子，原上原下一些村子就会搭台唱戏，十里八乡内的男女都会赶去看热闹。小小陈忠实不懂戏文，不明白那些红脸白脸吼呀唱呀说呀念呀扭呀晃呀在表达什么，不明白穿着戏袍的那些人甩胡须抖帽翅是想干啥，但在原上原下的土戏台前，在父亲的肩膀上，看到有人哭，有人笑，他获得了一个粗浅的认识：在没有他之前，这个世界上曾发生过很多让人高兴或让人悲伤的事情，这些事情铭刻在人们记忆里，穿过长长的光阴，一直被说着唱着念着想着，就像村前的灞河水一样，世代流淌。再过若干年后，他才明白，那叫历史。历史早已翻过，但历史不会泯灭。父亲带他去看戏，实际上在他懵懂的意识里已经种植下对历史好奇的心苗。

培养他好奇心的还有流传于原上原下的传说：周幽王戏诸侯，秦穆公称霸西戎改滋水为灞水，刘邦侥幸逃离鸿门宴亡命白鹿原，灞柳伤别，白鹿精灵……乡人把传播历史掌故叫“说古经”。“古经”点燃了少年陈忠实探究这个世界最初的兴趣。他在后院喂猪，背靠猪圈的短墙，呆呆地想：仓皇逃命的刘邦是不是就从他家后门这条小路逃回他在白鹿原的大本营？临近的铜人原是秦始皇焚书坑儒的现场，那些被活埋的读书人，尸骨还能挖出来吗？还有不远处的凤栖原上埋葬着汉文帝和汉宣帝，那被人称颂的“文景之治”好在哪里？一切仅仅是好奇，一切都还懵懵懂懂，但他的目光试探着越过灞水河道里的雾岚和白鹿原顶头的云朵，开始想象远方。

但直到 12 岁前，他没有走出囿于他的那个封闭的世界。他生命中的第一次远足，发生在他的第一个本命年，我在《不能永远穿着没有后跟的破鞋走路》一文里记录了此事：他随着老师同学去 30 里路外的小镇考初中。沙石路磨穿了他的破鞋底子，磨破了他的脚后跟，血肉模糊的双脚几乎无法支撑他走进考场，直到看见飞驶而过的火车，看到“世界上有那么多人不用脚走路”，他才奋然跃起，发誓“不能永远穿着没有后跟的破鞋走路”。这是走出家门，走出白鹿原的第一次努力，他还寄望自己走得更远。但这希望夭折于6年后的高考。那是1962年，刚刚经历三年困难时期，城市里养不起更多人口，全国大学招生名额大幅度降低，这一变故把他挡在希望的门槛之外。但在此前他发现了一条通道，一条充满魔力、勾人心魄的通道，是书籍，是文学。他从图书馆弄来好多小说，先是中国的，后是外国的，读书让他的目光突然延伸到很远的地方，那些地方他从不知晓，但在阅读里，他走进了魏蜀吴三国交锋的战场、水浒梁山的山寨、通往西天的取经路，走进了三里湾、黄甫村、柴达木盆地，走进了保卫延安的硝烟、渭北平原大木匠和卖菜者的村落，还有更远的地方——顿河哥萨克人的牧场、俄国中部的白净草原、塞纳河畔的城市和教堂、英国的呼啸山庄、西班牙执矛骑士挑战风车的荒原和旅店城堡……书籍里的世界是那么丰富多彩，那么奇幻迷人，能不能也来建造一个自己的世界呢？

他动手了，在他16岁那年。全国都在“大跃进”，他造了一座山，他的心飞到了云端：“粮食堆如山，钢铁入云端。兵强马又壮，收复我台湾。”这首诗发表于《西安晚报》，很正规的公开发行的报纸，但此后他并不认可这是他的处女作。在创作年表上他把他的处女作向后推了7年——1965年3月8日发表于《西安晚报》副刊的散文《夜过流沙沟》。

白鹿原北坡下一个庄户人家的儿子，要走出这片苍茫混沌的土地，向着梦想飞翔了。

二

但随后突然发生的一切，让眼前的世界变得不可思议。革命、造反、火烧、炮打、摧毁、砸碎、大破、大立、狗头、画皮、游街、示众……一切全乱了套。他读过的那些书，那些让他心摇神荡带他走向另一个世界的书，一律遭到查禁，作家们都是“裴多菲俱乐部”里的人物。听说西安城里正批斗作家，那个一直驻守长安县（今长安区）皇甫村过着农民生活的柳青，他最为崇敬的陕北老头，也被揪了回去，脖子上挂着牌牌，押在大卡车上，游遍了西安城东西南北四条大街。他的常识遭到颠覆，他顿觉周身寒彻、心灰意冷——看来作家是当不成了。

但他不甘心。

当民办教师，他私下给学生们仍在讲中国的《小二黑结婚》和俄国的《小公务员之死》；当公社卫生院院长，他带领赤脚医生去秦岭的深山老林里挖药，帆布挎包里仍塞着《创业史》。后来形势稍微松动，文学出现复苏的迹象，早先埋藏在他心里那颗梦想的种子也随之萌动，被堵死的路在面前裂开一道缝隙，有光亮从那缝隙里透射过来，他循着这光亮，试探性地迈开步子。

在陕西后起的青年作家中，陈忠实是兄长，是这票人马重要的领军人物。1973、1974、1975 连续三年，陈忠实一年一炮，推出小说《接班以后》《高家兄弟》《公社书记》，让发表他的作品的《陕西文艺》洛阳纸贵。这是后来被称作“文学陕军”这支队伍的“开山炮”，并由此为其后整个青年作家群体的创作奠定了基调，涂抹上最初的底色，让青年作家们看到在当时浓重的“文革”氛围下，把柳青等老一代作家主张的现实主义创作方法和精神熔铸到自己创作实践中的可能性和实现通道。

那一阵子人们对陈忠实刮目相看，他的影响越过陕西地面，越过潼关，引起全国文坛瞩目。但后来，一位陕北后生平地突起，光芒四射，成为比陈忠实名声更响亮的陕西文学又一领军人物。

这是路遥。

其实，20 世纪七八十年代的陕西文坛，谁站到青年作家队伍的前列都不奇怪。那时冒出很多人：徐建铭、陈忠实、邹志安、京夫、路遥、王蓬、沙石、贾平凹、莫伸、程海、李康美、李天芳、李佩芝、李凤杰、蒋金彦、王晓新、张子良、王宝成、王吉呈、张敏、申晓、魏雅华、韩起、周矢……这个名单还可以列出很长。1986 年中国作协筹备全国第三次青年作家创作会议，让各省、市、自治区摸底 35 岁以下的青年作者情况，在陕西作协书记处内，我分管青年作家培养和刊物工作，统计的结果是，在全国公开发行的报纸、刊物上发表过作品的青年作者近千人。这个数字和人名报上去，中国作协不信，一个省哪会有这么多青年文学人才？我们拿出发表作品情况登记表，他们才觉得陕西实在了不起。陕西人经商不如晋人，做官不如湘人，出门闯荡不如豫人，年轻人中，选择文学作为出路的人很多。路遥脱颖而出，不是什么意外的事情。

陈忠实见证了路遥的崛起。1982 年，两人同时进入陕西作协创作组，成为专业作家，白鹿原下的陈忠实在作协大院里安了家。那一年路遥的《人生》发表，陕西作协办公和住宅在一个院子，在这个早先国民党高级将领高桂滋的公馆里，人们习惯下班晚饭后，从家走出，在院子里聊天闲谈。院子有几进，青砖铺地，栽植各种花木，人们从办公室拉一把藤椅出来，再捧一杯清茶，可以聊到很晚。那一段时间，《人生》和路遥成为主要话题。陈忠实去门房拿报纸信件，作协一位司机拦住他，绘声绘色给他讲《人生》里的故事和情节，弄得他听也无心，走也不是。同一时期，他先后发表了《尤代表轶事》《信任》《乡村》《初夏时节》等小说，出版了短篇小说集《乡村》，短篇小说《信任》先是发表在 1979 年 6 月 3 日的《陕西日报》副刊，随即被《人民文学》7 月号、《青年文学》创刊号转载，也产生过不小的影响，但这些成就，相对于《人生》投射在路遥身上的光芒，自是暗淡了许多。

一个小兄弟，跃身冲到了他的前边，他必须调整好心态，适应这种格局的变化，重新确定自己的姿态。

他回到了原下。

1985 年，陕西作协召开“陕西长篇小说创作促进会”，这是新时期陕西文学发展道路上具有重要意义的一次会议。我是会议组织者之一。我主编《延河》，《延河》作者中有位部队军官，我请他帮忙从解放军西安政治学院借来一辆豪华大轿车，会议的安排是从西安出发去陕北，在延安和榆林两地召开。这次会议是陕西作家向长篇小说领域进军的准备会、探讨会、动员会，但结束的时候，已经有点誓师会的味道了。我清楚地记得那天是 1985 年中秋节，在榆林毛乌素沙漠，我们设计了一场别开生面的篝火晚会。全体与会者乘车行进到大漠深处一片“海子”边，事前已从当地人家那里购得柴火、嫩玉米棒之类，也带了酒水来，人员在此集结后，先是宣布了晚会的“律条”：不分职务高低，不分男女长幼，不分名头大小，今夜，我们都是文学的信徒；这个群体，是“大漠文学酋长国”。大家推举白洁、封筱梅两位女作家为“取火女神”，王观胜和朱玉葆两位壮汉为“圣火保护神”，贾平凹为“大漠文学酋长国巫师”。当两位“保护神”护卫着两位“女神”走向摞起的木材堆，在点燃“圣火”的那一刻，全体人员齐刷刷跪倒，“巫师”贾平凹用一种颤抖的巫气十足的声音念诵“咒语”——那一刻，原本带有轻松玩耍性质的篝火晚会，在每个人心中倏然转为肃穆隆重的仪式，也许不少人在那一刻已在心中立誓。

在我后来的记述文章中，把这次篝火晚会称作文学陕军的“大漠盟誓”。

但陈忠实是个例外。

会议结束前要做统计，让大家填表报告长篇创作计划，陈忠实没有填。其时路遥已经完成《平凡的世界》的详细提纲，这次会议一结束，他就一头扎到铜川陈家山煤矿开笔写作了；贾平凹有了“商州系列”的构想，一年多后拿出了《浮躁》；京夫在酝酿《八里情仇》；邹志安打算写农村男女爱情生活，后来推出《多情最数男人》；我报的计划是长篇小说《苍凉青春》，后来改变计划写成纪实文学。陈忠实明确表示他没有写长篇的打算，近几年里他的中短篇写得很顺手，《康家小院》《初夏》《梆子老太》《地窖》《十八岁的哥哥》《罗马大叔》《夭折》……一系列作品陆续发表于《当代》《长城》《延河》《飞天》等刊物上，他不想中断这种势头。大家理解他的想法，但终觉有些遗憾，在向长篇领域进发的陕西文学队伍中，少了陈忠实，声威肯定会打折扣。

但这一年底，在他写作中篇小说《蓝袍先生》时，一道火光突然在他眼前升腾而起，一种冲动被引燃了。

“在小说主要人物蓝袍先生出台亮相的千把字序幕之后，我的笔刚刚触及他生存的古老的南原，尤其是当笔尖撞开徐家镂刻着‘耕读传家’

的青砖门楼下的两扇黑漆木门的时候，我的心里瞬间发生了一阵惊悚的颤栗（今作“战栗”），那是一方幽深难透的宅第。也就在这一瞬，我的生活记忆的门板也同时打开，连自己都惊讶有这样丰厚的尚未触摸过的库存……长篇小说创作的欲念，竟然是在这种不经意的状态下发生了。”这是陈忠实后来的回忆文字。

由此，陈忠实开始了他文学生涯中一次至关重要的长征。

1986年冬，路遥《平凡的世界》第一部在《花城》杂志首发。刊物出来后，陕西作协、《花城》杂志，还有出版图书的中国文联出版公司，联合在北京召开《平凡的世界》第一部研讨会，我是这个会议的组织者之一。会后回到西安，一天陈忠实从乡下回到作协大院家里，晚上叫我去他家一趟。我们两家在一个单元，他住四楼，我住五楼。去了他那里，才知道他要打听的是北京怎样评价《平凡的世界》。北京的研讨会大部分人不看好《平凡的世界》，有激烈的青年评论家甚至说：《平凡的世界》手法陈旧，思想平庸，叙事老套，怎么都不会相信这种作品出自《人生》作者路遥之手。陈忠实听后眼睛一瞪：“咋能这么说？太过分了！太过分了！”聊了一会儿，他从五斗柜里拿出一瓶“城固特曲”，没有佐酒菜，只从厨房拿出两块蒸熟但放凉了的红薯，一瓶水蜜桃罐头。两人开始小酌。两杯下肚，他舒了一口气，说他把《花城》看了，看过后心里轻松了一大截子，他最担心的是他的长篇会和《平凡的世界》撞车，现在看来是不会了。我理解他这一刻的心情。他的轻松，绝无轻视《平凡的世界》的意思，相反觉得北京的评价对路遥不公。他和路遥，都视柳青为精神教父和文学导师，两人早期有些作品，有着明显追随柳青笔法的痕迹，两人现在都开始弄长篇，他真的是担心走进一个模子里去，包括时代背景的选择、所要表达的思想、行文叙事的风格。他心里放下了一块石头，心平气静地又回到了他的白鹿原。

陈忠实对他的长篇有信心，但母鸡罩窝却迟迟下不出蛋来。贾平凹的《浮躁》，躲在户县（今鄠邑区）两个月就写完了；路遥的《平凡的世界》，虽说准备时间很长，但写作速度是一年一部。他的《白鹿原》1986

年准备，1988 年动笔，却迟迟出不了手，于是就有了这样那样的议论。这些议论倒不会影响陈忠实按自己计划行事，但这是一个极为看重尊严的人，终归他曾经是陕西中青年作家中的“大哥大”，但这个时候聚光灯已经转移到路遥身上。过去常有人到作协找他，现在来人都是找路遥的，有时在院子里碰见他，会问：“师傅，路遥办公室在哪里？”或：“路遥家在哪个单元？”陈忠实苦笑自嘲：“咱现在就是一个指路的。”

1991 年春，《平凡的世界》荣获茅盾文学奖。路遥从北京领奖回到西安，省上又隆重召开了庆贺表彰大会。那天会后，陈忠实进了我的办公室，脸色发青，什么也不说，坐在我对面的沙发上，掏出雪茄点着。我知道他感到了压力。作家们之间较劲再正常不过，陕西作家大都闷不吭声，但彼此瞅着瞪着觑着，你弄出响动，我要弄出更大的响动，只要不在背地暗处向对方打黑枪、使绊子，这便可以看作是一种良性的相互竞争，有益的相互砥砺，成片林子里的树木总会比单株独苗长得高。其时我举家正要调往北京，我和陈忠实曾经有约，他的长篇写完，《延河》首先选发部分章节。《延河》有选发长篇的传统，“文革”前十七年文学史上的“三红一创”（《红岩》《红日》《红旗谱》《创业史》），有“两红一创”（《红日》《红旗谱》《创业史》），是在《延河》上首发的。我在《延河》主编任上的日子屈指可数，当然希望这部作品首先在我手上与读者见面。这一天重提早前的约定，陈忠实深深吸了口雪茄，埋下的头从弥漫的青色烟雾中抬起来，慢慢地说：“不急，急啥哩，路遥都获奖了，我过去不急，现在更不用着急了。”实际上，据我所知，此时他手里的长篇已经基本完稿，但他重新调整了自己将要跨越的标杆尺度，那是一个更高的目标。

陈忠实撂下这句话，又一头扎回白鹿原，重新收拾他的稿子，有些章节几乎是重写。这一拼，差不多整整一年。

1978 年柳青逝世。在他生病住院期间，作协派人去医院看望他，他在病床上寄语陕西青年作家，重申了他的一贯主张：作家要甘于寂寞；提出文学创作必须是“60 年一个单元”。柳青的话传达到陕西青年作家当中，对大家启迪和鼓励很大。陈忠实知道他干的是什么活，必须耐得住寂寞，60 年一个单元，那就是一辈子的事情，眼光放长远，急有何用？急功近利弄不成大事。

三

陈忠实去过很多地方，但我敢说，他与任何一个家乡之外的地方都格格不入，他只属于他的白鹿原。

他不知到过北京多少次，但北京对他永远是一个陌生的城市。来开会，开会就是开会，除了宾馆、会场，此外没有兴趣去任何地方。刊物、出版社、有关单位为作品的事情请他来，谈完事就走人，人家过意不去，要安排一些游玩的活动，他会一口谢绝。他没有兴趣看景点、逛大街、转商场，他搞不清崇文和宣武、海淀和朝阳的方位，他以为后海在颐和园或者圆明园里。儿子海力考入北方交大，他让海力找我，告诉说："白描叔叔的家在东直门外的新街口豁口。"一次他来京住空军招待所，一名女记者采访他，我和他在一块。他讲的有些陕西方言女记者听不懂，我在一旁帮着翻译，他抱歉地告诉女记者他不会讲普通话，夸女记者的北京话好听、地道，说他就爱听公共汽车上售票员报站。那女记者明显带有东北口音，他的夸奖让对方产生误解："陈老师，不带这样埋汰人的啊。"他却莫名其妙。他是真心夸女记者，在他听来，东北话与北京话没有什么区别。

他曾经专心专意地逛过一次北京城。1994 年夏，中国作协安排他去北戴河创作之家疗养，他特意带上妻子一同前往。妻子王翠英是陈忠实事业的后盾，他在原下老家写作《白鹿原》的那几年，妻子是他的粮秣官，每周一次，从西安城里赶到西蒋村，送去擀好的面条、蒸好的馒头，把冰箱装满，为丈夫提供后勤保障。她留守在城里的家中，照顾三个正在读书的孩子，操持一应家务，《白鹿原》的成功，她既有苦劳也有功劳。她没出过远门，更没见过大海，这番去北戴河，陈忠实是想犒劳她一回。从北戴河返程，陈忠实特意在北京多待了几天，他要陪妻子逛逛北京城。他不愿意麻烦作协和出版社，悄悄给我说了他的打算，于是我陪着他们夫妇，用了三天时间，去了天安门、故宫、八达岭长城、十三陵水库、颐和园、圆明园等一些标志性景点。妻子知道他对游览兴趣不大，各处奔跑都是为了陪她，所以每到一个景点，也就是匆匆一看就要走，遇到一些必须另外购票才能进入的场所，说什么也不愿意进去。我说这样的游览过于浮光掠影，陈忠实笑笑说："她说行就行，总算是来过了。"

陈忠实出过国，全国大部分地方也都跑过，但"在外千日好，不如在家一顿饱"，在外即使面对山珍海味、珍馐美馔，他也吃不饱，因为没有家乡的面条。他每次来京，北京的老陕们聚会，都选择陕西风味馆子，这里有秦地氛围，感觉亲近，吃得顺口。

这样一个人，是不是有点"土"？是不是视野窄狭，活得寡淡无趣？如果这样想，那就错了。他可以给你讲俄国的列夫·托尔斯泰、涅克拉索夫，苏联的柯切托夫，讲法国的莫泊桑、福楼拜、巴尔扎克，英国的狄更斯、毛姆，美国的马克·吐温、海明威，古巴的卡彭铁尔。他会给你讲东瀛伊豆的歌女，讲西班牙第二共和国的内战，讲乞力马扎罗的雪山；讲巴西的桑托斯和弗拉门戈球队，讲阿根廷的河床，讲意大利的巴乔、荷兰的古利特、法国的亨利；讲芭蕾舞台上的乌兰诺娃，拳坛的阿里和泰森。他热爱秦腔，但在 20 世纪 70 年代，他会在天寒地冻的三九天，骑自行车顶风赶路去镇子上看小泽征尔率领波士顿交响乐团来华演出的纪录片。他喜欢下棋，着迷足球，甚至做过这样的表白："我首先是个球迷，其次才是个作家。"……

这个白鹿原下的男人，深沉如潭，丰赡如秋天的田野，你一眼两眼绝对看不透，这是一个复杂的矛盾体。他那张标志性的脸，布满皱纹，如黄土高原上沟壑纵横，那是岁月沧桑的雕刻，是人生历练的呈现。读不懂那皱纹的苍凉，就读不懂他的秘密。

早年，陈忠实和父亲，在他家大门外的场塄上栽植了一棵椿树。那椿树嫩枝刚抽条，便遭人拦头击断。小树苗似乎憋了气，硬是要长出一番模样来，从折断的地方新生出两根小杈，一直长开去。父亲没再修剪它，它就一直保留着双枝分杈的形态，数十年过去，当初遭到断头打击的小苗已长成合抱不拢的大树，双枝擎天，浓荫如盖。每年麦收之后，这椿树满枝头便绣集起一团团米粒一样的小白花，飘散着清新的花香，引来一片蜂鸣，竟成为一道醒目的风景，甚至成为一种标志。有人找陈忠实家问路，最明了的回答就是：往前走，门口有一棵双杈大椿树。

这树像陈忠实。这树就是一个隐喻。它有着强韧的生命力，历劫难而最终成大景象，是因为它把根深扎进生养它的土地里，而那土地，是一块埋藏着传说的土地，是白鹿的精灵佑护的土地。

2016 年 5 月 29 日于课石山房

（《当代》2016 年第 4 期）

山河形胜白鹿原

红　柯

5 月 5 日陈忠实老师的追悼会，省作家协会前几天就通知我 5 号早晨 6 点半到作协集中坐大巴去凤栖山殡仪馆。中国作协领导铁凝、李敬泽提前一天到西安。5 月 4 日我全天有课，一直上到晚上 9 点，正上课，远在兰州的大学同学吕志军打电话告诉我他正往飞机场赶，晚上 12 点到西安参加 5 日的陈老师追悼会，在网上订好了西安南郊一家快捷酒店，就在我家附近。在新校区上完课回家，匆匆准备，突然在书架上看到了 1992 年第 6 期《当代》和 2000 年第 1 期《延河》。2000 年元月我荣获首届冯牧文学奖，当时陈老师专门打电话告诉我这一喜讯，2000 年第 1 期《延河》头条“名家走廊”专栏重点推出陈老师和我的一组散文，配有照片。陈老师的文章是《何谓良师益友——我的责任编辑吕震岳》，配有陈老师 1979 年担任西安市郊区文化馆副馆长的照片，1993 年人到中年重上白鹿原的照片，1998 年跟陕西日报社文艺部的编辑吕震岳的合影。我的那组文章包括《大自然与大生命》《现代派文学的误读》《遥望江南》。另一篇《从黄土地走到马背》跟陈老师描述责编吕震岳一样，我写了西上天山十年责编李敬泽把我从《人民文学》推出的过程，也配发三张照片——1985 年夏天毕业时愣头愣脑的傻小子样，1992 年夏天与妻儿在天山脚下奎屯小城合影，1988 年秋重上天山在赛里木湖边。往事如梦，我放下《延河》，拿走《当代》。在西安南郊快捷酒店的大厅等吕志军，我翻开了 1992 年第 6 期《当代》。我曾写过一篇《移动的书房尘土飞扬》。我的许多书，包括这本《当代》，伴随我从天山到祁连山到秦岭，西域大漠的沙尘挥之不去。我还记得 1992 年冬天，风雪之夜在天山脚下奎屯小城读《当代》刊载的《白鹿原》的情景，许多精彩的句子我都画了又画，还写了眉批。我的眼睛湿了，大厅柜台的服务员不知所措，我出去让夜风吹了一会儿。半夜 1 点半，吕志军到了，我们没怎么睡觉，整夜在谈《白鹿原》。

第二天一大早，我和吕志军搭西北政法大学李清霞的车去凤栖山殡仪馆。原打算与省作协的人会合，一起进大厅。到了现场，人山人海，挤不过去，大多是各地自发来的群众，手持印有陈忠实肖像的报纸和各种各样版本的《白鹿原》。我原打算进大厅跟陈老师遗体告别时再拿出《当代》杂志。我发现人群中都是报纸和书，没有 1992 年第 6 期的老《当代》，我不由自主地从挎包里取出《当代》举了起来，尽量不露我的脸。大家马上发现了这本杂志，围上来跟老《当代》一起合影。有人要高价收买，肯定不行。熟人出现了，硬要，杂志封面有红印，盖着伊犁哈萨克自治州技工学校的印。当年技工学校校长知道我爱好文学，特准我每年订杂志时可以选十种文学杂志，《当代》《收获》《十月》《人民文学》《钟山》《上海文学》《北京文学》《花城》几乎成了我的私人杂志。我专门保存了 1992 年第 6 期《当代》。进了大厅，围观《当代》的人更多。

凤栖山又叫凤栖原，是西安东南秦岭脚下与白鹿原遥遥相望的古原，陈老师与他那本杰作与这块土地融为一体。他那张脸就是黄土高原，就是这块土地的历史沧桑。

“陕军东征”的 6 部长篇，我看过其中两部：《废都》和《白鹿原》。《废都》中的西京，外地人也能看出那是古长安今西安，《白鹿原》中的白鹿原，我一直以为是作者虚构的一个地名，就像福克纳再现美国南方故人故事时创造出的并不存在的“邮票大的小镇”。我先居小城奎屯，后居小城宝鸡，当年上大学也是在宝鸡，大学毕业一年后西上天山，重归故里，与陈忠实老师相识，也一直把白鹿原当成一个文学地理名称。2004年底迁居西安，2005年秋天应邀去思源学院讲课，才知道大地上真有一个白鹿原，位于西安东南15公里处，高300多米，原面平坦开阔，南北宽10公里，东西长30公里，浐河由西侧流过，灞河由东北绕过原脚，南靠秦岭终南山，地势雄伟险要。

阴阳交汇　长安居中

作为一个关中子弟，我生长求学于关中西府，偶尔去省城西安也是来去匆匆。我总有一个根深蒂固的观念：深沟大壑、险峻土原都在关中西府。

每次去西安，回宝鸡，武功、杨陵是个分界线，武功、杨陵以东全是大平原，杨陵以西开始出现西北黄土高原特有的一种地貌：貌似高原，但原顶又是十几公里到几十公里宽，上百公里长的台地平原，这就是原。

我的故乡关中西府渭河北岸从武功、杨陵向西，到扶风、岐山、凤翔都是山岳一般险峻的台塬，原下是渭河，原上是古老的周原——周秦王朝的龙兴之地。关中西府渭河北岸辽阔险峻、气势逼人；南岸狭窄，最高的就算五丈原，诸葛亮当年屯兵北伐，司马懿雄踞渭北周原，坚守不出，活活累死了诸葛孔明，五丈原成为孔明鞠躬尽瘁的地方。

周秦王朝在关中西部渭北原上积蓄力量，然后东进翦商扫六合。过了武功、杨陵，渭北的台塬消失了，关中平原一下子展开了，成为真正的大平原。周人先在岐山建岐邑，即中国最早的京邑，武王伐纣时周人先迁都沣镐，后过了渭河，在河南岸建新都，已经接近汉唐的长安了。秦人从西府周原的雍迁都咸阳，咸阳山南水北，阳气太足，大秦王朝一直欠缺阴气滋养，阴阳失调，“咸阳”只有阳没有阴，关中东部，渭河南岸辽阔肥沃富饶，可以与关中西府渭河北岸古老的周原相媲美。

八水绕长安，长安南靠秦岭，秦岭与京都之间的台塬有神禾原、少陵原、白鹿原、阳郭原、高塘原、孟原等。渭河在关中平原形成一个优美玄奥的太极图式，西府的周原、东府西安以南的诸多台塬、西安即古长安正处在太极图式阴阳转换的交点上；渭河最宽阔的地域——关中的白菜心心、人体的腰部肚脐眼部位，从西北高原崛起的任何一支力量只要沿渭河东进到达这个位置，就等于强壮的胳膊把女人的腰搂住了，周秦汉唐除秦外，都是三四百年的兴旺发达。

丹纳在《艺术哲学》中阐述希腊艺术时提出种族环境时代的观点是有道理的，神州大地还有什么地方比关中平原更接近希腊、罗马的辉煌与文明？希腊、罗马是在两块土地上诞生的文明，如果说周是中国的希腊的话，秦就是以战功盖世的罗马，周秦竟然崛起于同一块土地——群山与高原之间的渭河谷地。

我很早就有看地图的习惯，中学时就收集各种地图册，纸上的地理与实地的地理还是差异很大。秦岭、祁连山、天山在地图上是三个地理概念，西域十年归来，又从宝鸡到西安，这三条山就是一条山，我才明白秦岭到西安南为何叫终南山，从中亚腹地奔向中原的巨龙般的神山在这里显灵了，长而安。我觉得长安借的不仅仅是八水环绕，更重要的是亚洲大陆这根最长最大的龙骨大梁：天山—祁连山—秦岭，这就是势，这就是地气。风水的科学叫法应该是环境地理学，丹纳的三元素中的地理环境更有说服力。

军事要塞　群雄逐鹿

2005 年秋天，我登上西安东南的天然屏障白鹿原时，第一个强烈的感觉就是这是一个军事要塞。我首先回望原下的西安，几乎脱口而出，掌控白鹿原就等于掌控了整个西安，即古长安。

中学课本《鸿门宴》里“沛公还军霸上”的这个“霸上”，就是这个宽 10 公里、长 30 公里的白鹿原。秦失其鹿，群雄并起，先入关中者王，刘邦捷足先登先王关中，项羽后到。刘邦退出咸阳，但刘邦雄心未灭，驻军霸上，关中平原最宽阔最肥沃的白菜心心还在掌控中，随时可以伸手去掏。然后鸿门宴，然后回霸上，先暗中后明修栈道重返关中。项羽火烧阿房宫，定都江东彭城，对关中的放弃就已经自断龙气，灭亡是迟早的事情。更早，王翦率六十万大军南下灭楚，秦王嬴政送至霸上的白鹿原,就是有名的老将军反复向秦王要房子要地以消除秦王猜疑的地方。估计是秦岭突出到关中平原的雄伟的台塬白鹿原给秦王吃了定心丸，也给了老将王翦以勇气，秦军穿越秦岭灭了六国中面积最大、人口最多的楚国。

比秦更早，周幽王与褒姒在与白鹿原相邻的骊山烽火戏诸侯，西周灭亡，周平王东迁。史书记载，有白鹿出霸上，这应该是白鹿原正式名称的开始，白鹿游于原上，西周结束，东周开始，历史翻开新的一页。

白鹿原大放异彩应该是汉唐这个大时代。汉文帝和他的母亲、妻子的陵墓就在白鹿原上，就是有名的“顶妻背母汉文帝”。汉文帝的陵墓霸陵位于白鹿原北侧，陵墓依坡而成，如凤凰展翅，当地人叫凤凰嘴。文帝时与民休息，轻徭薄赋，社会安宁，秦末战乱所造成的破败、荒凉、萧条的局面得到恢复，与后来的景帝合称“文景之治”。汉文帝生活俭朴，陵墓借白鹿原地势而建，陪葬品都是泥土烧制的陶器，没有金银珠宝陪葬，连普通的青铜器都没有，送葬仪式也很简单，民间有“天葬汉文帝”之说。汉文帝平生孝敬父母，临终前叮嘱妻子窦皇后要厚待母亲薄太后，愿死后“顶妻背母”报其恩德。后来汉文帝陵与他的母亲薄太后南陵窦皇后陵按“顶妻背母”方位安置。

周人底色　汉唐先声

汉初行黄老之说，关中本是老子讲经著书的地方，文帝、景帝的风格更接近原始儒家。那个独尊儒术的汉武大帝雄才大略，铺张浪费、大兴土木，与秦始皇并列，史称“秦皇汉武”。连同战国中晚期的楚国国王，给儿子迎娶秦女父亲夺之，于是有了伍子胥父子的一系列故事。

伍子胥借吴兵破楚国都，挖楚王墓鞭尸五百。后继者楚怀王也是为娶媳妇让张仪骗至秦国。西楚霸王项羽，世代为楚将，其行事风格得楚国贵族的真传。倒是刘邦这个楚国平民很适合关中这块土地。

我总以为陕西以至大西北的底色是周人风格，不是秦人风格。记得初到新疆第一次见到草原上的蒙古人，我大吃一惊，印象中成吉思汗的子孙们横扫欧亚大陆，征服了世界，是何等的强悍与凶猛；书本也告诉我游牧民族以狼为图腾，并以狼自称；可我眼前的蒙古牧民十分淳朴，还有点腼腆、羞涩。在新疆生活久了才明白，狼不是草原的底色，草原人的底色是羊。《成吉思汗军歌》的第一句是“我们的队伍是群羊……”青海的诗人昌耀在《慈航》中写道：“爱的繁衍与生殖，比死亡的戕残更古老，更勇武百倍。”

周文化尤其周公一直是儒家的理想圣贤。我的故乡岐山为周宗庙所在，那些举世瞩目的青铜器大多都是“文革”后期平整土地修水利时农民挖出来的，大都献给国家了，近几年还不停地向国家捐献文物，别的地方连偷带挖都疯了。周人都是薄葬，根本没有王陵，秦的王陵、贵族陵又高又大专供后人挖，周人不是，史书记载：“周公，武王弟也，葬兄甚微。”周人奉行的原则是：“德弥厚者，葬弥薄；知愈深者，葬愈微。无德寡知，其葬愈厚。”

刘邦入关中算是接上原始儒家的地气了，汉武帝那种篡改过的儒术，还真是把儒变成了术，借儒的外壳行法家之术，武帝与秦始皇接轨，给西汉的崩溃埋下伏笔。汉初几代帝王好不容易恢复了周的文明礼仪，改掉了秦的“免而无耻”。

到北宋张载关学兴起，陕西以至西北，上上下下的文化心理模式基本稳定下来了：敦厚诚实、不招摇、不虚夸一直是西北人的基本特征。小说《白鹿原》的内涵也在于此。我喜欢小说初版时的封面，一个关中老汉活脱脱从黄土高原某一个台塬的横断面雕刻出来的黄土雕像。我觉得小说中最成功的是一系列男人形象，感情深沉丰厚。写白嘉轩时总是强调：眼睛突出，下巴突出，这是典型的周人特征。

我一直生活在关中西部，西上天山十年迁居西安，才发现西安人的头型脸型比较混杂，连出租司机也能一眼看出我是西府人。碰到在西安生活工作的西府乡党，大家都认为西安人一半是眼睛突出，下巴突出，这是从岐邑进沣镐的周人后裔；另一半西安人眼窝深，凹下去，脸部及头颅窄长有点斜，中亚胡人之后。关中是个大熔炉，南北朝五胡乱华，五代十国，关中的长安尤其是北方胡人的目标，唐代阿拉伯人、波斯人更多。小说对这种生理特征的强调应对了卷首语：一个民族的秘史。

我记得我第一次见陈老师的情形。1995 年底我举家迁回陕西，1996 年我的小说《奔马》在《人民文学》发表，1997 年我有幸在延安参加陕西青年作家座谈会，见到久仰已久的陈老师，背景是沟壑纵横的陕北高原，陈老师那张脸跟高原跟那本大书《白鹿原》浮雕一样刻在我的脑子里。2000 年夏天我有幸参加“走马黄河”考察活动，在黄河上游甘肃东乡县书店见到《白鹿原》，老板告诉我这是东乡人喜欢的仅有的几本汉族作家作品。东乡人大多是信仰伊斯兰教的蒙古人，血性剽悍有英雄气概，这也是《白鹿原》的魅力所在。有这样的书做枕头，就如同托尔斯泰以不朽的《哈吉穆拉特》当枕头一样。我一直认为，《白鹿原》是一部男人的书，塑造了一群有血有肉的男人形象：白嘉轩、鹿三、鹿子麟、朱先生、白孝文、黑娃，这些人物形象中我最喜欢黑娃。这大概跟我漫游西域大漠有关。我曾在《浪迹北疆》中写过关中的压抑与狭隘，走出关中走向大漠走向瀚海，跟汉唐时代的张骞、班超、苏武、玄奘一样。黑娃应该成为西北大地的葛里高利，剽悍、血性、豪气冲天的哥萨克。1992 年冬天，我在天山脚下读《白鹿原》时最打动我的就是我的乡党黑娃。1990 年我完成了长篇《百鸟朝凤》，算是向故乡告别。1991 年我完成《西去的骑手》初稿，一点也不自信。1992 年我在《白鹿原》中读到了来自故乡的草莽英雄黑娃。豪气冲天的尕司令马仲英就是大漠里的黑娃。集传统文化、现代文明与东北草莽豪气于一身的盛世才在西域大漠与马仲英的较量，所有的优势消失殆尽，只能依赖传统文化中最阴暗的力量苟延残喘。我的另一个梦想是以长篇《西去的骑手》向只有短篇没有长篇的巴别尔致敬，向我无限敬仰的草原圣典《蒙古秘史》致敬。回到陕西看到许多资料，发现柳青和陈老师都喜欢《静静的顿河》，葛里高利这个顿河哥萨克，哥萨克本来就是突厥语，自由勇士之意，与中亚的哈萨克与草原大漠的英雄豪杰血气相通，与西北高原的英雄豪杰血气相通。《西去的骑手》开篇就是一群西北汉子在天山脚下大战顿河哥萨克，时光闪回到盛唐，关中猛将薛仁贵三箭定天山。

安史之乱至宋以后，长安及关中都不再是中心了，政治经济的中心位置丧失了，但文化及民族心理深处的关键性元素并未消失，按法国年鉴派史学大师布罗代尔的说法，思想文化传统属于“长时段”的结构性因素，与“结构”相比，“时局”与“事件”都是一些容易消失的历史表象。

美是一种心灵的内在需要，需要挖一口深井。渭河两岸的旱原打几十米的深井才有水，那都是甘美清凉、沁人心脾的水。西域大漠几十米几百米几千米沙层的荒漠甘泉简直是上天的福音。古长安作为丝绸之路的起点，也是沙漠之舟骆驼在中原的终点。唐代白鹿原作为京城东边的天然屏障，由神策军驻守，以驼队运水到大明宫。民国时冯玉祥的西北军在甘肃征数千峰骆驼，到西安还好好的，到洛阳骆驼全死掉了。丝绸之路与亚欧大陆的龙骨大梁秦岭、祁连山、天山相依相伴，很难想象没有西域的长安是什么样子。

长安从西周的沣镐开始就有天下意识、国际意识，周人不但留下了《诗经》和原始儒家的“礼乐”文化，还留下了周穆王西巡昆仑会西母王的《穆天子传》，可以说是张骞通西域的先声，周人的世界目光为汉唐打下了基础。白居易在白鹿原上留下了诗句，唐的王公贵族在此狩猎游乐。唐末黄巢大军攻入长安，又退守白鹿原，在此屯兵养马。黄巢有霸气十足的豪言壮语，却无刘邦的胸怀与雄才大略，他的大军在岐山龙尾沟惨败，部将朱温背叛黄巢降唐又叛唐。朱温残暴比安禄山有过之而无不及，为营建后梁国都洛阳，朱温把长安拆得片瓦不留，砖瓦木梁顺渭河漂流而下，长安彻底毁掉，再也没恢复元气。

1924年鲁迅先生来西安讲学，西安破败颓废，败了鲁迅写《杨贵妃》的兴致，倒是碑林以及西安周边汉唐王陵前的石雕，让先生感受到汉唐大时代的中国人的生命气象。

樱桃相伴　书院依旧

今天白鹿原最引人注目的是万亩樱桃园和思源学院、白鹿书院。白鹿原东边有3万亩樱桃园。

土樱桃有近百年的历史，面积缩小，卖不出好价钱，但土樱桃开花早，3月开花，生长期长，皮薄，味醇厚深长。洋樱桃个大，价钱好，4月开花，5月果红，每年5月20日白鹿原都有樱桃节。西安人3月上原赏土樱桃花，4月就是花的海洋了，3万亩洋樱桃花齐开放跟放焰火一样。5月樱桃红，就是品尝果实的时候了。

与樱桃沟相连的鲸鱼沟全是竹林与水库，是游玩的好地方。相传共公怒触不周山，天崩地裂，两条大鲸鱼驮了70个百姓，逃到白鹿原，有点诺亚方舟的味道。鲸鱼游回东海时，在白鹿原东西两侧留下鱼鳞状的深沟和河流，雄鲸鱼从蓝田入灞河，雌鲸鱼入浐河，在渭河相会回归东海。陈忠实“文革”后期担任灞桥公社革委会副主任，领一帮民工修建灞河堤坝，这种水利工程的社会活动是否造就了以后创作长篇小说的结构能力？

有意思的是，中国文坛两位大师级的作家都与水利工程有关系。贾平凹早年曾在陕西商洛修过水库，给工地写标语，练就了后来的书法功底与自然山水的道家风骨。

位于白鹿原西北半坡上的思源学院，近千亩大，校园绿化面积90%，典型的园林式学校。思源学院前身是西安交大机械工程系培训中心，经过公办民助、民办公管、民办民营，形成占地近千亩、18个院系4万多学生的民办大学，跻身全国民办大学前十名。这里建有“陈忠实文学纪念馆”“白鹿书院”，许多专家学者、作家、评论家、编辑家来讲学交流。

陈老师去世后，贾平凹在悼词中写道：“文坛扛鼎角色，关中正大人物。”我认为这是对陈老师最好的评价，关中自古王者之地。《白鹿原》与《废都》呈现一种互补关系，如果说《白鹿原》写了关中男人的强悍和阳刚，《废都》则写了文人的颓废与绝望，前者是托尔斯泰的阳光灿烂，后者是陀思妥耶夫斯基的阴沉与黑暗。

（《当代》2016 年第 4 期）

白云一片去悠悠

叶广芩

轻风阵阵吹拂，窗外几枝春花羞怯开放，今年的春天又如约而至。而人却是不会再来了。

长离别，永不归。忠实走了一年了。总是觉得他还在，没走，或是在石油学院的工作室，或是在东郊的家里，或是在白鹿原上他的书院，或是在白鹿原下的自家小院，也说不定大家在什么时候又相聚在某场会议中。是的，以往生活的常态就是这样啊。

去年春天听说忠实身体状况不太好，我跟太白社韩霁虹约定一起去看望他。记得当时我俩都非常忙，韩霁虹的老父亲、我的丈夫都在病中，难得一块儿抽点工夫。时间定在三天以后，不知怎的，我心里有种不好的感觉，我知道自己的消息闭塞，什么事情一旦传到了我这儿，大都到了比较糟糕的地步。对于忠实的病，我一直祈祷他能尽快好起来，几次托韩霁虹带话，让他加强信心，戒烟戒酒，我所居住的老县城村还一直等待着他的到来。

我看重忠实的温和厚道、善解人意，这些年他一直像老大哥一样罩护着我们。前面有他的遮挡，省了我许多闲心、许多麻烦，他是山峰上的一棵茂盛大树。因此，听到他去世的消息，立时让我五雷轰顶，半晌说不出话来。之前一年樱花盛开时节，我和韩霁虹去白鹿原上参加白鹿书院的雅集。在樱花树下，我们与忠实、邢小利及一群年轻人谈诗论文，笑语喧喧，愉快尽兴，好不热闹。那次会上，我用陕西话叫忠实“老哥”，他喊我“大妹子”。他说：“没想到你这个京城的格格能叫我乡下人老哥，这还是第一回听到哩……”大家都笑。是的，文化的差异，经历的不同，生活背景的相迥，让我们的距离拉得很大。但是在文化的认知，对生活的理解，在待人接物的态度上，我们却又是相通的。在陕西作家中，我接触最多的大概就是忠实了，我们的性情都比较直接，坦诚相见，有话直说，不拐弯抹角。他是省政协委员，我是省人大代表，在每年的两会上我们都要碰头，匆匆地交换几句话，他说提了文化上什么什么建议，我说写了文学方面的什么什么问题。我们明白，这是文学陕军最基本的声音了，这是我们的使命，文学在任何时候都不能失音。

对陈忠实，我有着兄长般的敬重。我原来在某报社工作，一边编辑稿件一边发表文学作品，这点很不招领导待见，被认为是“不务正业”，评职称当然不能算数。别人发作品是高兴事儿，我却是偷偷摸摸，怕人知晓。这期间，我的工作发生过一个重要转折，因为调动没有衔接好，原单位索性将我踢出。1994年，我成了待业中年，没有单位，没有工资，整整大半年在家里晃荡，哪里还有心情写作。我们这一代人，向来将“单位”看得重，在单位里干了大半辈子，到了快退休的时候，突然你什么都不是了，什么都没了！无奈中我想到了作协，想到了平时的作家朋友，我先找到了贾平凹。我说：“平凹，你得救我，现在我什么都没了，我得吃饭，得有单位管。”贾平凹问我什么意思，我说了大概情况，说“你们得收留我”。贾平凹说他会在文联党组会上竭力促成，可是总得有人推荐才行啊。于是我又找到了陈忠实，到了他的办公室，一进门实话实说，请他帮忙推荐，还理直气壮地说：“这样的事作协不替我做主谁替我做主！”陈忠实一听笑了，拿起电话当时就拨……而在当时我真的没有什么名气，写作水平很是一般般，我甚至拿不出一本像样的厚重作品来。

什么是朋友呢？这就是朋友。平时极少来往，淡泊相处，在关键的时候帮你一把，让你度过这道坎儿。我们应该学会助人，更应该学会感恩。无论什么时候，无论走到天涯海角，陈忠实、贾平凹，还有孙豹隐、周大鹏、苏育生这些文学朋友的知遇之恩我永远铭记在心。这场磨砺使我学会了感激、珍惜和报答。有时候坏事对自己来说是一种激励、警策和思考，是一味大滋大润、大澄大明的苦药，感念忠实的提携。

忠实60岁生日的时候，朋友们在长安的常宁宫为他办了一场寿宴。60是个甲子，大数，整数，是人生一个很重要的生日。我去了，那时的忠实还年轻，很有精神，谈笑风生，大家把生日看成了一个文学朋友的聚会。我对忠实说："真好哇，将来我过60岁生日也得像你这么办，热热闹闹，叫许多朋友。"忠实说："你放心，等你过60岁生日时，一切由我来操办！"

只当是个笑话，忠实却一直记在心里，若干年后还在问我什么时候过六十大寿。我说："还早着呢。"其实，我已经过了60岁好几年了。倒是几乎每年我都要参加陈忠实的生日聚会，规模都不大，几个朋友，一瓶西凤酒，几碟小菜，两碗寿面……2014年他的生日聚会上，忠实让我把生日告诉他，说要为我也认认真真办次生日。这样的事情很平凡，甚至有些提不起来，但是大家的心里都装着朋友，装着彼此的事情。

2000年到2009年，我在周至挂职，在老县城村蹲点居住。老县城村离县城100公里，离西安180公里，深山老林，道光五年建成，当时村里没电灯，没有电话，手机根本用不成，有事全凭捎话。一条土路，一般车上不去，非得越野车才行。老县城是大熊猫自然保护区，城里9户人家，城外是原始森林，这里有完整的城墙，城内县衙、城隍庙、文庙、娘娘庙、监狱、戏楼等遗址，都成了断壁残垣。下去的初衷，是为了秦岭的大熊猫，为了藏匿于深山的老县城，为了关注生态和山区农民生存状况。对我的举动，很多人不理解，大家说陕西不乏写农村题材的高手，陈忠实、贾平凹那是大家，说我下农村是浮光掠影走马看花，是作秀，待不了半年就会跑回来的。的确，我与忠实和平凹做过比较，写农村题材，无论如何我比不上他们，但是我们看待农村的角度不同。他们是背靠，那是他们的生活积淀，我是面对；他们是信手拈来，我是直面冲击。他们关注的是秦腔，是土门，是白鹿原上的生生死死；我关注的是人与自然的和谐。我的视角代表了一批在城市生长的年轻和不年轻的人。发展农村社会主义先进文化，营造文明、科学、健康的生活风尚是我们蹲点基层的一个重要方面；随着时代发展，农民日益增长的精神文化需求也变得迫切，构建农民文化体系，促进农民知识化越发地提到重要层面上来了。我把想法对作为省作协主席的忠实谈了，得到了他的支持。后来，我在农村举办了几期文学讲座，请忠实前来讲课，成了周至业余作者的一件文化盛事。周至有条峪口叫耿峪，当时的乡政府想在峪里一块大石头上刻上“雷打石”三个大字，但是苦于没钱，找到我，说能否请忠实帮忙写，当然润笔费是没有的，乡里可以送点土特产。我跟忠实说了，没出一周大字就写好了，乡里的人取了来，高兴得什么似的。至今，“雷打石”三个彤红大字屹立在风景秀美的耿峪沟里，成了忠实为这片山水留下的一段佳话。忠实很想到我挂职的老县城村去看看。我想，农村环境和生活他应该不缺，去老县城更重要的理由是一个作协负责人对作家深入生活的支持和鼓励。我们约了几次都没有成行。有一回厚畛子镇已经做了认真准备，还是泡汤了。更有一回，忠实已经到了周至县城，正准备进山时，天下起了雨，他硬是在楼观台的旅社里等了两天，雨也没有停，只好遗憾地回西安了。临走说，这个老县城啊，不是谁想去就能去的。

忠实走了，他的灵魂在陕西大地上飞翔，白云一片去悠悠，现在他想到哪儿去就可以到哪儿去了。我时常感觉到他就在我们周围，跟我一起在作协大会上听报告，一起穿着军装在部队体验生活，一起举着奥运火炬在传递中奔跑……静下来细想，忠实是真走了，再不会回来了，那声“大妹子”的回响永远留在了狄寨原的樱花树下。忠实走了，京夫走了，王观胜走了，李佩芝走了，邹志安走了，路遥走了，我的文学朋友一个一个都走了。他们的离去，向我揭示了一个思考：死亡，这是我们每一个人都要遇到，或早或晚，或是有准备，或是猝不及防，我们无法回避，无法加以评论，我们只能顺其自然。就是说，生是一个短暂的、热闹的仪式，通过这个仪式，我们走向永恒的死亡宁静。写作，寂寞地爬着格子，努力地充实着自己，完善着自己的生命。我们所做的一切，无不在死神的注视之下，它使我们生命的每一刻都绷紧了。我们应该珍惜生命，有紧迫感，韶光易逝，时不我待，热爱生命，拥抱生活，以积极、乐观、开朗的态度投入到生活中去，在生活中提炼人生精华。

生命的长度也许更多地被命运把握，生命的密度却攥在我们自己的手里。

又到春时，今年依旧花似雪。去年花里与君别，今年花开已一年。想念朋友，想念忠实。

（《陕西日报》2017 年 4 月 27 日）

先生之正　馨必飘远

朱　鸿

陈忠实先生有宝石一般的品质，群贤相集，众士相会，一旦论及先生，凡男女老少，总是交口称颂，完全由衷。

我从未看到谁指责过陈忠实，或表达过其菲薄的。先生也非圣者，脾气发作，难免怒形于色，不过他瑾瑜灭瑕，深具内在的温润。

1986年春夏之交，他到出版社向李佩芝交稿，是关于泰国的一组散文，我初见先生。他头发略分，朗朗笑着，露出了一个灞河汉子的白牙。不胖，然而脸上还是有肉的。一部厚重的可以立身安命的小说完成以后，先生脸上就只剩下皱纹满布的皮了。2016年3月23日下午3点56分我和他通电话，觉得先生的声音十分柔瓤，不禁临窗辛酸。岁月不饶人，也不饶先生啊！

我和他没有机会共谋其事，同理其事，往来并非最多，不过淡然处之，也许还能最亲，因为心贴就是最亲了。2014年以来，先生约我吃饭数次，除了司机，就是我和他。总以为先生有什么事，然而直到放箸付款，离开餐桌，他也只是问了问我的情况，不言其他。他常常会沉浸在自己的思想之中，沉默着，无意之中惆怅一声，终于无语。先生有他的特点，从不贬人，从不骂人，此贵于吾辈矣。我和他吃饭，每每是先生掏钱。我望着他提取了口袋里的一叠人民币，步出包间，过一会儿，又望着他步入包间，坐下来吸几口雪茄，说："走。"我怎么不懂由我结账才是礼呢！然而经验告诉我，我掏钱他真会急的。从命吧，这也是尊敬。

先生一直善待我，我是有感动的。求字送客，我懂尊重其劳动，然而尚未探价，他便说："你来，你来，来就行了。"敲门入室，略作招呼，先生遂递我一个书袋说："这是一幅，你送客。"又递我一个书袋说："这一幅，也给你，你不嫌就留下。"淡然笑着，使我如享熏风。刘茵编辑我的散文，需要一篇评论配发，我开口请先生之作，他说："好！你什么时候要？"在约定之日，我登堂取其文章。他先给了我一份复印件，后又持一份自己的钢笔件说："这也给你吧！"出乎意料的惊喜，仿佛天窗悠启，阳光旋照，一片明亮。

我不能想起自己为陈忠实先生做过什么，只记得拂逆他，一而再，再而三，可恶至极。

1996年，我编辑了他的文集五部，行世在即，打算举办一个新闻发布会，出版社不愿意有花销，就把负担转嫁给先生了，幸而一家企业慷慨资助，问题得以解决。企业欲通过新闻发布会腾声三秦，这也很是正常，遂提出由其老板主持。先生约我见面，茶饮之间，悦然相告企业支持之事。获悉新闻发布会要由企业老板主持，我劈头盖脸地说："这不行！版权是出版社的，必须由出版社领导主持。"先生一愣，又说："我已经答应了。"我说："陈老师，答应了也不行啊！可以给老板增加一些节目，主持必须交出版社领导主持。"先生骤然发火，冲冲宣示新闻发布会作罢。不料形势如此，我遂婉转校正。经过反复协商，新闻发布会归出版社领导主持，然而程序多有空间，以让企业老板亮相，事遂顺利且圆满。先生轻松愉快，竟向领导夸我厉害，可以重用。实际上我根本不满意领导，也不为出版社争什么。我只是遵循一个道理和规矩，而且坚持这一点。

还有一次，我邀三五朋友小聚，先生说："某某几次要见我，干脆喊他也来，就算见了。"窃以为某某不纯，便没有允诺，也没有通知。那天晤飨，先生注意到某某不在，就问我：“某某没有来？”我恬然且怡然地看着他，没有正面回答。先生略有色作，说：“不就是加一双筷子的事么！”我蔼然不语，恭候他之平静。俄顷启宴举杯，先生遂开颜而乐。半年以后，某某便以其莽撞之举彻底得罪了先生。相信先生的明白，我也没有再解释什么。

还有一次，我做得非常糟糕。时在 2008 年春节期间，先生做东请客，十余人也咸为朋友。我和庞进有龙之辩，影响广泛，以至席间诸君仍发所议。庞进并不在场，不过先生似乎倾向庞进，是扬龙的，并以二月二龙抬头这样的民俗论证。我的观点是：龙的文化属性十分复杂，然而其要害在于，龙是皇权的象征。基于此，龙极易为专制思想所利用，所以选其角度抑龙、贬龙、责龙，应该是一个知识分子的觉悟和承担。可惜出于对先生的敬重，我既不能径言，也不能大言，遂他一句，我一句，一句杠一句，气氛渐渐凝固，终于紧张到诸君无不噤声。先生也搁下筷子，背靠椅圈，仰起头吸烟。菜一盘一盘地上来了，我转至先生面前，说：“陈老师，搛菜！”先生悠着气息说：“你先用，我抽几口烟！”不知道怎么缓和为安的，总之，尚未炸裂，以礼而散。我的沮丧涨满了全身所有的细胞，是方英文陪我从小寨走到了明德门。3 公里，王顾左右而言他，不能提龙。

我的认真，我的偏执的认真，不含糊的认真，不得体的认真，不领情的认真，不蹈孔门的认真，不会圆融的认真，一而再，再而三，顶撞着先生，一个兄长，一个前辈，一个文学事业辉煌的人，一个社会声望甚盛的人，一个道德律极高的人，一个尊严感颇强的人，一个性格坚硬的人，一个谨防冒犯的人。然而先生一次两次三次地理解了我，宽容了我，原谅了我。他对我没有丝毫的疏远，没有任何的讨厌，没有微茫的旁敲和侧击，反之，他待我越来越好，越来越信任，甚至越来越喜欢。这个春天，为什么我总是伤感？为什么我常常落泪？我想看一次先生，然而不便，不成！

记得 2007 年，文学院有意成立一个写作中心，委托我邀先生做主任，他欣然响应，然而拒绝报酬。我再见他，告知文学院领导的意思：主任怎么能白做呢！所以不确认报酬是多少并接受所付报酬，写作中心成立的程序便不能向前走了。先生转过脸，睁大眼睛，目光直视，声情并茂地说："你看：我有工资，有版税，字也有一点润格，还在别的大学做一些事，这就够了。担任写作中心主任，我能做什么就会做什么，只是我不能再拿报酬了。我很清楚人与社会之间的利益关系：要合适，不能过。我不能过！"我知道了先生的所想。此肺腑之言，给了我难得的启示，文学院领导也啧啧赞之。

先生是一个久经儒家文化浸润和陶冶的人，其动心凝虑，举手投足，皆有仁义礼智信的约束。孔子在 20 世纪一败再败，儒家文化也持续衰落，至 21 世纪，究竟几人还以君子的标准要求自己呢？

秦岭嶂峦，东西横贯。天街犹在，南北纵穿。一日照空，万木尽繁。先生之正，馨必飘远。

（《陕西日报》2016 年 5 月 6 日）

注目南原觅白鹿

杨海蒂

暮春四月，从草长莺飞、杂花生树的江南回往京城途中，惊闻陈忠实先生于清晨近八时仙逝。一颗文坛巨星，就此陨落。

我浑身一颤，心中刺痛，泪水夺眶而出。

列车疾驰，一路上，我怔怔地看着窗外，一遍遍回忆与先生的交往，一次次怆然而泣下。

初见先生，是在 2003 年夏季，我忝列为“中国著名作家三峡采风团”一员，先生是采风团副团长。途中，有人把他比作《白鹿原》中总是不动声色的那位朱先生，而我倒觉得他更像是书中那个既洞达世情又藐视世事的房东老太太，尤其在游轮上相遇时，他那双被人戏谑为“贼亮”的双眸一扫过来，当即使我想起《白鹿原》中对那老太太的描写，“她第一眼瞥人就使白灵觉得她的眼睛像看一只普通的羊一样平淡，而她已经见过成千上万只羊了”。

其实，外表冷峻的先生“望之俨然，即之也温”。他虽然在文坛上越站越高，但却没有“如坐云端”，并未远离众人的视线，他也没有变得冷硬如雕塑。在这个大腕云集的采风团中，他最为“抢手”，一路被崇拜者围追堵截。让有些人郁闷的是，置身于美女包围中，他同样游刃有余。

他的镇定从容，从喝酒就能窥斑见豹。每天都有多位女士轮番上阵想把他灌醉，他兵来将挡水来土掩，始终屹立不倒，让大家既失望又佩服。

是年岁末，先生莅临海南，一个晚上，岛上各路陕籍英豪几乎老少咸至，集聚到他的旗下。我作为文化记者被特邀，这回更加见识到先生的本色。先生不装腔作势，不拿腔捏调，固然满脸沧桑，笑容却顽童般纯真灿烂，兴高采烈时，会无所顾忌地开怀大笑，还伴着洒脱不羁的动作。要这样地大笑，的确需要有健康、旷达的心灵。他毫不留情面地自我调侃，出语辣烈得像他抽的大雪茄，在我看来，只有内心强大的人才会这般自嘲。在他身上，体现着兼具自然、飘逸、沉稳、豪气和略带狡黠的综合性气质。在亲切、宽厚的先生面前，大家畅所欲言，气氛十分热烈。我也大大咧咧，甚至出言不慎，但并不觉得糟糕。

第二天，我匆匆草就《陈忠实速写》，托人呈先生审阅。次日中午，接到陌生来电，声音洪亮："杨海蒂吗？""我是。"我迟迟疑疑地应道。"我是陈、忠、实。"一字一顿，沉着有力。我一下蒙了，口不择言："陈老师，您怎么会想起来给我打电话呢？""我怎么不会想起来给你打电话呢？"他说，"读了你写的文章，没想到你这么有才华，让我对你刮目相看。在飞机上，给郭潜力他们都读了。只不过我没有你写的那么好，我都不知道自己是个什么样的人……"

随即收到潜力兄信息："我陪送先生回西安。先生对你文章很赞赏，尤其这一段，他说没想到一个女孩子竟有着这样的情怀：'《白鹿原》中博大丰厚的精神世界，作者没有体验过生命的大喜大悲是不可能铸就出来的。十年埋头潜心打磨一剑，那种寂寞孤独，对于一个文人来说需要具备巨大耐力和信念才能忍受。但，所就者大，则必有所忍。只有杰出的人，才能在孤独寂寞中完成他的使命。终于，《白鹿原》横空出世了。立意高远、气魄宏大的《白鹿原》，被圈内圈外读者推崇备至，而除文学价值之外，蕴含其中的政治力量与人道力量也是我所推崇的。'"针对当前文学现状，陈忠实先生曾撰文指出症结在于缺乏政治，强调"政治是个大的精神概念"。我非常赞同先生这个观点，所以，几年过去了，我对这话记忆犹新。

回读当年报纸，十分惭愧当初“不揣浅陋以见教于大方”，相对于读到《白鹿原》时的惊心动魄，相对于皇皇巨著《白鹿原》，拙文实在粗浅，不堪一睹。然而，以先生之大德，从来都是严于己而宽于人。

之后，竟整整10年没有与先生联系，是因为我在与人交往中历来不善主动，还是因为工作和生活诸多动荡变迁，抑或是因为自己庸庸碌碌无所建树而索性做一只鸵鸟？

直到3年前，忘了因为什么事情，给先生打过电话，远方传来的，依然是铿锵话语、爽朗笑声：“你到了西安，给我打电话，我请你吃泡馍！”先生在琼时，我说过喜欢吃西安泡馍，他居然还记得。

一股暖意，从心底慢慢升起，先生的光和热，远隔千里也能感受到。

就在这3年间，我多次去到西安、咸阳、延安、汉中等地，好几次被省报、晚报有所报道，有两次还配了照片，想必先生总有看到的时候。而我，连一个电话也没有打给先生，连一条信息也没有发给先生。

何尝不想吃到先生请客的泡馍，何尝不想听到先生睿智的谈吐，哪怕出于虚荣心也想见到先生啊，再说，我还暗存念想谋得先生一幅字呢。然而，正是因为知道先生生而有仁、交而有礼、言而有信、行而有义，我担心万一先生时间不便，反而给他添了心理负累，所以一直不敢造次，不曾打扰。何况，见与不见，在心不在缘。

可是，先生会不会对我产生误解呢？

一晃，又是两年过去。去年，“秋风吹渭水，落叶满长安”时节，听到含含糊糊的先生因病入院消息，心里一沉，既不敢不信，也不敢确信，更不愿相信，焦虑之下，借约稿之名义给先生发去信息。况且，我多么希望能有幸担任先生大作的责编啊。

不到一刻钟，先生打来电话，开口依然是“杨海蒂吗？”声音不再中气十足，透着虚弱。“我是。”我想笑，又想哭。“我是陈、忠、实。”不是沉着有力的一字一顿，而是有些口齿不清。

先生艰难地问候着，解释着，感谢着；我心酸地答应着，安慰着，祝福着。既不忍心他说下去，又但愿他一直不要挂断。此时此刻，我只有一个心愿，尽快去到西安看望先生！

先生坚决不让我前往，都跟我急了。我知道先生不愿意让人看到他的病容，更不愿意给别人增加麻烦。恭敬不如从命。

我痛恨自己屡入秦地不曾拜见先生，到如今，物是人非，想看望而不能。泪水一行又一行，顺着我脸颊流下来。现在，我唯一能做的，只有祈祷和祝福。我发去信息：陈老师您多保重！接到您的电话很高兴很激动，千言万语化为一句话：祝福您早日康复，一切安好，吉祥如意！

接下来的新年佳节中，又给先生发过两次信息，也只是简短的问候和祝福。没有回音。先生只会接信息不会回。我不想向任何人打听先生近况，我怕听到任何不好的消息。

然而，该来的，总是会来；或者说，不该来的，还是来了。

列车依然在辽阔大地上疾驰。窗外，烟雨蒙蒙，万物生长，四季轮回，尘世流转。让我们平静地接受那不可改变的吧，按其现实本相，而非如我所愿。太阳，有升就有落；月亮，有盈就有亏；草木，有荣就有枯；花朵，有开就有谢；人类，有生就有死。死亡是生命最后一个过程，有它的存在，生命才得以完整。死亡并非永别，我相信，先生一定会化身白鹿，回到生他养他的白鹿原；白鹿过处，六合祥瑞，八方吉利。

“春来寒去复重重，掼下笔时，桃正红。独自掩卷默无声，却想笑，鼻涩泪不通。单是图名利？怎堪这四载，煎熬情！注目南原觅白鹿，绿无涯，似闻呦呦鸣。”完成《白鹿原》后，先生填了这首《小重山》，这是他人生第一次填词，可以想象他那时的苍凉心境。

泪眼凄迷，西望长安，注目南原觅白鹿；苍茫天地中，秦岭在，灞桥在，南原在，白鹿何在？

（《西安晚报》2016 年 5 月 3 日）

痛悼忠实

王 蓬

今天早上 7 点 40 分左右，中国作家协会副主席、著名文学大家陈忠实去世。得知消息，泪水忍不住夺眶而出，回顾 40 年的交往，真如同失去兄长的痛切。

上

我知道陈忠实是在 20 世纪 70 年代初，准确地说是 1973 年 7 月，刚复刊的《陕西文艺》在卷首隆重推出了一篇近两万字的小说《接班以后》，尽管受当时政治气候局限，但作品浓郁的乡村生活气息、活生生的人物、铿锵有力的语言，以及整部作品的厚重和气势，使我一下牢记住了作者：陈忠实。

真正见到陈忠实是 1975 年冬天，《陕西文艺》杂志社召开创作会议，后来成为“陕军”主力的作家几乎都参加了那次会议，陈忠实、路遥、贾平凹、邹志安、京夫、李凤杰、晓雷等，有近百人。去了就想见到陈忠实，人生不好打听，直到一天晚上，安排陈忠实介绍创作经验，在省文化厅招待所礼堂，大冬天没有暖气，仅是烧着几只煤炉放在过道，大家都穿着棉袄。我早早去前排占了座位，准备好钢笔和笔记本。那时陈忠实刚三十出头，远不是《白鹿原》出版时那副沟壑纵横、沧桑凝重的面孔。正是虎虎有生气的年纪，棱角分明的脸庞充满活力。我注意到他穿着当时农村小伙同样的土布棉袄，罩着件四个兜兜的干部制服，显得朴实庄重。这副模样与他厚重大气的作品十分合拍，我心里想，陈忠实就该是这副样子。当然，我更注意他讲话的内容，我记在笔记本上的重点是：什么是重大题材？陈忠实一脸认真地说，无产阶级革命进行到一定历史阶段带普遍性的问题就是重大题材……

我当时钦佩极了，心想这么复杂的问题人家怎么一句话就说清楚了。时隔多年，我跟陈忠实说起当时情景，两人皆哈哈大笑。但那会对文学无比虔诚，贾平凹刚发表学习雷锋的《一双袜子》，路遥写的是学习大寨的《优胜红旗》。正是由于亲历那段弯路，体会深刻，才会有日后彻底的反思与新生。

也是那次会上，有次午餐与陈忠实同桌，菜有荤有素，还有只鸡。陈忠实说，看见鸡就想起当公社书记带人到农民家中催收毛猪鲜蛋，有些人家把母鸡刚下的蛋都缴了，蛋还温热，上面带着血丝。我听了心里十分酸楚。在农村多年，每年都为完成毛猪鲜蛋的任务犯愁，想不到这位公社书记还能替农民说话，尊敬中又增加了好感。

真正与陈忠实熟悉是 1979 年冬天。刚恢复工作的陕西省作协举办重点作者读书班，三个月时间，首期有陈忠实、我，还有商洛的京夫，西安的张敏、周矢等。心里非常高兴，觉得这是向他们学习的好机会。

陈忠实 1942 年出生，要比我年长 6 岁，老家就在白鹿原下的西蒋村，属西安市灞桥区管辖。我关心的是陈忠实如何走上文学道路并取得非凡成就。陈忠实儿时并无祖母或外祖母讲述天上或地上的神话，以至于自己也萌发编织故事的念头，倒是农家子弟的贫寒衣、食见拙产生深刻的自卑，只有采用拼命刻苦学习来找回自信，让老师当众朗诵自己的作文自然是最好的途径。因我也弄过这类把戏，就不难明白陈忠实由此产生的对文学的兴趣。由于陈忠实年长我几岁，又是高中毕业，1965 年就开始在《西安晚报》上发表了《夜过流沙沟》《杏树下》《樱桃红了》等多篇散文。创作的动因除了兴趣爱好、名利稿酬，我认为还应有最深沉也最根本的原因：改变命运。高中毕业的陈忠实注定知道他所在的西安市灞桥区管辖的毛西人民公社之外，还有偌大的一个精彩天地，世界上没有谁愿意一辈子待在贫脊的黄土地上。

1980年前后，文学热潮涌动，相关单位邀请陈忠实等名家来汉中讲课。那会，我还在农村，责任田刚分下来，百废待兴，从省城一下来这么多文友，还真让人犯愁，家里值钱的东西只有春节准备宰杀的肥猪，一半自用，一半销售零花，可离春节还有些时日，咋办？晚上我犹豫着与妻子商量，妻子虽系农村妇女，却读过中学，关键出自大户人家，能识大体，说，她也这么想，提前宰猪，就能早买接槽猪崽，免得临近春节猪崽涨价，也不至于春节淘米洗菜水浪费。这使我大喜过望，那天早早起来，垒大灶、烧汤水，请来宰猪师傅和邻家小伙，七手八脚按倒肥猪，宰杀、褪毛、开膛，待到洗净猪头下水，两扇白生生的猪肉挂上架子，陈忠实几位也正好赶到。他们对异迥于关中的陕南乡俗十分好奇，围着肉架问长问短，陈忠实惊讶我何以把猪头收拾得如此白净，感叹田野冬天还处处绿莹莹充满暖意。那天，我用陕南乡村“吃泡膛”的风俗招待他们。所谓“吃泡膛”，就是临近腊月，无论谁家宰猪，都请左邻右舍，新鲜猪肉切得如木梳大小，做起大砣豆腐，再配上刚从地里拔回的萝卜白菜，杂七杂八“一锅熬”。还要煮上一大锅心肺汤，用大盆盛了，大伙围着，大块吃肉，大碗喝酒，男女说笑，并无拘束，几多痛快。一晃，这一幕过去20多年，我已淡忘。不想，2003年，我出文集请陈忠实写序言时，他在长达万字的序言中用了几千字专门写下一节《关于一座房子的记忆》，详尽描写了去我家见到的乡村乡景与“吃泡膛”的过程。

下

那次讲学间隙，陈忠实让我带他去看看汉江。冬日江水明净清冽，如带蜿蜒，长长的江堤两岸是秦岭南麓依然葱绿的田野。陈忠实说这是在他的家乡冬日绝对看不到的情景，兴致很高。我们谈文学，谈当时都关心的社会话题，愉快融洽。不知觉间，回到市区已临正午，正感口渴，陈忠实为路边水果摊陕南火红的蜜橘所吸引，买了几个，硬把两个大的塞给我。陈忠实在我心里一直是关中硬汉的形象，写出的作品雄健浑厚，铿锵有力，用贾平凹的话说，是钢筋水泥砌出来的东西。可这一瞬间，我看见这壮实的关中汉子眼中洋溢着和善的柔情，分明是富于人情味和良善的一面，我心里震颤了。因为我自幼因父亲错案从西安流放到陕南乡村，遭遇的打击屈辱太多，别人躲闪唯恐不及；那会出身好，有地位，不整人就是难得的好人。就我的体会，良善、同情和宽容，这些人类社会运转了几千年积累的文明，本应该发扬光大，可被多年的七批八斗涤荡得一干二净；凡能对弱者友善、同情，假以援助者也注定经历过苦难，甚至挨过整，对生活的酸甜苦辣有切实的体味又自强自信的人才能拥有这等情怀。从那时我就隐约感到，我当时的困难处境拨动了陈忠实良善的心弦，对我假以援助之手，从心里认定陈忠实如同他的名字一样忠诚可靠、可交。一种敬重兄长般的感情从胸中涌起并扎根。

事实上，在文学这条艰难的道路上跋涉，陈忠实给予我许多切实有力的帮助。我的短篇小说《庄稼院轶事》经他推荐发表在《北京文学》1982 年第 3 期；他和省市宣教系统领导多次呼吁，我终于在 1982 年年底破格由农村调进汉中市群艺馆。尤其不能让我忘怀的是，1987 年，我已在鲁迅文学院和北大首届作家班学习几年，妻子还带着两个女儿在农村种责任田。当时，我长中短篇小说均已出版，也拿了几个奖，达到了家属“农转非”的标准，可报告打了多次都迟迟得不到解决。上学期间，我请假回家收种庄稼，两头不能相顾，很是狼狈。十三大召开时，陈忠实当选了代表，见到也是党代表的汉中地委书记王郧，反映了我的情况，结果拖了几年的事情一个星期就解决了。当通知我填表时，我蒙了还不相信，事后才知道陈忠实做了工作起的作用。

其实，作家之间的交往最终还是作品，是文学。所谓“以文会友”，谈陈忠实便离不开他的代表作《白鹿原》。事实上，《白鹿原》问世的20多年来已与陈忠实水乳交融，这是一位大家与一本巨著最完美的结合。《白鹿原》因陈忠实而闪亮世界，陈忠实因《白鹿原》而扬名中外。

但《白鹿原》的问世并非一蹴而就，而是经历了漫长又艰难的创作过程。20世纪80年代中期，新时期的中国文坛出现新的动向，各省崭露头角的作家在中短篇小说领域进行了反复的角逐较量之后，纷纷酝酿着向长篇小说进军，而长篇小说则往往是最终衡量一个作家创作实力的试金石。陈忠实还没有出长篇的动静，却见到他一部部的中篇——《初夏》《四妹子》《最后一次收获》《蓝袍先生》等。我在阅读这些作品的时候，感觉到陈忠实的写作已经发生明显变化，作品依旧保持厚重沉稳和大气，人物却有了地域的拓展，比如四妹子由陕北到关中，时空有了更大的跨度，比如蓝袍先生的命运贯穿解放前后。这些由地域差异与新旧交替带来的文化冲突，由个人命运折射出整个民族命运的思考，给作品带来了新的艺术视角、新的看点和深刻的思想穿透力，我隐约感到这将是陈忠实未来长篇走向和内容的预兆。

由于隔着道厚厚的秦岭，关于陈忠实蛰伏于白鹿原下的老家写作长篇小说的种种情况，我只是时有耳闻，其间曾想写信询问或是鼓劲，最终没有动笔是因为意识到这对陈忠实来讲都属多余。直到1990年年初，徐岳创办《中外纪实文学》，陪着陈忠实几位来到汉中写稿，我还诧异，难道长篇写完了？后来陈忠实私下告诉我：给娃挣学费来了！我猛然意识到陈忠实全家全靠他，这几年埋头写长篇，稿酬不多，又要供三个孩子上学，恐怕是最难熬的时候。见他精神还愉快，便问他长篇如何。他回答快了，再没多说。我深知陈忠实不爱张扬，尤其是写有分量的作品。他的名言是：写作品像蒸蒸馍，不敢把气漏了。绝不像有的作家刚有个题目便谋划着去获奖，作品还是一堆素材就计算能挣多少稿费。尽管那时，陈忠实的长篇还没有问世，但我深信他属于能沉得住气、能干大事的人，不鸣则已，鸣则一定惊人。

终于，1993年年初，我接到陕西作协召开长篇小说《白鹿原》研讨会的通知，在此之前，我已在《当代》上读到《白鹿原》的上半部。我至今不能忘记当时阅读的情景，拿到《当代》一见标题和陈忠实的名字，心便怦怦跳起，到底出来了！我长出口气，由于久已盼望且是我敬重文友的作品，不能马虎。我躲回农村小院，端出藤椅，泡上绿茶，几乎是屏心敛息地阅读，当时最大的感受是两个字：震撼！几乎每读一章，都要站起来走动，在小院乱转，屏息心跳，深切感受到这部作品一切都把握得那么准确到位，仅是《白鹿原》这书名就一字千钧。黄河流域，黄土高原，八百里秦川，中华民族的繁衍诞生之地，20世纪又是这个民族最为动荡、不安、裂变的时期，白、鹿两个家族深深根植于这个古老民族的血脉之中，两位族长——白嘉轩和鹿子霖简直是中国深厚传统文化的集大成者，在他们身上，忠厚与精明并存，豁达与狭隘混杂，正义和邪恶孪生，几乎在所有的矛盾和冲突中都折射着我们这个古老民族传统文化的精华与糟粕。作品对关中乡村生活做了大规模的提炼与概括，精选出有文化内涵的生活细节，均匀地分布于作品的章节之中，形成强有力的思想冲击和穿透力，对这片深厚的土地、这个古老的民族、这个独特的时期，表达出绝对不同于任何人和任何学说的独特的感受或者说认知。

尽管当时下半部还没读到，我已对整部作品充满信心。我的感觉是那会全国出版的长篇小说没有一部能与《白鹿原》相比。

研讨会上，我没有发言，我牢记着的还是陈忠实的发言。他说，《白鹿原》写作期间，遭遇过中篇小说集《四妹子》出版后要自己销书的尴尬，所以在制定写作《白鹿原》种种目标之外，还定了一个目标，要让这本书走进最广大的群众之中。作品在《当代》发表后，他专门去建国路书摊询问，摊主说这期《当代》已销售完，你得赶紧去钟楼总店。待他去钟楼那儿也销售完了。售主还说，你要的话得预先登记下期，还有下半部哩。陈忠实要了登记簿，仔细察看，在长长一串预定的名单中，有教师、医生、学生、店员、干部和工人，唯独没有一个熟悉的文学界人士。至此，写完《白鹿原》的一颗忐忑不安的心终于放下了……

听这话时，我的直接感觉是陈忠实和他的作品已经融入这个时代，融进了最广大的人群，而成为他们最信赖也最可靠的代言人。我毫不犹豫地认为，《白鹿原》的艺术成就处于中国当代文学的巅峰，正是由于这部巨著，中国文学与世界文学有了对话的可能和资格。假如有一天，《白鹿原》获得诺贝尔文学奖，我也会说，在我心中，这部巨著自问世便已步入这辉煌的文学殿堂。

2016年4月29日

（《延河》2016年第6期）

旌忠练实
——哭别陈忠实先生

吴克敬

在手机上写稿，于我是头一次。

这是陈忠实先生逼出来的。宝鸡文学六十年活动，安排在 2016 年 4 月 29 日。这天早晨起来，在省委组织部工作的妻子知道我与陈忠实先生的感情，她受组织部领导的委托，要与组织部的一位副部长去西京医院看望住院治疗的陈先生，问我去不去。我给她说了宝鸡的事情，并遗憾地说我真该去医院看望先生的。我所以遗憾，是因为先生病情不好的时候，是怕人看望他的。我尊重先生的意愿，硬是忍着没去医院。妻子他们代表组织去，是和医院沟通了的，而且也已与省作协联系，由他们转告先生，先生也点头同意了的。机会难得，可我答应了故乡宝鸡的邀请，就只能驱车往宝鸡去了。汽车在高速公路上奔驰着，刚好入了宝鸡地界，我的手机响了，是妻子打来的。我把手机刚刚贴在耳朵上，就听到妻子哽咽着说："陈先生仙逝了！"我被妻子的哽咽和言语一下子弄懵了，半天没有反应过来。我知道妻子不会说谎，但我还是本能地问了她一句："是真的吗？"妻子仍然哽咽着说："我们没有赶上。"妻子的话，到我从宝鸡回来，去省作协设就的灵堂祭拜时，得到了省作协常务副主席黄道峻的证实。他说他本来约好要陪我妻子他们去医院看望先生的，医院紧急电话打到了他的手机上，他没顾上等待他们，直接去了医院，先生就是在这个时候仙逝了。

“这个时候”就是先生的讣告里公布的时候。

妻子哽咽着挂断了手机，而我却没有。我把手机缓缓地从耳朵边拿下来，平放在右大腿上，来写纪念陈先生的文章了。悲伤之中，一切与先生有过的经历，瞬间涌入我的脑海，千言万语，我首先写下《在高山顶上》的题目，接着就从他发表《白鹿原》往下走，说他一部《白鹿原》，突兀地站在了“文学的高山顶”上。我这么说，虽然是我自己的体会与感受，但我相信，有太多太多陈先生的粉丝，会赞同我的观点的。我叮嘱开车的师傅，把车开慢一些，师傅心有灵犀地开慢了。我和妻子的通话，师傅听见了，在我于手机上写着文字时，他小心地问了我一句：“是写给陈老师的吗？”我点头回答了他，他便把汽车开得慢而平稳，让我在高速路上的汽车里，到下宝鸡出口的时候，写就了纪念陈先生的文章。可我在最后落款日期时，不知怎么就落错了，把明明白白的29日，落成了128日。《小说月报》原创版的执行主编韩新枝，以编辑家的敏锐，首先发现了问题，在微信上告知我日期的错误。此后还有细心的朋友，微信、短信告诉了我的手误。我想不通怎么会出那样一个错？128日，纪年纪月纪日的时间里，哪里会有一个128日？这是荒唐的。我脸红了，想我其时是如何书上那个日期的。我想不明白，于是就赖我的手指，还把手指伸进嘴里，在牙齿上咬了咬，咬着时一个念头蓦然浮现出来，以为我手书错了的日期，并不是错。我的手指在手书日期的那一刻，是一根别样的手指，灵魂在替我手书上去的，把29日减去1日，挪到这组数字的前面，就成了128日。所以如此，大概因为我们不愿意先生离去，而先生也不愿意离我们而去。

先生好！就让我们活在这个错误的日期里，生生息息，天长地久……

可是先生还是决然地走了。5月5日，即是与先生告别的日子，我想我还有话要说。这是因为，就在先生停灵的几天时间里，却还有人唾沫来唾沫去，鼻涕来鼻涕去，实在是不该的呢。仿佛文坛就是一片唾沫的海、鼻涕的湖，什么事不唾沫、不鼻涕，就显不出文坛的热闹似的。要知道，先生生前是最反感唾沫和鼻涕的，如果有人被唾沫鼻涕上了，他也会挺身而出，真诚地关心安慰一下的。我就不幸地被人唾沫鼻涕了一回，很多德高望重的先生，不失时机地关心安慰了我，其中就有陈先生。他打电话给我，没说我被唾沫鼻涕的事，只说近来西安天气热，多喝水，多睡觉，有时间了，钻进秦岭里去，会好受些呢。我听了先生的话，有好多天，就钻在秦岭里，吃农家饭，喝山泉水，倒也真的是，把日子过得舒心惬意。

文学不相信唾沫鼻涕，相信的只是自己的劳动。

陈忠实先生就是以他卓异的劳动而赢得社会各方面的赞誉和尊敬的。他的一部《白鹿原》，就是一座文学高原上的高山。我看到一家媒体，在先生仙逝的第二天，编发了好几版文章，怀念追忆先生，标题是“白鹿原是中国文学的一座丰碑”。他们这么标题是对的，但我记得还是他们媒体，10 多年前，却发文为难了一下先生，唾沫先生只写了一部《白鹿原》。当时我正在西安的另一家媒体工作，和那家媒体的头儿熟悉，看了他们的报道，打电话和他们还理论几句。我的理由是，先生写了一部《白鹿原》，这是事实，而比先生更早的曹雪芹，不才写了半部《红楼梦》吗？一个作家，成就作家的根本，不在数量的堆积，而是质量的崛起。我说得激动，就还说，一头牛死了，剖开肚皮，无非一大堆牛粪；如果是位得道的老和尚，死了火化，获得的是一粒小小的舍利子。咱们评一评，一堆硕大的牛粪能与舍利子比吗？不能比呀，牛粪终究只是牛粪，而舍利子就不同了，就成了一种精神，成了一个象征，舍利子是珍贵的，不可多得的！

把过去说了的话，今天再说一遍，我自己是要检讨自己了。2007 年，我从供职的《西安日报》离开，没头蜂似的扎进文学的圈子，点灯熬油了近十年，一本书一本书地写，一本书一本书地出，除了数量的堆积，弄点儿小钱以外，还有什么呢？我不是妄自菲薄，告别先生，我是该有自己的觉悟的。我是不能只做个文学的劳模的，而是必须静下心来，向先生学习，做一个能给自己垫枕的东西出来呢！

告别先生，我说的是我的心声，就如我致祭先生的文章《在高山顶上》一样。那篇短文刊发出来后，凤凰网转载时想配发一幅我与先生的照片，此外，还有香港《大公报》等媒体也要转发，也想要我与先生的照片，可我怎么都翻不出与先生的合照，只好无奈地作罢。我想我是和先生照过相的，正在无奈遗憾的时候，朋友于3日晚聚茶，说起陈先生，雁塔公安分局政委告诉我，他那里有我与陈先生的一幅合照。政委说了，还当即起身回他办公室，拿来了他已装进镜框的我和先生的合照。先生和我的这一幅合照，政委当时就在场，是他的另一位朋友照的，很有些专业的水平。先生和我并肩而立，笑得是那样的开心，那样的温暖。我把合照从政委手里接过来，抱在怀里，久久不忍放下。我抱着我们的合照，就像我抱着先生似的，有一股暖流，仿佛永不断流的温泉，正汩汩汩汩地浸润着我的身体。我流泪了，哗哗啦啦。我是该有这一场没遮没掩的痛哭的。我哭别先生，却在心里还为先生撰书了一副小联。

我为先生所写的联句，围绕的是他的名字，"旌忠练实"陈忠实。何谓旌忠，意即表彰忠节。《宋史·寇准传》有云："皇祐四年诏翰林学士孙抃撰神道碑，帝为篆其首曰'旌忠'。"《明史·英宗后纪》："冬十月丁酉，赐王振祭葬，立祠曰'旌忠'。"何谓练实，意即竹子开花后结的果实。《庄子·秋水》："夫鹓雏发于南海，而飞于北海；非梧桐不止，非练实不食，非醴泉不饮。"这可是先生一生的写照？我想有点儿吧。

联曰：

旌忠随伴书一卷，

练实可人花千秋。

（《延河》2016年第6期）

忠厚老师，实在哥

——怀念我敬爱的陈忠实先生

韩怀仁

陈忠实先生去世了，我心中十分悲痛。站在医院的病床前，眼睁睁看着一个伟大的生命在一点点地远去，心中的感觉，用刀绞、箭穿、火烧、油煎等等任何形容痛苦的词汇来描述，似乎都难以穷形尽相。

在他停止呼吸的那一刻，我流泪了。20余年来他给我的诸多恩惠，全都涌上了心头。

此刻，我要把这些都写下来。

其实，有关他与我交往、给予我恩惠的许多事情，我早就想写，只是怕有“拉大旗作虎皮，包着自己去吓唬别人”之嫌，又怕得“攀附名人、巴结名人”之讥，所以一直没有动笔。如今，我所崇敬的大师、我所热爱的老哥走了，再不必忌惮“借名人以沾光”的猜度，我可以尽情诉说了。

受了陈忠实先生那么多恩惠，我必须说出来！不说，我会憎恨自己没良心！

44年前，当我还是不满二十的毛头小伙时，有一个非常奢侈的梦想，就是当一个作家。那时候特别羡慕那些能在报刊上发表文章的人，觉得他们特了不起。有一天，大伙儿在生产大队办公室聊天，有一个人说："咱河对岸西蒋村有个作家叫陈忠实，写的东西好多都在报纸上发表了。"我很惊讶：天哪！离咱这么近，竟然有一位作家！从此，陈忠实的名字就牢牢地印在脑子里了。他成了我的偶像：一个生长在农村的青年，竟能在报纸、刊物上发表许多作品，这该是多么荣耀、多么了不起的人呀！

我很想到河对岸去拜会一下我仰慕的陈忠实，但，一是总忙着挣工分；二是还想通过优秀的"表现"得到贫下中农的好评，以便在以后的招工、招兵时能得到推荐；第三，也是最根本的，心里很自卑——从小学五年级就开始向报社投稿，可现在高中都毕业了，却还连一篇作品都没有发表过，见了那位仰慕的大哥，说什么呀？

拜会的心愿还未得实现，1972 年年底，我参军了，拜会心中偶像的计划彻底成了泡影。

当兵，当的是铁道兵，修的是襄渝铁路，部队驻在陕西。我在团部当收发员，全团订的所有报刊都能看到。众多的杂志里，有《陕西文艺》，而在《陕西文艺》里，就时不时能看到陈忠实的作品——《接班以后》《高家兄弟》。虽然他的作品不是很多，但给我留下的印象总是特别美好，觉得他的小说写得很实在，很有生活气息。也许还因为他是我的"近乡党"，所以格外关注他。

当然，所有这一切，陈忠实是不知道的。仰慕在我心里，热爱也在我心里，说白了，我只是一种"单恋式"的"神往"。

真正和陈忠实近距离接触，是在 1986 年的文学创作培训班上。

1983 年，"百万大裁军"，数十万铁道兵干部战士集体转业前夕，我从铁道兵部队调到了二炮工程学院（即现在的"火箭军工程大学"）。作为从青海省转来的作协会员，我有幸参加了一次文学培训班。培训班上，陈忠实给我们上了一堂课。课间休息时，许多学员都跑到前边去和陈老师攀谈。我也挤到他跟前，跟他提说了两个青海的文化人（修筑青藏铁路，我在青海待了 10 个年头）——那两人跟我是朋友，且都说跟陈老师也很熟。我离开青海时，他们都对我说过，如果见到陈忠实，提提他们的名字，陈忠实肯定会想起来。尽管那时陈忠实在我们这些纯业余的作者心目中，无疑是必须仰视的人物了，但他仍然很热情，很平易近人，他果然不但想起了那两个朋友，还询问："他们现在都还好吧？"

那一次近距离接触，陈忠实给我的印象就是：人如其名——忠厚亲切，实在真诚！

一转眼到了 1991 年，我想出一本短篇小说集。那个时候，出书请名人作序已成为一种时尚，为了加重我作品的"分量"，我也想请个名人来为我的书作序。请谁呢？我第一个就想到了陈忠实。要是他能给我的小说集写个序，我那原本并不出色的集子，也许在别人眼里就有了光芒。可是就凭着从前的"精神向往"和培训班上的"一面之交"就请他作序，是不是架梯子摘月亮——太有点异想天开了呢？

然而，在一个朋友的指引下，这个异想天开的美丽梦想竟实现了。这个朋友叫陈西周。

陈西周是我们学校实习工厂的职工，由于都喜欢唱秦腔，我们成了戏友。听说他家在西蒋村，我就问他认不认识陈忠实。他笑着说："何止认识，我们还是本家子呢。"我喜出望外，忙问可不可以通过他进一步和陈忠实认识并交往，进而请陈忠实为我的小说集写一个序言。西周笑着说："这你不用找我，找新芳保准能行。"

新芳就是陈新芳，也是实习工厂的职工，我们原本也很熟悉。我问西周："为什么找新芳就行？"

西周说："新芳就是陈忠实的亲妹子呀！"

天哪！我跟新芳熟悉几年了,竟然一点不知道他就是陈忠实的妹妹！多少人跟陈忠实见过一面就成天吹乎，恨不得全世界都知道陈忠实跟他有交情，而陈忠实的亲妹妹却一直没有拿这个名人哥哥来作为自己炫耀的资本——我对新芳的为人更加敬重了。

我去找新芳，向她说明了我的想法。新芳很坦诚地说："论二哥的为人，他是非常乐意帮助人的。只是他这几年正在写一部长篇小说，连作协的好多活动都推辞了，不知他能不能抽出时间。不过我一定给他把这话说到。”

过了几天，新芳告诉我：“二哥说可以。他让你有空了到家里去见个面，把你要出书的稿子带上。”

陈老师如此爽快地答应，我不仅喜出望外，甚至有点受宠若惊了：“真没想到二哥这么痛快就答应了！”

跟新芳对话，称“陈老师”显然生分、外道，我自然也随着新芳称“二哥”。新芳说：“你放心去吧。二哥待人实在得很。”

1991 年 10 月 30 日，我骑着自行车从学校跑了近三十里路赶到西蒋村。

在村人的指引下，我找到了他家。那是一个极其普通的农家院落，有一个门楼，嫂夫人正在门楼下做着针线活，我问：“这是陈忠实老师家吗？”

嫂夫人回答：“就是的。”

我赶快自报家门，表明了我的来意。

嫂夫人十分热情地让我进门，并向屋里喊了一声：“老陈，有客人来了。”

陈老师在屋里应了一声，屋门口马上出现了他的身影。他手里夹着一支雪茄烟，微微笑着，很亲切地说：“新芳说了你要来，我专门等着你呢。”

我的心头立即涌过一股热流，一时竟不知说什么好。

他边让坐边给我倒水，我则匆忙从包里取出合订在一起的书稿。

我们都落座以后，陈老师拿起我放在桌上的书稿——10 多篇带着杂志封面的铅印文字，多少有些惊讶地问：“这些稿子都是发表过的？”

我说：“就是。”

陈老师很诚恳地说：“现在出书挺难的，一般都要自费出书。你这些作品都已发表过，怎么还……”

确实，陈老师是了解这其中的苦衷的。我当时的职务是正营职教员，一个月的工资也就 300 元，而当时自费出书的书号行情是少了 5000 元拿不下来。如果再加上印刷费用，差不多把我三年的工资都搭进去了。自费出一本根本畅销不了的书，何苦来呢？

陈老师的体谅又一次让我感动，我便如实袒露心怀：“身为教员，要评职称，而评职称的一个硬件就是看成果。散见于各报刊的，叫文章；但若汇集成一本书，就叫著作。著作比文章的分值高。评不了高职，在军校再继续干就有难度。所以……”

陈老师听了连连点头，他说：“我明白了。你放心，序我一定给你写。不过你既然要出书，肯定得先把杂志上的文稿变成印书的文稿，这就是出版社说的‘一校稿’。打出一校稿后，你给我拿过来，看完一校稿再写序言不迟。我知道你让我写序言是想让这书好销一点。不过我要给人写序，就一定要认真把书看完再说话。那种不看稿子就信口开河的文章我写不来。我不能不看作品就胡发议论。”

见陈老师谈兴正好，我便问：“听说你最近正在写一部长篇小说？”

陈老师点头说：“是的。”

我问：“进展顺利吗？”

陈老师说：“还好。”

我问：“写的什么故事？书名叫什么？”

陈老师笑了笑说：“咱这一带有一句土话，说是‘锅盖揭得早了，就预死’（见文后注释）了。我也害怕‘锅盖’揭早了，把这作品‘预死’了，所以我给谁都不说。等将来写完后，你就啥都知道了。”

“很辛苦吧？”

陈老师笑了笑说：“你也是搞写作的，其中滋味你应该明白。”

我说：“真不好意思，你这么忙，这么辛苦，我还给你添麻烦。”

陈老师爽快地说：“那有啥？朋友嘛。”

临别时，陈老师说：“我这儿有一本刚出时间不长的书，送你一本，留个纪念吧。”说着就拿出一本豆绿底色、上有“Z”形条纹稿纸图案为封面的书，书名是《创作感受谈》。他拧开钢笔，十分认真地写下了“韩怀仁方家雅正”几个字，签了他的姓名，落款是“1991.10.30”。

这次交往，我从陈老师身上获得了很大的教益：一是他对朋友的真诚——绝不敷衍塞责。既然要评人的作品，就必须认真地阅读，那种随便瞄两眼便天马行空、信口开河的“评说”，他是十分厌恶的。二是他对自己作品那种严谨、虚心与慎重的态度——没有完成的作品绝不胡乱吹嘘。“我害怕‘锅盖’揭早了就‘预死了’。”这句既通俗易懂又寓意深刻的自律之言，实在让我感佩不已，感慨良多。

回到学校后，我开始紧锣密鼓地找人把报刊上的文章在电脑上敲成电子文档。那时候我对电脑是一窍不通，更谈不上在电脑上打字写文章，一切都得求人，偏偏朋友找的那家文艺出版社的那位编辑说话不算话，把我“忽悠”了——说好过了年交5000块钱就可拿书号，不料当我准备好钱款去找他时，他一句“今年的书号已经用完，你明年来吧”，一下就把我抡到山背后去了。幸亏不久遇到了王世雄先生，说他可以帮忙，我这才又看到了出书的希望。就这么三折腾两折腾，一晃就到了1992年4月中旬。我带上打印好的书稿，沐浴着和煦的春风，再一次来到西蒋村。

陈老师问我：“这书稿咋弄了这么长时间？”

我把那些曲曲弯弯的过程给他详细述说了一遍，他也陪着叹息了一声，接着说：“你把书稿留这儿吧，我尽量抽时间尽快看，看完尽快写。等二校稿出来后，序言和正文可以放到一块，进行三校。”

过了不到20天，我又到了西蒋村，陈老师一见十分惊讶：“你的二校稿已经校完了？”

我笑着说：“现在我已经能在电脑上打字了。所以校对的工作都是我做的，每篇文章都是我一边校对一边修改，都说不清这是几校了。稿子王世雄老师已看了，他说没问题，序言一到马上就可以交印刷厂开印。”

陈老师一听更惊讶了，说：“呀，没想到你这儿进展得这么快！我原先出的几本书，从一校到三校，没有半年时间是出不来的。”

我说：“现在是电脑排版，快多了。”

陈老师一脸的歉意，连声说：“哎呀，那实在对不起，你的书稿我是认认真真看完了，可是序言还没来得及写呢，你看这不耽误你的事吗！”

他连声啧啧，深深自责，那种诚恳的神情，看得我心里又是一阵阵热浪翻滚。

我连忙说："陈老师，你千万别这么说，你现在正进行大部头创作，是绝对需要清静的。我让你看书稿、写序言，已经干扰了你的长篇创作，我给你添麻烦，你没有讨厌，没有拒绝，我已非常感激了。你再自责，我就更不安了。"

他稍稍沉默了一会儿，问我："没有序言，对你书的销路影响大不？"

我说："听说我要出书，好多学生都很支持，主动登记要买书的已有六七百人。如果再加上已经分配到部队的学生，估计销 1000 册不成问题，成本肯定能够收回。另外，王世雄老师说，书稿他全看了，如果你太忙，他可以写个序，只是嫌没有你的名气大、声望高。"

他又微微叹了一声，说："这样的话，我心里多少能轻松些。不过这事真有些对不起你。"

我知道他的长篇小说正在攻坚阶段，其创作之艰辛与内心之煎熬，外人实在难以体察，而我偏在这个时候来麻烦他，确实有点"没眼色"。（从后来许多文章提到的"如果这本书再不成功，我就跟你去喂鸡"的那声喟叹，以及他词作中"怎堪这四载，煎熬情"的表白，证明我当时的猜测还是靠谱的。）

所以我连忙说："要说对不起的，应该是我。"

那个"序"虽然最终并未写成，但陈老师待人的那种诚恳，那种实在，让我终生难忘。他把我集子里的作品全都认真地读了一遍，并给我谈了他的感受。他说："从你取的书名来看，你对《今夜又是月圆时》这一篇是偏爱的，但是我倒更喜欢你的《寻酒启事》，觉得那一篇的构思很巧，而且意蕴也好。……"接着他又谈了对集子中其他几篇作品的看法，有赞赏，也有委婉的批评。临别，他又一次诚恳地说："这次没给你帮上忙，以后有需要我的地方，你尽管来。"

后来我真的又一次找他帮忙了，可是这回他帮了我的忙，我却做了一件很对不起他的事，至今回想起来仍然感到惭愧和痛悔。

1994年年初，我完成了一部中篇小说，题为《朝霞红晚霞红》。写成之后，我到省作协去找他，他问："需要我帮什么忙吗？"

我说："我想请你看看这个作品，如果你觉得还看得过眼，我想请你向有关刊物推荐一下。"言下之意，就是想借他的名声给作品找个发表的地方。

陈老师二话没说，立即开始翻阅。他以极快的速度浏览着，发现错别字或不妥的句子就用钢笔画一画，感觉不妥的片段，也在旁边做个记号。看完后他说："总体感觉还不错，我画的那些地方你再斟酌一下，我给河南的《莽原》编辑部推荐一下吧。"说完就展纸提笔，很快写完了推荐信，信里说了不少赞美的话，恳请编辑关照业余作者的真情也显而易见。他把信瓤装进写好地址的信封后递给我，说："回去把那些要改的地方改一改，然后和我这封信一起投给杂志社吧。"

我非常郑重地把信夹在一本刊有李星和陈忠实《对话白鹿原》的《文艺争鸣》杂志里，再把杂志十分认真地装进挎包。

我正打算告辞，陈老师说："眼看就到饭时咧，作协对面有一家泡馍馆，我请你吃羊肉泡馍。咱事先说好，是我请你，不要结账的时候拉拉扯扯的不好看。"

几年交往，我对这位"忠厚老师实在哥"的秉性已了解很多，也就没有再客套，一起走进泡馍馆，一人一碗羊肉泡，边吃边聊。吃饱喝足后，揣着一腔的感激与感动，挥手和陈老师告别。

没想到，回到家里打开挎包要拿陈老师写的那封推荐信时，我一下子傻眼了：那封信不翼而飞了！我把挎包翻了个底朝天，把那本杂志抖落了足有10多遍，可那封信仍然杳如黄鹤，无踪无影。我头上的汗立时冒了出来，急速启动大脑，回忆此前的每一个细节，忽然想起在站牌下等公交车的时候，我曾取出那本《文艺争鸣》看了有10多分钟。看见公交车过来，我把杂志塞进挎包就急急忙忙上了车。可能……不！不是可能，而是一定！一定是在那匆忙中，不慎把那封信弄丢了。我气得用拳头直砸自己的脑袋，悔得肠子都青了。你好好地在那儿等车，看什么杂志啊？要看杂志你也该把信取出来装到包里啊！车来了你不慌不忙上车不行吗？你丢的不是一封信，你丢的是你尊敬的老师、仁厚的兄长对你的一份深厚情谊呀！你往后拿什么脸面去见他呀？见了面他若问起稿子和信的事，你拿什么言语去回答他呀？

此后一段时间，我一直不敢去见陈老师。直到这年的4月底，我才厚着脸皮又到他家去了一趟。我老老实实地说了我丢失了那封推荐信的经过，并说出了我的羞愧与痛悔，说完便低了头等待他的责备或埋怨。谁知他听完以后，只是淡淡地笑了一下，说："丢了就丢了。丢了就全当我没写过。现在还需要我再推荐吗？"

我说："我再没脸请你写推荐信了。我来是向你报告一件事，前几天接到中国社会科学院文学研究所一个通知，让我到北京去参加一个会议，并要求带一篇最近创作的作品，我想把这个中篇带到会上去碰碰运气。"

陈老师说："这样也好。如能得到会议的认可，也许有些刊物会要你的稿子发表的。"

那次会议的全称是"首届中国文学现状与发展暨创作研讨会"，张炯、雷达、张同吾等10多位知名人士都参加了那次会议。《朝霞红晚霞红》在那次会议上获了个三等奖。我把这消息告诉了陈老师，他笑了笑说："好事嘛。能被会议认可，你再往刊物投稿就更有信心了。"

我没有再找刊物，因为前不久接到王世雄先生的一个电话，说陕西旅游出版社要出一套《西部风情文库》丛书，反映西部风情的文学作品均可进入丛书，他向我约稿，希望我也拿一部书稿出来。

于是我就以《朝霞红晚霞红》压阵，另外又创作了三部中篇，合成一部中篇小说集，交给了文库主编王世雄。

《白鹿原》问世之后在读者中产生了巨大的轰动，社会反响十分强烈，但同时也给陈老师带来了很多的麻烦，其他麻烦姑且不说，单是找他签名、题字、做报告的个人和单位就络绎不绝。同时作协的许多具体工作都得他或组织或协调或亲自动手，他的忙碌，完全可以用"焦头烂额"四个字来形容。可是尽管这样忙碌，他却一直以没能给我写成"序"

为憾，1995 年当得知《朝霞红晚霞红》要出版的时候，他问我：“这次的序有人写了么？”

我说：“王世雄先生已经写了。”

他又问：“我能给你帮点什么忙呢？”

我说：“想请你给题写个书名。”

他很爽快地说：“这个不难。”说完，就在他的书房中展纸濡翰，聚气凝神，一会儿工夫，“朝霞红晚霞红”六个流利潇洒、自具风致的大字便跃然纸上。说句实在话，当年在自费出书的众多作者中，我的《朝霞红晚霞红》能够连出两版且近万之数很快售罄，绝对与“陈忠实题”那四个字的落款有着密切的联系。

最让我铭心刻骨的，是在《朝霞红晚霞红》问世不久引发的一场风波中，陈老师给我的安慰、鼓励与帮助。1996 年 6 月，单位上一位颇有背景并有一定权势的领导突然向《朝霞红晚霞红》兴师问罪了，他不仅搬出了“利用小说反党，这是一大发明”的最高指示，而且言之凿凿地指责这本书有三大罪状：一是有攻击邓小平理论的倾向；二是有性描写，属于“格调低下、精神污染”；三是“否定了单位的职称评定工作，给单位抹了黑”。一时间，真有“黑云压城城欲摧”的阵势了，我心里压力很大，分管政治工作的领导也有些惴惴然、惶惶然了。他对我说：“你能不能找到省作协，让作协给你的作品出一个鉴定性的证明材料。你这书不是陈忠实给题写的书名吗？如果他能以作协的名义对这本书有一个肯定性的评价，那么即便个别领导要兴师问罪，咱也就有了‘不怕’的依据了。”此事不仅关乎我的前途命运，而且也还牵连到一些别的领导，事情确实非同小可。我赶紧跑到作协，找到了陈忠实主席。他听完我的叙述之后，非常惊讶，说：“呀！这都啥年代了，你们单位咋还有这种人呢？”我说：“没办法，现实中真就有这种人。”陈老师思考了一会儿，说：“现在他们刚开始‘抓’我就去作解释，似乎不够妥当。让他们先‘抓’吧，如果他们真‘抓’得要影响你的个人生活了，作协一定会出面的。到时候，还可以通过法律途径解决问题。说不定一打官司，你的作品还火起来了呢。”有了陈主席的这颗“定心丸”，我心里一下子踏实了许多，便回单位向要“保护”我的领导做了汇报。

幸亏20世纪90年代中后期的文艺政策比较宽松，而且思想解放、心胸开明、态度稳健，既有政治头脑又有人文情怀的领导干部也越来越多了。当时学校的主管秉持正义明确表态：“对于作品，完全可以见仁见智，发表自己的评论；但对于作者，绝不能用‘文革’时那一套。”有了主管的表态，尽管少数几个反对者一直在咕咕哝哝喊喊嚓嚓，最终却并没有形成能置人于死地的风浪。加之当时单位正巧发生了一起大案件，那几个貌似革命性很强的领导干部，因为众所周知的原因而自顾不暇，所以在开了几个座谈会之后，那场看似“山雨欲来风满楼”的政治风波，竟不动声色地风息浪止，不了了之了。当我把这个消息告知陈主席之后，陈主席感慨万千，后来就写了一篇散文，叫《朋友的故事》，发表在1997年第一期《新大陆》杂志上。

1998年，他的《白鹿原》获得“茅盾文学奖”之后，要请他去做报告的单位排开了长队，我们学校领导知道我和陈忠实相识日久，便让我去请他为我们的学员也做一场报告。我找到陈老师，说明来意，陈老师仍是十分慷慨地就答应了。他说：“不说咱们之间的友情，单冲着你们二炮是咱们国家最具威慑力量的部队，我都一定要去的。”他到学校来做报告那晚，近千人的大礼堂座无虚席，连两边靠墙的过道上都站满了人。他的演讲既高屋建瓴又朴实亲切，既深刻警策又幽默诙谐，引得听众不断发出热烈的掌声和会心的笑声。报告过去了10多天，《白鹿原》和陈忠实依然是学员谈论的一个热点话题。

2009年7月《大虬》第一版印行后，作协创联部的领导对我说：为了扩大你作品的影响，建议给《大虬》开一个研讨会。我把作协的这一番盛情向学校首长转达之后，学校首长非常支持。在作协和学校共同努力之下，2010年10月23日，《大虬》研讨会在二炮工程学院隆重举行。

我非常盼望陈老师能参加这次研讨会，但又怕他来不了，因为他的事情太多了，他太忙了，而且，他的身体也明显大不如前了。此前不久，学校还曾让我请他再来搞一次讲座，可他极其诚恳地婉拒了。他说：“不是我拿架子，是我现在有个毛病，常常突然脑子里会出现一片空白，眼睛看着前面的人，竟一句话都说不出来，这种状态一般都有十几秒钟，而且说不上啥时候发作。你说我要是坐在台上，突然间啥也说不出来，这咋对得起那么多的观众呢？”这次研讨会虽然把《大虬》这本书和会议安排都提前送给陈老师了，但我仍然担心他来不了，所以在开会前两天又给他打了一次电话。我刚一开口说“我是怀仁”，他马上就说：“不就是开研讨会要我在会上发个言么？不说咧，我肯定去。”

23 日那天早上，他不仅早早就赶到了学校，而且在会上做了长篇发言。他开篇就说：“我曾经说过，韩怀仁是中国离我最近的作家。”见大家一愣，他紧接着又说，“这是就地理距离而言的。我在灞河南岸，他在灞河北岸，隔河相望，村庄与村庄大约就四五里路。因此我说他是我所结识的离我最近的作家。但人家事比我干得阔，肩膀上的星星我老是羡慕得很。”大家轰的一声笑了，会场的气氛一下子变得非常轻松活跃。

关于《大虬》，他足足讲了半个多小时，他从三个方面对本书进行了肯定，并说“读来令我有一种强烈的感动与震撼”。

说实话，我当时坐在台下流泪了。因为他不仅看完了《大虬》，而且看得非常细致和深入！什么是知音？这就是！自己的心灵倾诉能得到自己仰慕的人的理解，文人之间还有比这更温暖的慰藉么？

在发言的最后，他说：“我是昨天晚上 10 点半才把这个小说看完的。整整读了 3 天，啥都没干。”

从最早的把《今夜又是月圆时》认真读完，到“3 天啥都没干”就看《大虬》这本书，我的老师，我的兄长，你给我的深厚情谊，我心中的感激，该用怎样的词汇来形容啊！

2012 年 11 月 9 日，我儿子结婚，海力和李红代表陈老师不仅送来了很重的礼金，而且还送来了陈老师专意为我儿子婚礼书写的墨宝一幅，上书李清照词句：“九万里风鹏正举”，寄托了对孩子的期望和祝福，殷殷深情，弥足珍贵。

2014年，我申请中国作协会员，在电话里我表示了想请他当我的介绍人的心愿，他欣然允诺，说："这还有啥说的，你把表拿来我给你写就是了。"第二天我把申请表拿到家里，他戴上老花镜，伏在茶几上，很快就写下了这样几行字：

"韩怀仁多年坚持文学创作，成就丰硕，作品深刻隽永，不仅获得广大读者的喜爱，也得到评论家雷达、李星等的赞赏，我愿介绍加入中国作协。陈忠实 2014.2.25"。

2013春节期间（正月初七），我和朋友去拜访他。偏偏那天又听到了诗人雷抒雁不幸逝世的消息，陈老师十分感伤地说："今年真是流年不利啊！从年前到今天，我已经接到三个好朋友不幸离世的消息了。"我们也随着感叹一番，为了不打扰他休息，聊了十几分钟我们便告辞。

2015年春节去看他时，他说老是口腔溃疡，说话一多舌头就疼。到了6月份，一位朋友告诉我，陈老师在西京医院住院了。因为口腔疼痛，说话困难，心里也就比较烦，所以家人一般不赞成亲友去看望。但是作为受陈老师太多恩惠的我，他住院那么多日子我竟不去看一回，怎么也过意不去啊！幸亏他的儿媳李红是我们学校外语室的教员，我们很熟悉，我就向她表示了想去看看陈老师的心愿。李红在学校是优秀的青年教员，在家里是贤惠孝顺的儿媳妇，只要工作能走开，她总会去照看陈老师，经常做点可口的饭菜给陈老师送到病房去。一天，她给我打电话说："韩教授，今天中午我给我爸去送饭，你老说要去看他，今天就坐我的车一块到医院去吧。"

到了医院，陈老师刚打完吊针，坐在床边休息，见了我就跟我打招呼说："你倒做啥来了嘛！"我说："你住院这么长时间，我不来看看心里难受啊！你不要说话，我也不说话，我就看看你。你好好跟医生配合治疗，争取早日康复。"然后我们就面对面坐着，互相看着对方，谁也不说话。其实，通过双方的眼神，我们把想说的话都用眼睛"说"了。我心里想：什么叫"此时无声胜有声"？这就是啊！默默地坐了三四分钟，他向我轻轻摆摆手，说："你回吧。"因为听新芳说过，他起初一直不肯治疗，急得孩子们没办法，还是新芳以妹妹的“权威”狠狠地批评了他，说：“你在父母跟前尽了心，行了孝，落下孝子名声了。将心比心，娃也不想落个不孝的名啊！可你不配合治疗，叫娃心里、脸上咋过得去嘛！”这样，他才答应住院治疗。所以我和他握手的时候，仍然说了句：“一定要好好配合治疗啊！”

又过了些日子，我听李红说，用了北京一个名医的方子，陈老师的病情已明显好转，心情也好了很多。我听了心里就非常高兴。2015 年中秋节和国庆节之间，航天四院文学协会会长伏萍女士提议去看望陈老师，我们便一起到了他家。去的时候，陈老师没在家，嫂夫人告诉我们：“老陈这段时间恢复得很不错，今晚还和朋友在外头吃饭呢。”等了一会儿，他回来了，果真气色挺好。比我那次在病房见他时还微微胖了一点。我们都为他的身体康复而感到由衷的高兴，都祝愿他彻底击败病魔，完全恢复健康。

去年 11 月，我去了深圳，春节也是在深圳过的，过年只给陈老师家打了个电话。正月底回到西安，原本打算早点去看他，一是听说这段时间他的身体状况还不错，二是家事、公事、朋友事七七八八的比较多，一晃一个多月过去竟没和陈老师见面。（这是我至今依然非常愧悔的一件事。）4 月 28 日晚上 10 点多，忽然接到他妹夫建国的电话，他说：“二哥的情况不太好，在西京医院已住了几天了。”

我心里一咯噔，忙问：“这会儿咋样？”

建国说：“前两天已报过病危，今天能好一点儿。”

我说：“我现在就赶过去吧？”

建国说：“目前暂时看着还平稳，你不要太着急。你跟二哥相好那么长时间，到这会儿了，不给你说我怕留下遗憾。要看，你明天早上过来就行。”

29 日早上 5 点半，我从学校门口打出租车，6 点过一点赶到病房。病房里静悄悄的，新芳、李红、黎力、勉力和二女婿都守护在那里。新芳领着我见到了躺在病床上的陈老师。尽管人已很憔悴，但神志还是清醒的。我说："陈老师，我是怀仁。"他睁大眼睛看了看我，目光依然是那样睿智深邃。他想要和我说话，我忙拦住："你啥都别说。"我握住他的右手，他竟把手挣脱出来又高高举起，三个手指捏在一起，似乎要什么东西。新芳说："他是要笔，想写字。这几天人来看他，他一直用笔写。这会儿，你看手都没劲了，还想给你写哩。"我说："陈老师，你不用说，也不用写，我知道你的心意。我要向你道歉啊！我从深圳回来这么长时间，今天才来看你，对不住你啊。你不要急，好好养病，配合治疗……"

陈老师眼睛睁得大大的，似乎很激动。我再次和他握手的时候，心里不由得有些发酸。这是多么令人敬佩的手啊！就是这只手，写出了传世巨著《白鹿原》，写出了那么多令读者喜爱、给人以精神滋养的文学作品，写出了不计其数给人以帮助的推荐信、介绍信、证明信。可是现在，这手竟是这样瘦骨嶙峋！

新芳说："连着两天两夜了，他就睡不着，真急人。"

为了免得陈老师因激动而更加休息不好，新芳说："咱到外头坐坐。"

在外间，新芳给我较为详细地说了陈老师病情的变化："去年下半年，二哥的病明显是好转了，吃饭、说话都比从前好多了，过年以后看着也都好好的。可是半个月前，突然病情加重了。孩子们赶紧送他上医院，开头他还不大在意，后来才住进了西京医院……几个孩子黑明连夜都守在这里，可他……"说着，我们都无可奈何地流起泪来。

大约过了有半个多小时吧，守在里间的亲人不知是谁突然喊了一声："呀，快叫护士！"……

医生尽心尽力了，护士尽心尽力了，他的儿女，他的亲人，全都尽心尽力了。然而，无情的现实是，他——走——了——

在医护人员抢救的过程中，我是一点也插不上手，我只能站在旁边，一会儿看看被抢救的陈老师，一会儿看看病床旁边的监视仪，看着那屏幕上呼吸、血压、心率三个指标不停变化着的数字，紧张得呼吸急促，心跳加快。看着那数字在下降的时候，我的心就紧紧地揪成一团；看着那数字又一点点回升的时候，我似乎又看到了一线希望，那颗紧缩的心又稍稍能松弛一下。

然而，那数字虽然偶尔也有小幅的反弹，但总的趋势是在残酷地下滑。那一刻，我相信每一个热爱他、希望他不要离开的人，看着那下滑的数字，心都会像被一把利刃在一刀一刀地割着……疼啊！那是尖锐的、苦辣的、钻心刺骨的疼啊！ 7 点 45 分，这个世界上所有热爱他的人都不愿意看到或听到的时刻，还是板着冰冷的面孔，来到了。

我抚摸着陈老师那瘦削的肩头，叫了一声"陈老师啊——"竟再也说不出话来，只有任泪水在面颊上流淌……

亲人们都在流泪，都在抽泣，但都没有号啕。忽然，病房外边传来了一声先是压抑然后就像山洪暴发一般的哭号，那是一个男人的哭声，是撕心裂肺的哭声，哭声之大，整个九楼仿佛都被震动了。黎力、勉力、新芳好几个人都赶忙往外跑，那哭声一路向东跑到走廊的一个角落，谁听了都会觉得心碎。我跟着跑到跟前，才看清是跟陈老师朝夕相处了好多年的杨毅先生。孩子们都劝他："叔叔你不要这样。这病房里还有别的病人，有的已是年近百岁的老人，咱不能影响别人！"（这就是陈忠实儿女的品德与胸怀啊！）

得到消息，到病房来的人越来越多了。赶我从照相馆给陈老师放大遗像回来，省委宣传部的领导、作协的领导等等有关方面人员都来了。后面的事情那些能写的领导都写了，无须我在这篇文章里赘述。

唯一感到欣慰的是，作为朋友，在他弥留之际，我和他见上面了，而且又一次互相用眼睛"说"了心里话。

4 月 30 日，洪庆文化协会在洪庆山上举行"槐花节诗会"（此活动策划已久，通知也早已发出，临时难以更改），我是主持人之一。为了表示对陈老师的悼念，我们在活动前加了一个环节（头天晚上，白来勤先生给我发短信提了这个建议）——全体起立，为陈忠实先生默哀三分钟。活动中，我又唱了一段悲情秦腔——《忠义人一个个画成图像》，表达了我对陈老师的哀思之情。

5月2日，灞桥区洪庆文化协会的几位负责人——刘炳南、雷焕性、伏萍、路桄畅和我，驱车前往省作协灵堂，吊唁这位具有世界声誉的文学大师。

陈忠实追悼会和遗体告别仪式定于5月5日举行，届时我将再去殡仪馆，和我忠厚的老师、实在的哥哥——陈忠实先生作最后的告别。

做完了这一切，我似乎觉得心里稍稍地安宁一些了。

然而——

我忽然又想起29日那天晚上做的那个梦了：陈老师静静地躺在医院的一个平板车上，护士推着他不知要往什么地方去。我和一大群人跟在车子后边，虽然没有哭，但大家都神色凝重。不知是谁叹息了一声："唉，陈忠实就这样走了！"然而就在这个时候，奇迹发生了：陈老师一骨碌从平板车上爬起来，笑着对大家说："谁说我走了？我是跟大家开玩笑呢。我不走！"说着，他便迈开脚步向大家走了过来。他上穿一件洁白的衬衫，下着一条深蓝色的裤子，脚蹬一双黑布鞋，步履稳重而矫健，模样竟是40岁的样子，走得十分倜傥潇洒。人群里发出了惊喜的欢呼声，再看他时，他已站在一座高高的山峰上，微笑着向大家频频挥手……

梦醒时，我看了看墙上的石英钟：清晨5点40分。仔细想想梦中的情景，我的眼里又蓬上了泪花。

后天，就是和陈老师做最后告别的时候了，我真希望我梦中的奇迹能够发生。

其实，不是奇迹的奇迹早就发生了。当《白鹿原》问世的时候就已经注定：

陈忠实永远不会离开这个世界，不会离开热爱他的人们，就像司马迁、曹雪芹、鲁迅一样，陈忠实将永远和热爱他的人们在一起！

注："预死了"是灞河流域的方言，本意是指蒸馍时，因提前揭了锅盖，从而使"发面馍"未发起来而变成"死面馍"的状态。同理，蒸红薯、洋芋火候未到而过早揭盖造成夹生，

亦称为“预死”。有版本将“预”写成“窳”，并不准确。“窳”字的本义是恶劣、坏，和“预先死亡”无涉。

（《延河》2016年第6期）

忠实的胸怀

阿　莹

我是在中央党校学习班的结业式上听闻陈忠实去世噩耗的。那天与我同班的铁凝主席告诉我陈忠实早晨走了，我一听不禁“啊”了一声，昨天才听她说先生病危了，作协的钱书记已赶赴西安探望，怎么刚刚过去一夜他就撒手人寰了。我原本还想着回到西安就赶去医院看望先生的，却在瞬间破碎了。

从悼念先生的大厅出来，我的脑子呆木木的，使劲在想跟先生交往的过程，却怎么也想不起当初是怎么跟先生认识的了，只记得他的《信任》当年荣获了短篇小说奖，我们一帮文学票友围上他一声声道贺，但他的反应并不热烈，额头的皱纹并没有得意的迹象；待他的《白鹿原》出版后好评如潮，我每每捧读都感到沉甸甸的，有评论说这部书是新中国成立以来最伟大的文学收获，我把这些重复讲给他，他却只给你露出一点淡淡的笑容，额头的皱纹依旧深深地不愿舒展。他似乎喜欢保持那么一副矜持的表情，好像谁的评价都难以触动他心扉的欢愉。其实，陈忠实最让我感动的还是他的人格魅力。那年我在西安东郊一家军工厂做事，有一天我们在城里相遇，先生吞吞吐吐说他有个侄子找了个对象，已到了谈婚论嫁的程度，但女方提出必须调到西安才能成婚。那时候从县城调进省城还是挺麻烦的，我费了点周折才把孩子调进厂来。然而，没隔多久他侄子忽然急切地找到我说俩人谈吹了，无论如何让我想法把人退回去。我感到为难，就去找先生商量怎么处理，想不到先生早已知晓此事，但他轻描淡写地说，谈不成就不成了，人咋能退回去，成不了亲人也不能成仇人。我听罢此言，感慨良多，先生宽宏的胸怀和为人的品行便深深地印到我脑海了，以后每每见到先生都会感觉他就是从《白鹿原》里款款走来的那位孤傲高洁的朱先生。

由于受公务所累，我有好多年没再从事业余创作，彼此便自然少了交往。后来，我被军工人为研制 1999 年国庆阅兵装备所表现出的精神所感动，组织作家们采写了一批反映这个艰难过程的报告文学，后来已经准备付梓了，部队首长建议应请名家为书作个序。我马上想到了先生，可我们已许久没有谋面了，想不到他依旧那么坦诚热情，那天接过书稿简单翻了翻，就说军工人可是咱国家的脊梁，为他们出书立传值得。随后他还真把那厚厚一摞文稿通读了一遍，写了一篇激情洋溢的序言。当我接到那一笔一画饱蘸着先生心血的文字，刚读过几行就激动起来，他对军工事业和军工人的理解是那么深刻,已不是几句感谢的话能够概括了。

后来也是公务所趋，我写了部陕北歌剧《米脂婆姨绥德汉》，正巧省上在丈八沟宾馆召开艺术家座谈会，我以前从没写过这类文学作品，心里便忐忑地把剧本拿给他，请先生拿回家看了提点意见。可是，第二天一大早先生就把我叫到他房间，详细地谈了他的整体印象和对主人公的认识，告诫我一定要找个好导演，好好把这部戏做下去。这当然增添了我莫大的信心，从此每每排演遇到困难，我就用先生的话鼓励大家，也鼓励自己。后来先生去看了首场演出，写了评论，字字句句都饱含着对文学人的呵护和期许。

前年，我牵头邀请专家们梳理陕西的文化资源，策划了 30 个重大文化项目，其中就有一个以先生创作的《白鹿原》为背景的文化园区。为了把这个项目做出精彩，我又把省内外文学、历史、旅游界的学者邀来反复论证，大家异口同声陕西早该打这张名片了。这个文化园区实质上就是在白鹿原上再现滋水老县城，再现先生魂牵梦绕的白鹿两家的老宅子，要为先生开辟一院“陈忠实书屋”，还将建造两三个小剧场，长年上映有关白鹿原的故事和戏剧。可想那里当然是一处浓缩着关中风情的文化景区，可使天南地北的人来到关中就能够享受到白鹿原的魅力，也享受到这片黄土地带来的厚重滋润。我以为这样一个指向性明确的规划，先生一定会十分惦念的，这在一定意义上讲就是先生艺术成就和创作生涯集大成的展现，却没想到在以后的日子里，也不知是他怀疑这个规划的可行性，还是担心将来的景区会破坏人们对他倾心营造的白鹿原的憧憬，始终没有向我问过一个字。我后来听闻先生病了，还侧面向参加白鹿原文化园区论证会的邢小利打听先生对这个规划的见解，只是听说先生要等建造得差不多了再抽暇去看看。去年，我突然听说先生病重住院了，便约了刚到省作协上任的黄道峻去医院探视。我以为这时候先生应该对这项工程询问两句的，得了这种病谁都会想自己身后事的，可想不到先生依然抿着嘴唇什么也没问，只是听我在那里与大夫乱扯。待我从病房出来反复思量，依然不得其解。后来，我回到办公室看到书架上的《白鹿原》，忽然醒悟先生这般默语，一定是想他身后的名声绝不是靠一个文化园区就能奠定的！

我昨天见到专程前来西安吊唁的铁凝主席便说，原来曾想白鹿原文化园区今年 10 月就会开园，届时一定要请先生来揭幕的，而今那个历经波折的工程正在收尾，而白鹿原上的主角却随风飘去了，使得这个盼望已久的文化项目平添了永远的遗憾。我想，只能在将要举行的开园仪式上为先生祭上三杯酒了，愿先生的在天之灵能够佑护白鹿原上的万千人家康泰幸福，也愿他额头上深深的皱纹能够从此舒展……

2016 年 5 月 5 日于新城

（《陕西日报》2016 年 5 月 6 日）

陈忠实为我们改稿

韩小蕙

陈忠实老师遽然离去，文坛内外一片哀悼之声，有说《白鹿原》乃中国当代文学的扛鼎之作，有赞忠实老师为人品格高尚，有痛哭中国从此失去一位真正的作家……说句也许并不夸张的话，在中国，没有不知道陈忠实的；即或不知道陈忠实，也都知道《白鹿原》。

一个作家活到这份儿上，真让人敬仰——陈忠实老师给“作家”这称号，挣来了多么大的荣誉啊！

我始终忘不了陈忠实老师的一件小事：

2012 年，电影《白鹿原》制作完成，但还未最后“定稿”，我有幸先睹为快，陈忠实老师亦在场。我被其中“老腔”那一段戏震撼得目瞪口呆，乡野艺术家们那种呼天抢地的表达，哪儿是在表演，分明是把自己的性命都押上去了！一连多日，那几位农民艺术家的喷血似的啸喊，一直在我心头激荡着，让我反复品咂着秦陕农民深重的内心。与忠实老师言之，他说电影里的那几位艺术家，就是来自乡下的原生态演员，他们的祖祖辈辈，就是那么壮怀激烈地演过来的！

我就求忠实老师了：给我们《光明日报·文荟》副刊写一篇老腔吧？多长、多短都行，您写多少，我们发多少。我绝不催您，何时写来何时发，保证给以最壮美的版面。忠实老师略一沉吟，答应了。

君子一诺，稿子很快就写来了。忠实老师不用电脑，是用钢笔写在18页白纸上的。整整齐齐的字里行间，显示出大作家陈忠实对文字的尊崇与珍重。文章的题目干脆利落，就叫“我看老腔”，5000多字，讲述了他3年前初识华阴老腔，受到震撼，之后把这关中珍宝介绍到北京人艺，目睹它登上北京中山音乐堂的舞台并受到爆炸性欢迎的故事。文章写得非常好，是用优美的散文语言表达出来的，流畅圆润，生动好读，极具感染力。大师就是大师，出手就能平地惊雷，我很兴奋，在骄傲于我职业成就的同时，也很感谢忠实老师能这么认真地对待我的约稿。

然而，在准备刊发的时候，我竟有些踟蹰了：说实在的，我很想请忠实老师再增添一部分内容，即他自己作为一个乡党、一个普通观众，看着农民艺术家们那充满泥土味儿的最本色的表演，他的现场感受是什么？最好能再增加一些文字，形成一个相对更加强大的气场，取得更壮观的效果！

但我真的很迟疑，不太敢说出口。这真是有点非分的要求了——你想，陈忠实老师何许人也？乃中国文坛巨擘，已然这么呕心沥血地给你写了，你若再提要求，不是冒犯吗？一连好几天，我都很纠结，还跟年轻编辑赵玙商量此事，玙也认为我的想法很好。作为一个职业编辑，我是属于呕心沥血编副刊的那种愚人，虽然在别人眼中，这些不当吃、不当喝、不当升官发财的报纸版面没什么用，简直就是太无足轻重了；可我这种但求百分之百而不放过的完美主义性格，也确实屡屡害苦了我，并让这件事成为我心中过不去的坎儿。

最终，致使我下决心拿起电话的是我想起了一件事：20世纪90年代《白鹿原》出版后，陈忠实老师看到人民文学出版社的工作条件很差，就自掏腰包两万元，为改善编辑们的工作条件尽了一点绵薄之力，当时的两万元可是一笔极大的数目！后来到了2012年5月，他又自己掏出几十万元，与《白鹿原》的三位责编之一、《当代》原主编何启治先生商量设立“文学编辑奖”之事。面对偌大的数目，何启治建议将该奖项命名为“陈忠实当代文学编辑奖”，忠实老师坚决不同意，执意改为“白鹿当代文学编辑奖”。（笔者注：2013 年 3 月 20 日，已经很少参加会议的陈忠实老师专程亲赴北京出席了颁奖典礼，不但对《白鹿原》的另外两位责编——已故的高贤君，还有刘会军进行了表彰和奖励，还对编辑出版了其他好书的几十位编辑进行了奖励。）作家自掏腰包为编辑设奖，这在中国文坛尚属首次，不仅对于贫瘠的陕西作家来说是一个感人的壮举，就是对全国其他富庶地区的特别有钱的作家来说也闻所未闻。当时，这件事在全国文坛特别是在陕西作家圈里掀起了大波澜，也许是因为陕西太穷了，一直传说陕西文人“啬皮”（吝啬），只会往家里进而绝难往外掏。陈忠实老师真是太大气豪“奢”了！

与我想象的完全一样，忠实老师在平静地接听完我的电话之后，以他那高尚人格所凝练出来的高贵，一字一句认真地说：“好，那我就再给你补充上这么一段。”

我当时鼻子都酸了，一如我现在写下这一段回忆文字，鼻子又发酸、眼睛又潮热了一样。

几天后，我收到了忠实老师的传真。同样是白纸，两页，依然是整整齐齐的，字里行间显示出大作家陈忠实对文字的尊崇与珍重：“我在这腔调里沉迷且陷入遐想，这是发自雄浑的关中大地深处的声响，抑或是渭水波浪的涛声，也像是骤雨拍击无边秋禾的啸响，亦不无知时节的好雨润泽秦川初春返青麦苗的细近于无的柔声，甚至让我想到柴烟弥漫的村巷里牛哞马叫的声音……”嘿，多么形象，多么精美，多么棒的文字！

我们立即以最尊崇与珍重的态度，做出了有文字、有图片、有色彩、有温度，甚至能传出雄浑苍凉声音的一个整版。我和赵玙商量着把题目改成“白鹿原上奏响一支老腔”，又打电话征得了忠实老师的同意。刊发的时间是 2012 年 8 月 3 日，《光明日报》13 版。这是一个彩版，配上了演出图片、油画，还有呈现出浓郁地方色彩的皮影，报社最优秀的美编杨震反反复复设计了数遍，直到我们满意为止。此版乃是我 32 年编辑生涯中，所做出的最有光彩、最堪骄傲、最刻骨铭心的几个版面之一，文学编辑当到这份儿上，值了！

由此，我老是愿意把这段佳话讲给年轻编辑们听，也不厌其烦地讲给文坛朋友们。我每每感慨托尔斯泰的那段名言：“一个人就好像是一个分数，他的实际才能好比分子，他对自己的估计好比分母，分母越大则分数的值越小。”在文坛、在作家群、在读者的汪洋大海中，为什么陈忠实的名字是一座大山？不朽的《白鹿原》是一方面，更重要的，恐怕就是忠实老师“高者出苍天”的人品：他永远是善良的、谦和的、低调的，认真地对待每一位作家和每一位普通读者。他真诚地体悟每一个个体生命，哪怕是最微不足道的老农和他们的婆姨。他知晓生命的意义，真正领悟了“人”字后面所深蕴的无垠与无限。他的写作，就是要把这“人”字大写出来，写出人内心最深处的悸动，写出人类内心最本质的跳动。他老老实实地写，老老实实地做人。在他身上，集中了秦人，也即中国人最有代表性的优点：对自己，老实、本分、刻苦、舍命、少言多做、克勤克俭，苦一辈子都觉得是理所当然；对别人，忠厚、诚恳、平和、谦逊，永远先为别人着想，能帮一把就绝不推辞，奉献一辈子亦觉得是理所当然——这两个“理所当然”，架起了“陈忠实”这座巍巍高山！

犹记得当初打电话给忠实老师时，我叫了一声“忠实老师”。他迟疑了一下，用他那浓重的陕西腔反问：“小蕙，你叫俄（我）啥？”我以为自己说错什么话了，期期艾艾地说：“忠实老师，怎么了？”这回他听清了，马上说：“呀，你咋能这样叫，可不敢呢！”大哉陈忠实老师，原来他在自己的心目中，就是这样给自己定位的！

我不知说什么好。想起 20 世纪七八十年代，我自己刚步入文学之路时，前辈们曾一再地教诲“作文先做人”。现在，却很少有人再提到这句话了，也许是怕被年轻人嘲讽为“过时”。然而，真理就是真理，经典就是经典，楷模就是楷模。人间大美，天地同辉，作家当如陈忠实！做人当如陈忠实！

2016 年 5 月 1 日初稿，5 月 11 日定稿

（《光明日报》2016 年 5 月 13 日）

陈忠实生命的最后三天

陈　彦

都知道他要走了，但没想到会这么快，因为工作原因，我与这件事情保持着密切联系。在最后三天，我见证了先生的痛苦；见证了先生的从容；见证了先生的安详；也见证了先生的顽强，不，可以说是钢铁一般的意志；更见证了先生对美好生命的留恋。

先生是去年这个时候查出舌癌的，整整一年时间，开始先生有些大意，一直当是口腔溃疡，只吃些维生素或消炎片之类的东西，家里人看没效果，才催着他去检查的。没想到，一查出来，就是这样的结果，并且已到晚期。但先生始终很淡定，也很配合医生的治疗。什么手段都用了，从我接触西京医院的医护人员看，他们对先生也是怀着十分崇敬的心情的。医院成立医疗小组，想着法子治，中途也有转机，但后来，还是出现扩散，甚至肺部都有转移，一步步，就把一个善良老人逼向了绝境。春节时，我还陪同陕西省委常委、宣传部部长梁桂同志去看望他，虽然脸部下方有些浮肿，头发也基本全白，但整个人精神还算硬朗，说话多有不清晰的字句，可内容表述依然完整坚定，甚至比我前几次去医院探望，更显出一种挺过来的生命晴朗。谁知几个月后的今天，他到底还是走了，竟然走得那样匆忙。

4月27日，我听说先生昨晚突然吐血，病情出现危机，我和省作协书记黄道峻同志早上就去看望，得知当天早晨又吐了一次血，并且量很大。我们见先生时，已经暂时平稳下来，我坐在床边，拉着先生的手，虽然已经瘦得皮包骨头了，但还依然有些力量。我拉着他，他也拉着我，还说了一会儿话。他只用表情回答着一切，有几次似乎想说，但一提气，发现发不出声，就那样慈祥地看着我。那里边有一种生命的淡定，但也有一种深深的无助、无奈。死神已紧紧攫住了他的咽喉，我吻了吻他的手背，害怕眼泪掉下来，就低着头离开了。我们到医务室，开了个简短的会议，主治医生宁晓瑄介绍了病情，她一再讲，先生随时都有生命危险，吐血是因为扩散的癌细胞破裂造成的，先生的左肺已停止工作，剩下半边肺叶，随时都有被血淹呛窒息的可能。我一再问生命可能的限期，宁大夫也一再肯定地说：随时。

我立即给梁桂同志打了电话，报告了先生病情恶化的情况，道峻也立即向中国作协做了汇报。下午5点多，省委书记娄勤俭、省长胡和平在省委常委刘小燕、梁桂的陪同下，从省人代会现场直接赶到医院，看望了先生，听取了医疗小组的汇报，并作出具体安排要求。此前，他们都为先生的治疗，多次作过指示，并解决了具体问题。这天晚上，医院再次为先生做了气管切开术。我跟道峻离开时给家属交代说，一旦有紧急情况，立即给我们打电话，不管什么时候。

凌晨3点45分，手机突然响了，我浑身一怔，立即抓过来，一看，是先生的二女儿陈勉力打来的，说先生又吐血，正在抢救。我立即爬起来赶到医院。道峻也到了。这时先生已暂时平稳下来，不停地在一个本子上写着什么，许多句子和字迹都不太清晰，有的句子压着句子，字压着字，能看清的，大意是对家里人的一种交代，还有几个字给我的印象特别深刻："……生命活跃期……"（前边的实在辨认不清）先生此时在思考什么呢？"生命""活跃期"，这个"活跃期"是什么意思呢？他心底到底"活跃"着一种什么意识与思维呢？我感觉他既是糊涂的，也是清醒的，大脑深处，甚至有一种特别的清醒，只可惜已经表达不出来了，瘦弱的双手，勉强在家人的帮助下，不停地写着，写着……这个动作，这种状态甚至持续了很久。后来，是在先生夫人和儿女的一再劝告下，才把写作停止下来，有一阵，甚至还暂时进入了休眠状态。

28 日中午 11 点钟，中国作协党组书记钱小芊也专程从北京赶来看望先生，先生神智依然清醒，钱小芊书记与他交流时，他不断用可能表达出来的手势、表情，表示着感谢的意思。贾平凹悄声跟我说："看见老陈这个样子，我心里突然感到一阵锥痛，瘦干了！"这天下午，医疗小组做了最后的努力，进行了支气管动脉栓塞手术，西京医院院长熊利泽给钱小芊、梁桂同志介绍说，如果能够把破裂的血管栓塞住，陈忠实先生的生命还有可能存活一段时间。省保健局的领导，以及四医大校长、政委，西京医院院长、政委，都参与了抢救工作。

实在不幸的是，4 月 29 日早晨 7 点 45 分，先生还是因再一次癌细胞破裂，痛苦地离开了人世。我跟道峻 8 点零几分赶到医院，抢救已经结束。医生说：很快，几乎没有多少预兆，突然一咯血，造成逆血，人就走了。头天晚上 10 点钟，我还给家属打了电话，家属说，手术后还算平稳，因为手术是微创，病人几乎没有多少痛苦。我们想着先生是应该有个生命的缓冲期了，没想到来得这么快。简直快得让人难以置信。

在先生病重期间，陕西以及北京的很多宣传部门、文艺界领导、作家、评论家、艺术家，都多次过问先生的病情，先生始终不让探视，充分显示了先生素来低调、质朴、平和的做人风格，他永远都是只愿帮助别人，而不愿麻烦别人。他的这种作风也影响了家人。在他患病的这一年时间里，无论我们问有什么困难，更多领导问有什么要求，家人的回答永远都只是两个字：没有。我要求他们随时把先生的病情告诉我们，不到万不得已，他们也从来不会打电话。他们的眼神，他们一切的一切，都只集中在亲人病痛的痊愈上。连医生护士都说，陈老师非常好，普通得就跟任何一个普通病人一样，非常配合我们，也非常顽强。

多少人想看望病中的先生，一来先生不愿麻烦别人，二来身体也的确撑持不住。如果让探视，那就一定是车水马龙的场面，医院的医疗秩序会被打破，病人也受不了，因此，很多人就只能深深遗憾着，无缘见先生最后一面。

因为工作关系，受梁桂同志委托，我们伴随先生度过了最后三天。我跟道峻陪着家属，从病房给先生穿衣服，到最后扶灵送上殡仪车，手脚不住地颤抖，内心充满了无尽的悲怆。但我觉得自己是有幸的，有幸伴随一颗伟大的灵魂走完生命的最后几步，这是我一生从事文学艺术事业中最荣光的一件事。

一个民族优秀的书记员走了，我突然感到一种大地的空寂，尽管西京医院人山人海，甚至半夜 3 点多，排队挂号的人流还络绎不绝。在先生推车通过的电梯、路道、厅堂，我们行走甚至要贴身收腹，但还是感到一种巨大的空旷与寂寥。

在等待殡仪车的那一个小时里，我始终在回想与先生接触的这几十年，先生对文学晚辈的提携呵护，我想我跟每个文学晚辈的感受是一样的。他对文学的贡献，不仅仅是一本堪称“高峰”的《白鹿原》，更有对陕西文学艺术繁荣发展整体推进的呕心沥血。他是在以自身的创作高度和人格、人品高度，有形无形地雕塑着这个文化大省的具体形象，以及它的宽度、厚度与高度，有他在，我们会感到自信、骄傲、踏实、有底气。先生忽然在一个清晨，一个近千万人口的城市刚刚醒来的时候撒手而去，我们顿时感到一种生命与事业的虚空与轻飘。他是上天不可能再创造出来的那个人，他的离去，是一座高峰的崩塌，是一颗星辰的坠落，是一个时代永远也无法医治的巨痛。

在先生推车缓缓通过医院大厅、医院走廊、医院车库、医院大门时，所有忙碌的人，大概都已经从微信、短信上，知道了先生在这个医院病逝的消息，但他们不知道，一个时代的巨人，像一个普通老人一样，在走过了他 74 岁的生命旅程后，正平和、安详地从他们身边悄无声息地经过。先生静静地躺着，一切病痛都在最后时刻全然冰释，脸上留下的，是十分慈祥、周正的样貌。无论身边怎么喧嚣，先生的安静，都让我想起海明威墓志上的那句著名的话：“恕我不起来了！”

先生走了，但这支思想火炬、这支文学火炬、这支生命人格火炬、这支民族精神火炬，将永远不熄！

2016 年 4 月 29 日晚草就

（《陕西日报》2016 年 4 月 30 日）

大山倒地亦巍然，万民为你吼老腔
——深切悼念作家陈忠实先生

忽培元

我知道，忠实先生一辈子没啥业余爱好，就是好抽卷烟，好听几句秦腔，尤其以华阴老腔为甚。先生不会唱，就是喜欢听。每每听到忘情，就会哈哈大笑或是咬牙切齿、捶胸弹脚。那我就以老腔贯穿这篇悼文的始终，以求得先生共鸣。唱曰：

一

中国文坛一硬汉，来去堂堂七尺男。
秦岭八水情未了，万众注目白鹿原。

2016 年 4 月 29 日一大早，收到陈忠实先生凌晨逝世的讣告，身心为之震悸，随后渐渐平静下来。一个人独立书房，临窗西望，潸然无语。几十年同先生交往相知的情形，一幕幕清晰浮现。我同先生的交往，完全是仰慕与尊重，是思想和精神的相通，是文学创作之缘。所谓一杯清茶，两颗文心是也。我想象着，先生那布满岁月沧桑的木刻般面容……

医院心电图监护仪上象征生命的那一根细线……眼下，那原本跃动的绿色线条苍白僵硬地静止着。

陈忠实走了！如同他家老屋院子父亲栽的那棵柿子树，经历过漫长岁月沧桑后平静地倒下了。果实累累的老柿树倒了！4月最后这天的黎明，西安气温骤降，先生没来得及看到又一个风和日丽的白昼……活力无限的顽强生命就此悄然消逝，却并不像某人所言，是带着“病毒、疼痛与恐惧”离去，而是堂堂正正，轰然倒地。习近平、胡锦涛前后两任党和国家的最高领导人和几乎所有新老常委都送了花圈，更有他生前并不认识的来自全国各地、遥远农村的男女老少，从没见过面的中小学生和大学生也都络绎不绝地赶来吊唁。一个作家去世，在一个国家上下引起如此大的震动，缘由何在？这绝不是仅仅因为《白鹿原》代表着新时期中国文学的最高成就，也不仅是因为陈先生生前人缘特好，而更是因为他的文学思想与精神风范代表着社会正义和人们的期望。这令人想到鲁迅。鲁迅逝世一周年，毛泽东在延安召开的纪念大会上高度评价后，还在他的《新民主主义论》中指出：“鲁迅是中国文化革命的主将，他不但是伟大的文学家，而且是伟大的思想家和伟大的革命家……”接下来一口气用了六个“最”，也等于是代表中共献上了一个硕大无比的花圈，表达敬仰与深切悼念之情。

鲁迅是大变革年代代表推动社会进步力量的方向和旗手。陈忠实的意义，也正在于他在改革开放时期，顺应和代表了社会呼唤重建的正义与良知。他的全部作品，他的一贯的文艺思想与创作态度，他的人生观与价值取向，不见风使舵，不趋炎媚俗，恰恰代表了一种正确的方向和中国人渴望补充精神钙质的强烈愿望。前后两任总书记及领导人送的花圈和普通百姓敬仰拥戴的态度，其实也就是一种无声的赞美与呼唤。这意味着，陈忠实作为一个作家，最终得到了国家和人民的认可。特别是作为一个文学的领军人物，他用自己的正大光明言行，证明了自己的高尚与勇气所在。这在金钱万能、私欲膨胀、良知泯灭和理想动摇的世风之下，在文坛不少人财迷心窍、玩世不恭、个人主义至上、歪风邪气甚嚣尘上的情况之下，越发显得难能可贵。

前两天听说还是好好的呀。陕西省委书记、省长来医院看望，不便说话的他还理智地在小本上写下得体又蕴含深意的话，事后被人们称为“箴言”“寄语”。可恨老天妒才，仿佛事先设了大限：癌细胞大量破裂连续吐血不止……红色的液体熔岩一般，由先生火山般热忱的心胸喷发而出。那鲜红的颜色，令人想到闻一多先生的《红烛》和郭沫若先生的《炉中煤》。如今，这位经历过一生远征跋涉的老作家，回归了生他养他的土地。不是生命的终结，而是融入永恒；不是灵魂的消失，而是精神涅槃，是浴火重生！

是的，这热情烈焰最后的喷发，在黎明时分的黑暗中温暖无数的人心，奏响感天动地的英雄交响曲。先生并非倒下，而是更高的崛起。终于回到他历来敬仰的文学前辈中间，回到杜鹏程、柳青、王汶石、魏钢焰、李若冰中间，定格成其中一座永恒雕像。想到此，我不由得要吼老腔：

独坐故原常放眼，华岳渭水襟怀间。
兴来挥洒激情真，开腔一吼正乱谈。
曾经知遇古长安，虚怀若谷非等闲。
嘱余笔耕不得辍，语重心长铭心田。

二

“两三年不见，陈忠实明显瘦了。如同一匹长途奔腾后刚刚收蹄的老马安卧下来，颧骨高隆，脸颊松弛，一双老眼更显深邃，头顶的苍发有些零乱，额头上的抬头纹像几道深深的犁沟，把睿智、宽厚、正直与苦乐播进眉宇之间……这位作家，平时就是一个普通的秦川汉子：喜好看足球喝啤酒，喜欢吃羊肉泡馍啃乾县锅盔，不过偶尔也会吟诗书联。听说现在他每天的案头工作还排得很满。为了潜心投入工作，原本需要人照顾的他却离开家人，独住一处，埋头写作。”

这是 4 年以前，陈忠实给我的印象。那是在夏季，一天下午我和文友艾庆伟相约先生到东大街老孙家吃泡馍。每次到了西安，先生再忙，都要抽空一聚。先生喜欢吃家乡的牛羊肉泡馍，可是他性子急，饼总是掐得大，吃得也生快。饭来了，他先不吃，只是坐着抽烟，看着你吃，目光慈祥而随和，俨然宽厚长兄。别人吃饭，他就这么一根接一根抽烟，把饭晾在那里，指尖夹着的还是那种黑棒棒廉价工字牌卷烟。烟雾缭绕中目光越显慈祥，人也越发显得苍老，更像是一尊古铜色雕像。抽黑棒棒卷烟，对于作家陈忠实，那就像画家刘文西永远不变的一身灰色中山装。这是属于他们标志性的个性化道具。陈先生抽着烟眼看大家吃，估摸饭也凉了，这才掐了烟端起饭碗，呼哧呼哧大口地开咥。大约 10 分钟工夫，碗就空了。陈先生放下碗，心满意足把嘴一抹，就算完事。现在回头看，其实那时他已经病了，只不过自己一无所知，还一如既往拼命工作。

作家陈忠实，他就是一个真正的关中农民，或是一头农民看重的犍牛，天生就是劳作的命。我当时很担心先生的身体，建议他少抽烟，多吃滋补品。先生嘿嘿一笑，没有回答。那次见他消瘦衰老的样子，我感到了一种莫名的担忧。事后好几天，他那苍老疲惫的容颜总是挥之不去。想着先生为人的真诚与宽厚，想着我们几十年的友谊，我突然觉得应当为他做点什么，又不知该做什么。回京以后便写了特写《老柿树》发表在《人民日报》上，还配了素描肖像。令人欣慰的是，陈先生比我还早看到报纸。他显然是高兴，主动打来电话说，培元呀，咳，你……文章我看了，嗨呀，你呀……叫你费心了。我说，稿子事先没请你审，是不是有些冒昧？先生哈哈一笑说，你写我还审啥，我啥啥你不知道？我故意说总有不知道的，电话那边又是哈哈一笑。陈先生就是这样，在朋友面前，总是真诚宽厚，没有一点名人架子，言语坦诚真挚得叫你感动。他的喜怒哀乐全都写在脸上，透在话里，融化在那些真正属于他自己的句子中间。

那次相聚，记得还有省委原副书记牟玲生老先生和几位文学青年。

年龄从 20 来岁，到 80 多岁，是真正的忘年之交。大家因文学而结缘，又因文学的话题而充实愉快。这样的“饭局”实质是雅集，陈先生乐于参加。他显然不是为的吃饭，而是为了见人，了解人的心境与生活。席间常常会有粉丝不请自到，要他签书、照相，他都尽量满足。有人也许认为这是浪费时间、耗费生命，陈先生当然不这么认为。那种不事张扬的慷慨大度，教你想到白鹿原上果实累累的老柿树品格。丰年锦上添花，荒年雪中送炭。大作家也是普通人，参加自己愿意参加的社交活动，怎么能说是“绑架”呢？我不同意这种说法，更不希望看到那些自以为功成名就的人，整天神神秘秘把自己圈在书房或闺房中自我陶醉、闭门造车，写那些阴阳怪气，不疼不痒，于世无益的狗屁文章。

那天，陈先生放下老碗，轻松愉快地说，培元，看到你这些年一直坚持写作，我很高兴也很羡慕。说真的，年龄不饶人，我现在想写大东西都感觉体力不支。我仰头看着先生一时不知该说什么，心想这也多亏先生你的鞭策。1998 年在榆林你叮嘱的话我还记着。《群山》研讨会上，陈先生紧挨我坐着，另一边的何西来先生正在发言。陈先生小声对我说，培元你记着，工作再忙也不要丢了写作。近 20 年过去了，我自感欣慰的是，还没有放下手中的笔。陈先生见我沉默才说，不少人当了官就撂了笔，你还真是一个例外。不久前，何西来先生到西安，我问到你的情况，何先生说，培元是红色歌者，《群山》之后，说你一路走来，干啥吆喝啥，写了不少有分量的作品。可我想知道的还是《群山》续集写得怎样了。我说，续集《长河》，原计划写到“文革”结束为止，后来发现改革开放这几十年有不少重要内容，因此就又写了第三部《浩海》，总名称《苍生三部曲》。陈先生听得目光一亮说，你这又是叫我惊喜呀，我很想先睹为快。我说已经完稿，准备交中央文献出版社出。回到北京我立即把《长河》《浩海》各打印一份托人转送陈先生阅正。过了不久，陈先生来电话说稿子大致看了，两大摞子，令人敬畏。说里面有好多他不知道的人和事，可惜太长，没能细读。先生说话总是这样的真诚，令人感觉踏实，心悦诚服。见我无话，先生又说，你文笔好，《群山》给我的印象很深。我细看后也许会写一篇心得。我只有感动，无话可说，丝毫不敢再烦劳先生。不料又过些日子，陈先生竟然写了一篇不短的书评，先生诚心所致，古道热肠，令我没齿难忘。忍不住再为先生吼几句老腔，感恩高风亮节：

日辉晚霞灿如血，点点源自心头滴。
多少思虑多少难，总是利人忧民艰。
硬汉倒地魂如山，何必凄凉挥泪衫。
天下多少苟且者，不过行尸走肉团。

三

我常想，陈先生何以最爱听秦腔，何以对华阴民间老腔那么着迷？秦腔吼起来字正腔圆，音乐形象顶天立地，是豁达豪放、爱憎分明、撼天动地的艺术，而华阴老腔更甚，这正同陈先生堂堂正正的品格一样。他的作品中，多见金石有声、慷慨悲歌之士，关键时候，常能克己为人，甚至舍身成仁。那是他的理想化身与精神寄托。同时，他作品里面也不乏苟且淫乱、成天日鬼捣棒槌的小人混混。那是他视为仇敌，甚至不屑一顾的一堆人渣。他的文字里，似乎并没有多少正面描写秦腔的，而秦腔慷慨激昂的旋律，吃钢咬铁的气势，仿佛永远都是他作品的贯穿红线与背景音乐。我的印象中，陈先生迟早说起话来，总是是非分明、斩钉截铁，绝不含糊其词，阳奉阴违。言谈话语不藏情，喜怒哀乐溢于表，地道的秦腔道白，梆子爽朗，掷地铿锵。这就是我印象中的陈忠实。他的一生，践行了李大钊的主张，可谓“铁肩担道义，妙手著文章”。一生整体来看，先生本身就是一台高亢激越的秦腔大戏。如今唱到高潮，戛然而止，化作了一座伟岸雕像，堪称华丽再生。

记不清头一回同先生见面是在何时何地，也许是先生来延安为文学青年做过报告，也可能是陕西文学界的某次活动吧。用先生的话说，我们“结识多年”。其实应当说我认识先生更早，开始读他作品，是40年前上高中时。他的《高家兄弟》和《忠诚》我印象特别深刻。他的中、短篇小说，大多发表在《人民文学》《延河》和《陕西日报》副刊。文字质朴简练，就像农民说话，实话实说，铁骨铮铮，令人读着比吃羊肉泡馍还囊口。先生是运用关中方言的高手，那种经过提炼的口语化原汁原味，比起柳青《创业史》的语言似乎还要地道。柳青先生是陕北人，学说关中话略微有点隔生也是难免。然而柳青毕竟是文学大家，在创作上一直被陈忠实视为第一导师。一次陈先生对我说，《创业史》是我的守护神，不知道读了多少遍，年轻时总是压在枕头下面才睡得踏实。柳青一生践行深入生活心系百姓，陈忠实是忠实的效仿躬行者。《创业史》写蛤蟆滩稻地沿一村的故事，反映中国农村变迁和农民精神的嬗变。相比之下，新时期《白鹿原》视野的宽度、思想的厚度与历史的跨度都有了新的追求和突破。两部不朽之作，都是中国农村的村史、中华民族的秘史。长途接力的两棒，两代作家的领跑者，堪称双子星座。一次，我谈了这个观点，先生立即“纠正”说，这话不对，应当说我们当代陕西作家都是柳青、杜鹏程、王汶石那一辈作家的学生，我充其量也就是个“入室弟子”，因为我进了作协的院子，勉强算是入了“室”。他的品格中，总令你感受到有一种中华优秀传统文化的底蕴和魅力。比如谦虚谨慎与与人为善，言谈话语中时常体现出常人容易忽略更难以做到的清醒与自律。这使我常常想到，颗粒越饱满的谷子，腰总是弯得更低。

很长一个时期，陈忠实都是陕西文坛在全国产生重大影响的作家。他不是一举成名，而是属于那种一步一个脚印，艰难步入文坛又攀上高峰的实力派作家。此前可以说他一直“无权无势”。路遥开玩笑说，他时常扛一袋子面粉上作协院子，逢人便问：“谁要白面？”回头看，他也的确是白手起家。没有当过文学期刊或出版社编辑。有这个经历，这在一个作家起步阶段无疑是最大的优势和捷径。他也没有当过什么桃李满天下的著名教授，甚至开始好长时间都不在文学圈子里面。陈忠实开始是真正的农村业余作者，属于那种高中毕业没有考取大学而不得不回乡劳动，连一张稿纸都要自己掏钱去买的地道的农民作者。他就像自己的父老乡亲，在土地上劳作首先是为了生计和争一口气，更是为自己找到了一种生存理由。这或许也是天意，使得他同柳青经历了大致相同的成长轨迹：把根脉深深地扎进了农村和农民中间，一生不离不弃。

《白鹿原》的出版、引起轰动与获得茅奖，给陈先生带来了荣誉与各种实际的好处，也使他经受了某种压力与困惑。他担任陕西省作协主席，我还在延安市委工作。一天陈先生来电话说，培元，我现在给呐作协管事，不管事不知道难，作协这些人，只有一辆破桑塔纳，都快开不动了。我一上任，大家对我提的第一个要求，就是想办法换一辆新车。你说我到哪里给呐弄新车呀？唉，想来想去，我只有给你打电话。我理解先生的意思，当即表态说，车我给你想办法协调。放下电话，我就分别同书记、市长商量，决定在炼油厂平调一辆新奥迪给省作协用。我当即告诉陈先生，不料他却说，奥迪我不敢要，你还是给我弄个桑塔纳。我问为啥，他说车太好费钱不说，还怕有人说闲话。我说那就桑塔纳吧。过了几个月，我陪一批客人去炼油厂参观。厂长问我，怎么省作协要的车还没人来提。我事后问陈先生，他说，唉，这事别提了，车还没回来，就有人告状，我就莫敢要。陈先生就是这样一个人，在为人处世上处处谨慎小心，俨然是一个老实本分的农民。其实就他当时的影响力，直接找省长书记批一辆新车也是很容易的。先生品格的另一方面由此可见。如今回忆起这些鲜为人知的往事，真想再为先生吼几声老腔，听他喝彩大笑：

不苟言笑冷幽默，开言铿锵乃随和。
炯然如炬穿浮泛，时有箴金似鸣铎。
文章千古不朽事，陈公呕心铸奇书。
白鹿未老青春在，浐灞长流追三苏。

四

陈先生为人重情重义，但是原则性却很强，见不得蝇营狗苟，更不喜欢拍马逢迎的官场习气。但是，作家中，包括文学新人谁出了一本好书，他总是热情鼓励，大力推介。记得拙作《耕耘者：修军评传》出版前，先生看了稿子，认为不错，还欣然应邀题写了书名。后设计者没有采用，先生也不计较。书出版时我已经离开陕西，但是先生看到书，就提议在西安举办一次研讨会，由省作协、省美协和中国传记文学学会、中国美术出版社联合开。那次会议，由于陈先生的积极张罗推动，开得十分成功。陕西主要作家、评论家和美协大画家几乎都来了。研讨很深入，为以后作品获全国大奖起到了重要评定和宣传作用。先生评价一部作品和一个作家，既热情洋溢，也很注重实事求是；既不失热情鼓励，也不会无原则胡乱热捧。每次都认真读书准备，体现了一个文学大家的热忱、正义与良知。陕西许多中青年作家的成长，都浸润了先生的热情与心血。难怪人们在纪念他时，最为深切的重点还在于他对陕西文学新人成长的巨大贡献。这是许多名家很难做到的。

如今，先生的灵魂正同那令人静穆的高山古原化为一体……也终于解脱了文学劳作与纠结的痛苦，可以安静地长眠休息了。作家这碗饭，本来就不好吃，更何况先生对自己的严格与苛求都是远超常人。他时常谦虚地说，咱这行当本来就劳人，再加上咱人笨，就更得笨鸟勤飞。他的每一个字，都是全身心投入所为，那其中的每一句，都是属于他“自己的句子”。从一开始创作，他就不会取巧偷懒。他没有像不少作家那样，在起步阶段或多或少都依赖过“模仿”这根拐杖。从作品看得出，先生从一开始写作，就确立了自己的独立人格。先生不愧是作家中的劳动模范。鲁迅先生享年 56 岁，先生 73 岁还多，也算是功成名就，善始善终了。先生真正是一生没有停笔，这在中国作家中，也许是空前的。据说即将倒下的那一刻，即所谓弥留之际，他的手中还紧紧握着笔在写。

显然是视力已经模糊，字已经分不出行了，重重叠叠地书写，最后留下可以辨认的文字竟然是：生命活力！这真是一个奇迹，就像是太阳落山时努力留给大地的一道绚丽晚霞。“生命活力”！多么精准的一个呼唤，这说明直到最后一刻，陈先生头脑还是清醒的。“生命活力”，这是先生留给这个世界和亲人、文友的最后遗言，是一个充满活力的生命，在最后一瞬间的灵光爆破！在这鲜花盛开的季节定格了下来。这样也好，一条硬汉倒下了，我们面前又耸立起一座大山。他生于秦岭脚下，如今又化作了秦岭一部分。同陈先生最后一次通话，大约是去年年初，先生在电话里，声音低沉而沙哑，吐字已经有些含糊不清。这令我十分担忧。我说，陈老师，你关心的《苍生三部曲》，由中央文献出版社出了。先生说，好呀，向你祝贺……我泪水盈盈，无话可说。

人世间有许多名不副实的事物，但陈忠实的确是一个名副其实的人民作家。作家这个行当，没有才情智慧不行，但作家最难能可贵的倒还不仅仅是才智而更要看德行。陈忠实，他笔下的白嘉轩、朱先生和蓝袍先生们同作者本人一样，都是植根于同一片土壤的佳木奇树。我因此而为先生再吼老腔，以示永恒纪念：

风雨骤来胸有壑，满目烟霞多困惑。
生前常忧身后事，最盼生民久康乐。
桑苍雕就中华范，除尽粉装余贞坚。
洞天深邃不见底，丘壑川原貌森然。
一世勤奋当代稀，劳模却未过五一。
大家忍痛撒手去，恩公含笑在梦里。

（《光明日报》2016 年 5 月 7 日）

文学依然神圣

——为乡党陈忠实先生送行

叶　子

那个日子对我有特殊的记忆——1993 年春天的一天下午，人民文学出版社的副社长何启治“破例”让他的部下孙顺林给我送来最先发表在《当代》杂志上的《白鹿原》，这是他们出版社要重点推出的长篇小说，要马上出版发行。中央台的“小说连播”节目与人民文学出版社有着长期合作的特殊友谊，人文社为广播、为受众提供的优秀作品最多。

真的，不知是什么神奇的力量，陈忠实的《白鹿原》读来一气呵成，心里暗暗赞叹我的第二故乡黄土地出人才！我以为《白鹿原》应该是中国文坛上里程碑式的作品啊！我便以最神速的时间，一边送审，一边联系李野墨，一边做录音前的案头准备。

我和李野墨连续奋战，在出版当月，中央人民广播电台就录制播出了《白鹿原》42 集的小说连播节目，陈忠实他们在进京参加研讨会时，在火车上已发现了盗版的《白鹿原》。而在那次作品研讨会上，出版社把最大的宣传功臣归功于广播，因为广播的影响力使作品当月销售达 5 万册。

我清晰地记得，那次在文采阁召开的作品研讨会开了整整一天，令人难忘。这亦是我 10 多年来参加作品研讨会绝无仅有的一次，从上午开到下午，从一层会议室开到二层平台，一直开到夜幕降临，大家仍不舍离去……

我还清晰地记得，在我们决定录制《白鹿原》时，陈忠实先生给我写来的信，他认为这是最高的创作报酬，信中这样写道："……你对《白鹿原》一书的由衷之情令人感动，这是我所期待的最高的创作报酬。在我来说，从开初构思到作品完成到发表面世，唯一萦绕于心的期待莫过于此，其实恐怕也是可以称为作家的所有作家的全部创作理想所在。评论家的评论固然重要，普通读者的喜欢才是最重要的。我非常看重这一点。能使你震撼首先恐怕不容易，因为你所涉猎的长篇太多了，关键在于使你震撼以后的结果太重要了，也太珍贵了。你可以通过你的工作而使《白鹿原》一书得以与无以数计的听众交流，这不单是我所无能为力的，杂志的编辑和书的编辑都无法企及，杂志与书的发行量再大也不可企及，所以从这个意义上着眼，我也由衷地向你致以最虔诚的谢意……"

后来，陈忠实先生留给我的是一幕幕印象深刻的画面：我每每去西安，我们都会以各种方式进行文学交流。记得在1997年，全国小说连播研究会沿黄河长江拍摄《小说连播》50周年的专题片时，当时中国文联出版公司的社长、编辑和我们同行，在抵达西安去延安大学时，陈忠实专程派了司机开车并由陕西作协的副主席莫伸陪同，送我们去延安大学，并到文汇山去拍摄路遥的墓地，又去拍摄壶口瀑布，回到西安又与陕西的作家、评论家们一起座谈。就在同年底，陈忠实给我寄来的贺卡封面上是：文学依然神圣！贺卡里面写着"咏梅：史诗借您飞翔"，因为我们4集电视专题片的名字就是《飞翔的史诗》。

后来凡是我在陕西文学界要办的事情他都给予支持和帮助。在我们《小说连播》60周年征文中，他还给我们写来了《添了一份踏实》的征文，也就是在这篇征文中，我得知了陕西人民广播电台里我们的同行朋友王晨，刚刚给他录制完成了《白鹿原》的关中方言小说连播节目。

也就在这次征文中，我还获悉了生活在最底层的赵凯，由于收听《白鹿原》，联系上了责任编辑何启治，由此又开始了何启治和赵凯延续至今的特殊的师生情缘——瘫痪的赵凯得到了救助治疗已能走路，还成为爱好文学的真正作者了。

“文学依然神圣！”这句话是陈忠实先生留给我最深刻的最难忘的一句话，它道出了陈忠实先生对文学的全部理想和追求，他的生命的全部价值和意义。当我今天连续不断地获悉他去世的消息时，我耳边和眼前出现的就是他的这句话，更幸运的是，他一直把我视为他的“乡党”。我永远不会忘记，在我告别广播生涯时，在我的220万字三卷体的《天籁文库：中国长篇连播历史档案》的座谈会上，他发来了贺信《致叶咏梅》，并由李野墨为他宣读。

致叶咏梅

陈忠实

咏梅乡党：

您好。诚挚祝贺您编著的220万言的《天籁文库：中国长篇连播历史档案》出版。

我称您为乡党，想您不会惊诧。您在陕西生活多年，熟悉陕西人的语言习俗，把同乡人不称乡友或老乡，而称乡党。我称您乡党，不仅出于你有陕西生活的阅历，更在您对陕西这方地域的深厚而又深情到愈久弥新的情结，我便想以陕西人的习俗称您为乡党了。

我确凿感知到您对这方地域的情结，还有对这方地域的文学的关爱，路遥的杰作《平凡的世界》和拙作《白鹿原》，都是得您的慧眼赏识，并借助您的天籁之音，及时传播到陕西和陕西以外广阔的世界，与数以万计的读者实现交流，这是任何传统的和新生的传媒都难以替及的。我在致您的信中和为庆祝贵台《小说连播》60周年所写的《添了一份踏实》的短文里，记述并表达了那种感人的情景和我的真实的感动。然而，那仅仅是我一个人的真实体验。您和贵台的《小说连播》的视野是面对中国文学，热情到倾心倾情的关注，把好作品及时输入中国广泛的读者听众，且不受阅读条件和时空的限制，不仅让作家的作品得以传播，而且让无以数计的读者得到声情并茂的听觉和心理的愉悦。应该说，您的用心用力和贵台持续60余年的《小说连播》，对于作家和听众，都是功莫大焉。

您在中央人民广播电台成立70周年之际，编著出版的220万言的《天籁文库：中国长篇连播历史档案》文集的出版，以"历史实录、历史回响、历史再现"了中国长篇连播小说的辉煌成就，显现着感人的足迹，更为小说连播未来的发展提供了具有示范意义的参照，同时，面对这套珍贵的大著，足以见得您对小说连播事业的倾情和专注，辛苦在您都忘记或者说不惜了，我却要向您表示庆祝的同时，说一声辛苦了，咏梅乡党。

祝座谈会成功举办。

陈忠实　2010.12.25　西安

……一瞬间，多少往事历历在目：那是新千年的第二个春天，我们全国小说连播研究会在西安古城召开，陈忠实先生作为陕西省作协主席出席了我们的开幕式。我们在路遥去世的5周年、10周年、15周年等纪念活动中相遇……记得在纪念改革开放30周年的文学专题节目里，需要有他5分钟的访谈录，我委托省台采访录音，陈忠实先生不仅谈得好，时间上也毫秒不差，他懂我们广播。

今夜无眠，我不知怎样表达自己的哀悼之情。我仿佛又听到了那次我们聚会时陈忠实先生唱的《送战友》，那次让我吃惊的是他用深情的歌喉演唱了这首歌："送战友，踏征程；默默无语两眼泪，耳边响起驼铃声。路漫漫，雾茫茫；革命生涯常分手，一样分别两样情。战友啊战友，亲爱的弟兄；当心夜半北风寒，一路多保重。……战友啊战友，亲爱的弟兄；待到春风传佳讯，我们再相逢。"

记得英年早逝的路遥，在他去世时，陕西作协让我们中央人民广播电台《今晚八点半》，点播他生前最喜欢的俄罗斯民歌《草原》为他送行。今夜，我想为陈忠实先生点播他生前唱过的《送战友》，为乡党陈忠实送行。

著名演播艺术家李野墨说，他唯一的遗憾是限于当年的环境，小说没有能够完整地呈现："当时特殊的形势以及播出时间的限制，没有能将这本书的全貌展现给听众，我其实一直希望把这本书完整地录一遍，这个愿望还没有实现，陈先生就离我们远去了，不过我想还会有很多人怀念他。"是的，陈忠实的送别会就去了各界3万人。

中央台文艺之声已于5月2日起重播《白鹿原》，我想这也是广大听众的心愿，聆听《白鹿原》是对陈忠实先生最好的纪念。"文学依然神圣"这句陈忠实的话，是一个作家对时代、对文学事业最深切的呼唤，也是他连同《白鹿原》留给这个世界最好的礼物。它告诉世人：陈忠实的离去绝不是一颗星辰的陨落，而是他正用文学精神的火炬点亮无数颗新星冉冉升起，是他正用生命理想的火炬照亮无数前行的人，这支民族之魂的火炬将燃亮整个文学界的新征程！

2016年5月28日修订

（《当代》2016年第4期）

遥祭恩师陈忠实

党益民

4 月 29 日上午，我在下部队的路上，突然收到几个陕西朋友发来的短信和微信：陈忠实老师走了。我震惊得一时说不出话来。不是说陈老师的病基本痊愈了吗？怎么说走就走了呢？手机新闻随后证实了这个噩耗。今年春节前，我还特意给陈老师寄去了沈阳最好的辽参，希望能够帮助他增强抵抗力，谁知才短短几个月，他就匆匆走了。恩师驾鹤西去，往事随泪涌来……

我与陈老师相识已有 23 年。因我这些年一直辗转在高原边疆，很少回陕西老家，我们见面的次数其实并不多，但陈老师对我的影响与帮助很大，让我终身受益。

1993 年年底，即将步入而立之年的我，完成了长篇处女作《藏光》。我想请一位家乡的作家作序。当时“陕军东征”震撼全国，《平凡的世界》荣获了茅盾文学奖，但作者路遥却英年早逝；贾平凹当时已很有名气，但因刚出版的《废都》，贾老师处境尴尬；陈忠实老师的《白鹿原》出版后一时洛阳纸贵，我拜读后断言必获茅盾文学奖。我想请陈老师作序，但我并不认识陈老师。我投石问路，给他写去一封信，信中谈了《藏光》的故事梗概，流露出想请他作序的心愿。10 多天后，我收到了陈老师的回信。他在信里说，西藏对他来说是一块陌生而神奇的土地，他非常向往西藏，尤其对在那里默默奉献的军人深表敬佩，他想尽快读到《藏光》。我激动万分。春节回陕探亲，我怀揣手稿，去拜访陈老师。当时天气很冷，但我的心里却像揣着一团火。走进陕西作协大院，我向一位女士打听陈老师的住处，她指着后面的一排旧平房说，最边的那间就是。我走过去，看见房门上的漆已脱落许多，我不敢相信陈老师就住在这样的地方。我在门口站下，等心情平复了才轻轻敲门。开门的是一位满脸皱纹的人，我一眼就认出是陈老师，因为我在书上见过他的照片。陈老师纯朴得像个农民，用纯正的陕西话邀我进屋。我刚坐下不久，听见外面有人喊："陈老师，电话！"陈老师去接电话，我独自坐在那里，打量着这间小屋：仅有六七平方米，墙上有两道细细的裂缝，门的上方有块墙皮已经脱落，一张旧书桌，一张单人床，一条旧茶几，两个单人沙发，墙角堆放着零乱的报纸杂志。如果再来一位客人，恐怕就没有地方坐了。这样的房子和摆设，我在乡村小学见过。陈老师不像一个作家，倒像是一个乡村老师，更像一个关中道上随处可见的老农民。陈老师接电话回来，我们喝茶聊天。他的指间夹着一根雪茄，两眼透过烟雾热情而专注地看着我，认真听着我说，时而点头，时而一笑。他的笑很真诚，让我心里踏实了许多。听完我对《藏光》的介绍，他说你们在西藏经历了那么多生死劫难，很不容易，你把这些鲜为人知的事写出来，更不容易。你才 30 岁，只要坚持写，将来一定会写出名堂。我很愿意帮你这么有志气的年轻人，等我看完书稿，就给你写序，争取在你的假期里写好。我们聊了一会儿，外边又有人喊："陈老师，电话。"我见他很忙，便起身告辞。他边送我边说："成天杂事太多，啥事都弄不成，一会儿一个电话，光电话就把人接烦了。"

那一年，我在西安岳母家过年。大年初一，我骑着自行车去给陈老师拜年。陈老师的家在作协后面的家属院，是刚分的三居室，家具很少，最显眼的是一个大书架。陈老师说家刚从白鹿原的农村搬来，还没来得及添置家具。师母在一旁纠正说，不是没来得及，是没有钱。我说《白鹿原》卖得这么火，拿稿费添置几件好家具，应该不成问题。师母说，书刚出版时，稿费大概挣了2.5万元，光请客赠书就花了1万多元，剩下的钱填了家里以前的亏空。师母没有工作，家里的经济来源全靠陈老师。闲聊中，师母说起陈老师在公社当干部时，领着农民搞农田基本建设，家里刚买的一把新锨，他用了不到半个月就磨秃了。师母说他这人太实在，干啥都下实力。那几年，他没黑没明地往基建工地跑，布鞋一个月穿烂一双，烂得比我做得还快。陈老师一本正经地说，那时咱是公社干部嘛，咱要奸溜滑不下实力，谁还跟咱干？我是特意去给陈老师拜年的，所以闲聊间极力回避提说序的事，但陈老师却主动提了起来，说序已经写好了，在办公室搁着哩，等一会儿咱去取。我很少给人写序，但要写就得认真写，既要对得起你，也对得起我，更要对得起读者。我还给你写一幅字，等一会儿送给你。你离家那么远，回来一趟不容易。

我跟陈老师去了办公室。陈老师拿出一沓稿纸，递给我说："你先看看。"我坐下来认真拜读："春节前夕，党益民来找我，一张泛红的娃娃脸笑眯眯的，谦恭而又含蓄着羞羞的神色。我一见便有点动情，因为这样纯朴纯洁的眼神在我看起来，恰如原野上的一株未曾污染的绿树，或者更像山间一潭清水……党益民是陕西关中富平县人，父母都是初识文字的农民，由此上溯几代，也都是初识或根本不识字的农民。党益民很为自己成为这样家庭的第一位大学生而自豪。在他之前只能用嘴巴与人交流情感的几代父老，看到他们的一位子孙可以用长篇小说和整个世界对话的事实发生时，该当是怎样一种情感淋漓的感慨！党益民从事文学而且年纪轻轻便卓有成效，又一次验证了我关于文学创作纯粹属于个人兴趣的观点，于此我甚以为得意……党益民多在祖国边陲之地驱车驰马，那块对我们来说既感陌生又感豪迈的高原巍峰，他是千遍万遍看过踏过也拥抱过，汗和血都洒在那里了，情系高原，是真情实感，而不是矫情伪饰。我读这部长篇时感到了人物的鼻息和汗腥，那是一种关于高原和人生的生命体验，这体验里喷薄着感人的真情……"

我看完文稿，甚为感动。陈老师说："一个作家靠啥都没用，只能靠作品说话。你写出了硬扎作品，别人就承认你是一个好作家；你写不出硬扎作品，说得再好、吹得再美也没用。我看你文字功底不错，又能吃苦，你好好写，我看你将来能弄成事。”随后，陈老师拿出早已写好的一幅字给我，上面写着：“既当牛耕垅亩，亦作鹰浮长空。与益民共勉。陈忠实。”陈老师的这幅字，我一直挂在书房。20 余年，我先后调任四个省市，但这幅字始终带在身边。这两句话，一直鞭策我前行。

坐了一会儿，陈老师问我准备在哪儿出版，我说还没找到出版社。陈老师说你是陕西人，在陕西出版比较好。我说我第一次出书，出版社的门在哪儿我都不知道。陈老师笑了，说我给你介绍个人，你去找他。陈老师介绍的是太白文艺出版社的朱鸿编辑。我按陈老师的吩咐去找朱鸿。朱老师说，稿子陈老师都看过了，而且给你写了序，质量肯定没麻达（没问题），我给你当责编。

第二年休假，我去看望陈老师。我到作协，看见陈老师的办公室门上吊着锁。一问才知道，那房子已经无法住人了，陈老师没地方办公，到处“打游击”呢。我去家里找，陈老师也不在，师母说他在作协招待所里写东西哩。我在招待所找到陈老师，看见他疲惫的面容和熬红的眼睛，后悔不该来打扰他。我说陈老师，你可要保重身体哩。陈老师说实在没办法嘛，行政上的杂事实在太多，想躲都没处躲，想写点东西实在难。如果有可能的话，我倒是想躲到你部队去写东西。我说好啊，我一定保障好。可是，陈老师到底没有去军营。我知道，他当时只是说说而已，作为作协主席，事情再多再烦，躲出去也不是办法。

陈老师的为文我不想多说，一部硬扎厚重的《白鹿原》立在世上，说什么都显得苍白多余。我只想说说陈老师的为人。10 多年前，北京有两个朋友，想让我代求陈老师的字，我回陕西探亲时去看望陈老师，陈老师听说后，二话没说，提笔写了两幅。我临走时悄悄将润格放在案头，他发现后硬塞给我说：“咱们之间，不敢扯钱的事。”我既羞愧，又感动。有一年我路过西安，只停留一天，忙完公务，我下午抽空去看望陈老师。当我得知他正在等待会见一位英国作家时，便想起身告辞，陈老师拦住我说："你也是作家，一起见见无妨。"又笑着对我说："你在外多年，回来一次不容易，晚上咱们一起吃个饭，也算我招待你。"我只好留下来，我们一起跟那位英国作家吃了晚饭。

2002年，我的长篇小说《喧嚣荒塬》在《中国作家》刊发，随后在作家出版社出版。我探亲回家时，想送给陈老师指教，可陈老师不在西安城，师母说他回白鹿原老屋去了。我和两个文友驱车上白鹿原找他。陈家老屋极为平常，跟村里的邻家没有什么两样，但著名的《白鹿原》就诞生在这老屋里。我问陈老师为啥一个人住在原上，陈老师说城里杂事烦事太多，回原上静静心。2008年，我的长篇小说《石羊里的西夏》在《当代》刊发，陈老师打来电话说，我在《当代》上看见你的长篇了，能在《当代》上发长篇可不容易，我祝贺你！西夏历史很复杂，资料很缺乏，你能把这段历史写出来，肯定吃了不少苦。我说是的，我对西夏历史研究了10多年才开始动笔写的。陈老师说，写东西就是要这样，要严谨，要做足功课，不能欺世盗名。2010年，我的长篇小说《一路格桑花》被改编成20集电视连续剧，在央视一套黄金时间播出。陈老师看到了，又给我打来电话："我看见你的电视剧了，你对西藏战友感情很深，能把他们的故事搬上中央电视台，确实不简单。"2011年，我的长篇小说《阿宫》出版后，陈老师写下这样的评语："党益民的笔力是宽博的，文字是深刻质朴的，内容是有思考有关照的。在看似平常的叙述中，散发着一种震撼人心的东西。他的深沉与内敛，使我看到了别一种生活，品味到了别一种滋味。"我回陕去给他送书时，他送我一幅"采千年之遗韵"的书法，说这是他对《阿宫》的一句话评语。

6年前，陕西太白文艺出版社想找一位作家，创作一部反映陕甘边根据地题材的长篇小说，党靖社长去征求陈老师的意见，陈老师说，让党益民写最合适，他是军人，又获过全国大奖，还是富平本地人，了解渭北的风土人情和那段历史，他能写好！其实我早就开始研究这段历史了，一直想写这样一部小说，出版社找到我时，我们一拍即合。2012年6月，我在解放军西安政治学院短期学习，周末跟陈老师聚会时，陈老师问我《根据地》写得咋样了，我说已经完成了初稿，中央党史办正在审读哩。他听了很高兴，说我当初就给他们说，这事让你弄最合适，这不就弄成了嘛。陈老师那天很高兴，讲了许多为文做人的道理，让我受益匪浅。可是仅仅相隔 4 年，陈老师就匆匆走了。

惊闻噩耗，我给陈老师的女儿发去短信，深表惋惜与哀悼。“五一”假期战备值班，我无法回陕祭奠陈老师，第二天又要去执行新的任务，不能前去参加陈老师的追悼会。人在军旅，身不由己。我委托太白文艺出版社的党靖社长，代我向陈老师灵堂敬献了花圈，以表达对恩师的深切悼念。夜深人静，我独自坐在灯下，写下这些凌乱的文字，遥祭陈老师。写毕已是凌晨，不知何时起，沈阳城已狂风大作，春雨乱飞。我哭，天亦哭；我祭，天亦祭啊……

白鹿原头不朽篇，
巨星陨落哭先贤。
九州共洒陈公泪，
四月同悲灞柳烟。
铁笔平生书壮阔，
丹心一世证澄然。
我今泣血苍天问，
为甚雄才不假年？

（《延河》2016 年第 6 期）

回忆陈忠实老师的三次笑

陈 毓

现在想来，竟觉些许宽慰。这天早上我例外地早到单位，被同样例外早到的同事在编辑部楼下邀约，去隔一条朱雀大街的荐福寺“走路”。荐福寺中有千年古树10余棵，柏树、松树、楸树、国槐，从那些老树下过，像是心神的沐浴。我们绕小雁塔行，转塔。记得我说，既然转塔，就有讲究，得转三圈。我们转够三圈，赶8点半前两分钟到单位刷指纹。这是4月29日早，从7点40分到8点28分。之后我就知道那个叫陈忠实的人永远离开我们了，我今生不可能再在任何地方听见他那极富特点，隔着几级台阶都能听到的哈哈哈的笑声了。我从编辑部朝东的窗子眺望小雁塔，塔影寂寂，天空虚幻，像是藏着我看不懂的秘密。我的眼泪不可遏制地奔涌而出。

此刻坐在这里回想，我想这是苍天垂怜我吗？让我在那个时刻，在荐福寺转塔，完成一个仪式。我想这话假使陈老师苍天有知，定会发出他那独特的哈哈哈的笑声，一笑了之，他才不以我这点迷信为意呢。

他总是这样哈哈哈地笑，比如初相识。这个日子总记得，1997年6月12日，陕西召开“商洛作家群作品研讨会”，商洛本土的、已经居于长安的大小作家以及各路评论家、媒体人齐聚。地点定在商洛和西安的中间地段，半坡。我当时作为商洛电视台文艺部记者，采访那个研讨会。记得刚在半坡博物馆草屋顶的会议室门口架好摄像机，就见陈忠实老师从对面走来，我赶紧迎上去自我介绍，请他在我的采访本上写几句勉励的话，他欣然写下：独秀商山。写完把本子往我手中一推，仰天大笑，阳光下，他的白牙齿使我印象十分深刻。

再见已是3年后，作为陕西电视台《开坛》栏目的编导，向他请教。当时《开坛》定位为一档文化类谈话节目，邀请嘉宾范围在全国，甚至为了体现节目的“全国性”，我们先头的节目并没近水楼台地邀请贾老师、陈老师开坛布道，哪怕每个编导都眼巴巴地踮脚张望着这两位老师。直到节目播出两个月后，直到我们的节目有了一些影响力，直到暂时的定位明晰起来，我们才郑重请贾陈两位老师出场。在《开坛》的日子，陈老师3次出现在我们的节目里，从开始的一个人谈，到后来节目确定每期两位嘉宾，他和人对谈，哪怕话题并没那么好，他也十分配合，显出巨大的耐心和对编导、对本地节目的体谅和支持，每每使我们感慨。有段日子《开坛》有个奇怪的标准，就是要“逆着问”，两个对谈的嘉宾要是在“坛”上“掐”起来，这期“坛”就开成了，这多么奇怪。当我坐在暗影中，看见灯火通明处那分明的宽容与厚朴，以及同样分明的无知与无畏的时候，我想，在一个轻薄的哗众的提问和对基本常识与人的最基本尊重上做选择的话，我宁愿选择倾向尊崇的嘉宾而离开我刁蛮的同行。我虽不能如他们一样厚朴宽忍，但心有方向。和他闲聊，我说陈老师，虽然总有人找我出书，书也出了七八本了，但很多没稿费，有也羞于说，您听了笑话。陈老师说，有人找你出书就很好了，很多老作家，写了一辈子，还要自费出书呢。我说陈老师，我的写作总是不绿不红的，有点灰心。他很认真地看着我，一字一顿：你写，是因为你喜欢，你内心有想要表达的东西，你用自己的表达呈现出来，你该感谢上天给你的这份能力。

我在《陕西画报》的时候采访他，连带2008年一期的封面人物也是他。刊出后给他送杂志，至此送杂志成为惯例，送杂志去，就坐一会儿，议论两句他手边正看的书，说《钢琴课》他刚看完，细节和心理刻画得好；说格拉斯的刚买来，还没顾上看；有时他会推荐我杂志，比如《外国文学》，他说他订阅了很多年，比如《世界电影》，他说报刊亭随便能买到，你想看就去买一本，方便得很。有一次去，正喝茶，听见电话打进来，挂了电话，他说是某文化机构，邀约一些国家的一些作家，依本国神话故事写小说，约他写的，是沉香劈山救母的故事。我很振奋，站起来连声问，您答应了吗？要开始写吗？他淡淡答，已经拒绝了，人家再次问，是确定一下。再不多言，如高僧入定。就此理解了陈老师的拒绝，是对写作的另一种敬重。

喝茶，看他泡茶，用一木勺在茶筒里舀两勺茶叶，提起暖水瓶将水直接倒进玻璃杯里冲茶，放片刻，喝。玻璃杯太小，一倒水即满，茶叶在杯底占去三分之一。他说茶是汉中王蓬送他的，年年会送，他也年年只喝这个茶，味道足，好，别的茶不习惯。顺手在堆满了物的小桌上把一个精致的茶盒推给我，说，这个我不习惯，你要喜欢，拿去。我拿去，打开，泡了，是汉水珍眉，茶叶根根在杯中竖起，好看，但确实不是陈老师喜欢的那杯茶的味道。那杯叶片大，耐泡，味长远。我至今没见过王蓬，却对“汉中王蓬”充满好感，觉得他做了我们能做到却没做的事情。我还想，来自巴山汉水云雾深处的青茶于抽烟太猛太浓的陈老师是适合的，是有好处的。

陈老师慷慨，你总算请得他一起吃饭，若是这最后买单人是他，你心何安？他却说，你钱得是比陈老师多？

他答应我采访，让我把问题写在纸上，他笔答好给我。我把问题打印在纸上，根据我的猜测在问题和问题间留出空白，等我再拿来看，每个问下都写满他的答。笔重墨深，有些回答空白处无法写下，他另附白纸续补，又裁切整齐，粘贴起来，清清楚楚，利利索索，郑重之心跃然纸上，让人一见喜欢。后来我打印了电子版，交稿设计，杂志出来，给他送去，他说好，说杂志若还有，顺路的时候再送两本。不知过了多少日子，某天，陈老师打电话给我，用商量的语气问我，问答的手稿我能不能给他，他给我写一幅字和我换。我说，手稿本来就是您的呀，您完全可以要回，哪来交换一说。

我一个有钱的朋友去陈老师那里，回来十分不解，他想不通陈老师那样大的作家为啥住在那么旧的、小的、暗的房子里，沙发太平常，写字的桌椅早该换掉。这是我们很多人的感慨。我有次见陈老师签书，那支笔坏了，墨水染了指头，他取来毛巾擦手，毛巾破旧粗硬，下次见他时，我特意买了两条毛巾送他，留意他替换了旧毛巾，我很欣慰。我的这个有钱朋友问，你看我若是送大房子给陈老师，他会不会接受？我说有次见陈老师，房子里的书都捆起来，说是即将搬到前面的大房子里去，他还说，其实不想搬，这个房子住习惯了。后来再见他，还是住在小房子里，可见真的是住习惯了。你要不信，等有机会你自己问去。

真见了陈老师，问了。他回答说，若是母鸡肚子里有了蛋，这母鸡在草窝里也能下；这鸡肚子要是没蛋，你就是把鸡放到皇帝的龙床上，也下不出来。说完，他自己先爆出那极富特点的哈哈哈的笑声。

这是多开心的记忆啊！但是这次，我又看见陈老师。去年底，他出席西安工业大学陈忠实文学研究院成立 10 周年庆祝活动，那是他在 2015 年第一次出席公开活动，也是他最后一次在公开场合说话。他在掌声中站起来，讲话。他瘦，是我从未见过的瘦。声音沙哑，像铁在砂子上摩擦，吃力的，力不从心的。他认真地感谢着每一方，他寄望未来，他说研究院的未来会更好。他似乎想要调侃，想要使周围的气氛轻松，他说，也许以前他话说得太多了，上天要封他的喉，他现在不能讲太多的话。他站起来鞠躬，深深鞠躬，满脸歉意，仓促坐下。他的嘴角牵动，想要做出一个笑的表情，但笑的波纹不曾荡开，就消失了，叫人忧心，叫人伤感。

病没办法，人没办法。敬爱的陈老师，你唯一需要我们帮助的地方，我们却都没办法了。

愿天国里的陈老师依然笑声朗朗。

（《延河》2016 年第 6 期）

近看陈忠实

张艳茜

2016 年 4 月 29 日上午，一个噩耗传来——陈忠实去世了！那一刻，我手中的电话险些掉落在地，泪水难以抑制地涌出。我快速动身去往我曾经工作了 28 年，也是我与陈忠实老师共事 28 年的陕西省作家协会所在地——西安市建国路 83 号。

我落寞地站立许久，茫然地望向旁边的东耳房——陈老师曾经的办公室。东耳房里早已没有了他的气息。但我知道，因为“西安事变”为世人瞩目的“高桂滋公馆”，现在因为陈忠实老师，让人们再次将目光投向这里。

一、账房先生

1985 年 7 月我大学毕业后，有幸走进“高桂滋公馆”大院，开始在陕西省作家协会的《延河》文学月刊社工作。那正是文学的鼎盛时期，曾经在报刊书籍上见到的大名，胡采、杜鹏程、王汶石、李若冰、路遥、陈忠实等作家，突然以活生生的形象，行走在省作协大院里，出现在我面前。

陈忠实是 1982 年 11 月调入陕西省作协从事专业创作的。陈忠实曾说，他的人生理想，就是能当一个专业作家。1985 年 4 月，陕西省委宣传部正式行文，任陈忠实为中国作家协会陕西分会（陕西省作协前身）副主席。之前，根据“专业技术干部的农村家属迁往城镇”的相关政策，陈老师的妻子和子女四人的户口，由灞桥区的西蒋村迁到了西安。户口和人事关系进了城，但陈忠实决定，还是回到原下的祖居老屋写作，因为写农村题材，原下的老屋接地气，也更安静。当了专业作家，时间充分自由了，他非常珍惜这难得的自由支配时间的权利。当时，他还有一个角色，就是挂职的中共灞桥区委副书记。

不论挂职还是不挂职，陈忠实都是村子里的一员，遇事乡党都要互相帮忙。乡党要办事，凡是想到陈忠实能办的，也不管他是在读书还是正在构思写作，径直进门找他说事。遇上村里娶媳妇，乡党也总是找到他，以不容置疑的口气让他去做执事，并叮咛：“你还干你那摊子事。”作为乡党的陈忠实，不能说半个不字，必立即应诺，还要表现出踊跃。“那摊子事”就是做账房。除此之外，偶尔遇到急事，想着他有“官家”身份，外边关系广、熟人多，也会找到他。

1986 年春天，陈忠实自己建房，满村的乡党几乎都来帮忙了。陈忠实一方面还做“那一摊子事”——账房先生；另一方面，人手短缺时他也上手当个劳力。他为自己辟出一间书房。接下来为了保证长篇小说《白鹿原》的创作，他请求终止了灞桥区委副书记的挂职，其他文学活动也选择性参加。只有账房先生这个角色没免除，并且他还很乐意继续。

事后回顾，1982 年到 1992 年，陈忠实认为这是他写作生涯中最好的 10 年。四季流转，心情恬静，偶尔给乡邻做账房先生，更多的时候是自己独处老屋，气定神闲地投入写作。他说，如果有人在他身边，他小说中的人物就会纷纷躲起来。

二、背馍

1987 年，陈忠实到长安县（今长安区）查阅《长安县志》和有关党史、文史资料。有一天晚上，他与《长安报》的记者李东济聊天，第一次向外人透漏了他创作《白鹿原》的信息。陈忠实感叹自己已经是45岁的人了，说一声死还不就一死了之了？但最愧疚的是一辈子爱文学，死了还没有一块可以垫头的东西。

关中民俗，亡者入殓，头下要有枕头，身边装有其他物件。这些东西，有时是由死者生前准备或安排妥当的。陈忠实说："东济，你知道啥叫老哥一直丢不下？就是那垫头的东西！但愿我能给自己弄成个垫得住头的砖头或枕头！"

1988年，第5期《延河》编辑了"陕西作家农村题材小说专号"。这一期专号，由贾平凹、邹志安、陈忠实、王宝成、京夫、王蓬等15人组成强大的阵容，集中展示了陕西优秀作家和他们的作品。作为分配在《延河》杂志社工作才3年的小说编辑，我负责编辑的小说，是陈忠实老师的《轱辘子客》。这部短篇小说将一个赌徒描写得生动而有趣。我当时真是年轻又胆大，发现小说中有1000字的描写游离于叙述之外，就毫不犹豫地删掉了。刊物出版后，陈老师见到我，呵呵笑着对我说："小张，你把我一条烟钱给删没了。"那时，《延河》的稿费标准是每千字15元，大概正是当时的一条烟钱吧。今天，我再次找出《延河》的合订本，阅读这篇将近30年前陈忠实老师的旧作，读着读着，泪眼模糊。我在想，若是现在，我是否还能毫无顾忌地对著名作家的文稿放心大胆地动刀子？或者，当时不是陈忠实，而是别人，这个作家会否轻易饶过我这个小编辑？

陈老师的这篇小说文末，有这样的注明："1988年2月13日于白鹿园。"千真万确，是"白鹿园"而非"白鹿原"。

1988年4月1日，陈忠实在草稿纸上写下了《白鹿原》的第一行字，漫长的《白鹿原》创作开始了。当他写下这行字时，他的"整个心理感觉已经进入我的父辈爷爷辈老爷爷辈生活过的这座古原的沉重的历史烟云之中了"。那之后的很长一段时间，很少在省作协大院见到陈老师。冬日的某一天下班后，《延河》的同事、作家王观胜约我一同去灞桥西蒋村看望陈老师。我们乘坐省作协的一辆面包车，尽管司机轻车熟路，但是因路况极差，在一条狭窄的小土路上盘旋了好久。赶到西蒋村陈老师老屋时，天色已经大黑，安静的村落，只有几声狗叫和我们汽车行驶的声音。陈老师高兴地将我们迎进院子，又迎进老屋。老屋里的通道上，灰暗的灯光下有一个案板，上面是手工擀的早已晾干的面条。原下的小院只有陈忠实一个人，《白鹿原》的创作已经开始，他得自己开火做饭，洗锅洗碗。陈老师说，妻子王翠英走的时候给他擀下并切好一大堆面条，只由他将面下到锅里煮熟。妻子还留下不少的蒸馍，饿了将蒸馍在火上烤得焦黄，陈忠实感觉味美无比。得着空闲，王翠英回来给陈忠实送蒸馍，同时再擀一些面条。如果妻子太忙，陈忠实便赶到城里家中，再背馍回原下。陈忠实感慨，自己与背馍结下了不解之缘：少年时为读书从乡下背馍到城里，中年时为写作又把馍从城里背到乡下。

在老屋陈老师的书房，有一个小圆桌，桌前有个小板凳。陈老师说，他就是在这个圆桌上写作的。谁能想到，后来让陈忠实站立在中国和世界文坛的《白鹿原》，竟是陈忠实坐在小板凳上，在这张斑驳的小圆桌上完成的。

在老屋，没有见到蔬菜，屋角只有几根大葱，墙上挂了一串辣椒。

1991 年农历腊月，王翠英又一次回原下给陈忠实送面条和蒸馍。临走送妻子出小院时，陈忠实说，你不用再送了，这些面条和馍吃完，就写完了。王翠英突然停住脚，问：要是发表不了咋办？陈忠实没有任何迟疑，仿佛考虑已久地说：我就去养鸡。

1992 年 1 月 29 日，写完鹿子霖的死亡最后结局的一段，画上意味深长的省略号，陈忠实把笔顺手放在书桌和茶几兼用的小圆桌上，顿时陷入一种无知觉状态，仿佛从一个漫长而又黑暗的隧道摸着爬着走出来，走到洞口看见光亮，竟然有一种忍受不住光明刺激的眩晕。

20 多天后，陈忠实到城里背馍，在省作协传达室收到人民文学出版社的来信。他后来回忆说："这是一封足以使我癫狂的信。他俩（高贤均和洪清波）阅读的兴奋是我期待的效果。他俩共同的评价使我战栗，把在他们面前交稿时没有流出的眼泪倾溅出来。"

平静之后，他对妻子说，可以不去养鸡了。

《白鹿原》出版后曾获得过许多奖项和荣誉，最高奖项便是第四届茅盾文学奖。陈老师后来说："回首往事，我唯一值得告慰的就是：在我人生精力最好、思维最敏捷、最活跃的阶段，完成了一部思考我们民族近代以来历史和命运的作品。"

三、主编

1993年，陈忠实上任陕西省作协主席后，也同时兼任《延河》杂志的主编。那时，我是《延河》小说组组长。1993年省作协换届的理事会上，陈忠实突然点我的名，我一时惊住，不知所措地站起身来。却原来是陈老师要将我介绍给理事会的作家们，为的是让我尽快与作家们熟悉，以便日后组稿方便。

1995年6月，《延河》编辑一期"陕西青年作家小说专号"，组来陕西省9位当时很有实力的作家作品。编辑整理后，我请主编陈忠实为这期专号撰写主编寄语，他欣然答应，并一定让我将文稿排序后再交给他。我遵意拟好排序目录，送到陈老师手中。几天后他将文稿还给我的同时，也送来了撰写好的主编寄语《生命易老，文学不死》。在这篇近3000字的文章中，文中和文尾，陈老师两次感慨"生命易老，文学不死"——

翻阅这些墨痕笔迹千姿百态的手稿，我突然想起14年前的1981年元月号的《延河》，那一期刊物也是"陕西青年作家小说专号"，集中展示了新时期开始在文坛崭露头角的一拨青年作家的作品，在经历浩劫刚刚复苏的中国文坛第一次亮出陕西青年作家群的基本队列。10余年后，队伍中的路遥和邹志安，以他们剧烈的燃烧已经过早地焚毁了，我的失落我的沧桑感慨出于兹。我居然还在这个群体队列之中，然而，这个队列已不是青年作家的队列了，我再也没有资格入选《延河》任何一期以年龄为标识的青年作家专号了……岁月逼人。

生命易老，文学不死。

…………

本期青年作家专号便是一种容纳百川的艺术胸襟的昭示。《延河》年轻的编辑们编辑了本期的“陕西青年作家小说专号”，两方面的年轻人，共同创造着《延河》的辉煌。

生命易老，文学不死。

在交给我主编寄语时，陈老师对我说，起初让我做好排序，就是要看看我的编辑感觉是否与他的阅读感觉相吻合。他说他很高兴，因为我俩的审美标准是一致的。1995 年 8 月，刚刚 32 岁的我，在陈忠实的力主下，被任命为《延河》副主编。2011 年，我的第二本散文集《城墙根下》出版前，我恳望陈忠实老师为我写序，他说他很愿意。

陈忠实老师兼任《延河》主编的那些年，并不参与日常的编辑工作，偶尔有作者将文稿邮寄到他的名下，他转来时，一定会叮咛要以作品质量为准则。彼时，文学逐渐边缘化，办刊可谓举步维艰。每当遇到财政困难，陈老师便担当起主编的职责，想方设法解决《延河》经费不足的问题，自然是热脸、冷脸他都遭遇过。他常感叹，从别人口袋里拿钱真是为难，但是不要，《延河》就无法生存。正因为有陈忠实做主编，我们背靠大树，才度过一个又一个艰难的日子。

1998 年元月号，我们编辑了一期“陕西中青年作家小说专号”，我再次请陈老师为这一期专号撰写主编寄语。从来做事认真的陈老师阅读了全部的文稿，写下了《寻找属于自己的句子》的寄语。后来，他又以“寻找属于自己的句子”为书名，出版了《寻找属于自己的句子——〈白鹿原〉创作手记》一书。一篇由我约稿的主编寄语引出陈忠实老师的一部新著，让我这个做编辑的多少有些自得。

四、邻家大哥

2001 年春节刚过，陈忠实在西安城里买了足够的取暖做饭的蜂窝煤和足够的填肚充饥的粮食，再次回到灞桥原下祖居老屋。准备了这么多

"粮草"，他显然是打算在这里长住的。写作长篇小说《白鹿原》那五六年里，他一个人独居老屋，那时他还是中年。而这一次再回到祖居老屋，他已经59岁，却要一个人在乡下自己照顾自己的起居。妻子儿女一起送他回去，当他挥手告别妻女，看着汽车转过沟口，返身回到原下的小院，心里竟然有点酸酸的感觉。何苦又回到这个空寂了近10年的老窝来呢？

——我听见架在火炉上的水壶发出噗噗噗的响声。我沏下一杯上好的陕南绿茶。我坐在曾经坐过近20年的那把藤条已经变灰的藤椅上，抿一口清香的茶水，瞅着火炉炉膛里炽红的炭块，耳际似乎萦绕见过面乃至根本未见过面的老祖宗们的声音。嗨！你早该回来了。(《60岁后重回白鹿原，泪眼模糊》)

他这一住就是两年多，似乎隐居了一样，在杂志和报端阅读到他的散文或是短篇小说，知道他点滴的生活状况，读出他的几多无奈。他自己说，那两年，是他1992年完成《白鹿原》进城以后，写作字数最多的两年。

2001年12月，陈忠实在北京参加中国作协第六次全国代表大会上，当选为中国作协副主席。2002年1月3日，陈忠实从北京回来，朋友们为他举办了庆贺会，他说："就两句话：一、感谢大家；二、该干啥干啥。"

2005年，我遭遇了人生巨大的打击，将青春、生命和热爱都倾注于《延河》的我，被迫与已经与我生命成为一体的这部分——《延河》撕裂开来，在生离死别般的痛苦中难以自拔。还挂着《延河》主编职务的陈老师安慰我说，风物长宜放眼量，你还年轻，也很坚强，目光放长远一些。在得到我成功调动的消息后，他给我打来电话祝贺，并叮咛我，不要放弃写作。

2005年之后的十几年间，虽然我们无法如以往一样在工作上保持密切交往，但与陈老师关系却越走越近。随着年龄的增长，陈老师愈加如兄长般平易近人，宽厚和善。除却他身上耀眼的光环，他着实就像一位邻家可敬可爱的老大哥。同时，这个邻家老大哥又有着一般人无法企及的人格魅力和人生境界。无论是我或者是一些作者，遇到困难，只要与他言语一声，他能办的就立即想办法着手相助。也是这些年，只要陈老师有时间，身体状况允许，几个与他脾性相合的朋友就组成一个饭团子，尤其到了春节，是一定要在一起聚餐的。而大多的聚餐，陈老师都要事先声明由他付账，谁要是与他抢，他定是要跟谁急的。直到 2015 年 3 月，他生病住院治疗之后，这样的欢聚才被迫停止。

2015 年 10 月 10 日，陈老师让邢小利约上方英文、刘炜评、朱鸿、仵埂和我等几个晚上一起吃羊肉泡馍，地点在西安东门外的“老孙家泡馍馆”。自从陈老师生病，有快一年时间没有再见到他了，我很是高兴。见面时我与陈老师拥抱，却感受不到以往拥抱他时身体的厚度——透过毛衣，触到的是他极其单薄的身体，令人心疼。待大家落座后，陈老师说，因为前一段时间治疗，啥也不想吃，现在想吃东西了，先想到的就是泡馍。他还说：“我知道，你们都很关心我，也很想来看望我，我也很想大家，所以今天将大家约在一起。今天谁都别抢，由我来买单。”

陈老师只掰了一个馍，等待煮馍上桌时，我注意到他手里仍然拿着一辈子都离不开的香烟，不过不是以往标志性的雪茄，而是细短的黑卷烟。那天散席很早，陈老师与我们一一握手道别，不让我们送过马路，坚持一个人走到马路对面上了车。

也因为这次一起吃泡馍，我私下以为他从此就能摆脱病魔，彻底康复，所以，到 11 月时，陕西省社科院文学所筹办《文谈》杂志，我首先想到的是让陈老师为我们题写刊名。短信发给陈老师，陈老师很快打来电话，说他很愿意，只是感觉他的字不太适合用于刊名。“如果不合适用，你就留作纪念吧。”陈老师这样对我说。结果《文谈》第 1 期出刊后，刊名的书写得到一片赞誉。

这些年，每到节日，我总会不忘用短信给陈老师送上我的祝福。每次接到我的短信祝福，他都马上打来电话，第一句便是：抱歉！我不会发短信，然后是感谢的话语。

2016 年春节，我在福州过年，像以往一样发短信给陈老师，祝愿他新的一年吉祥安康。我没有奢望得到他像以往一样的回话，但是陈老师给我了惊喜，很快拨打电话过来。他很诚恳地说，现在他说话不方便了，只能挑选几个人回电话致谢。万万没有想到的是，这竟然是陈忠实老师在他生命的最后时光给我打来的最后一个电话！

陈忠实老师，“国际劳动节”了，又到了我给您短信问候的日子了。“五一”之后是端午节、是父亲节、是您的生日、是重阳节、国庆节……这样的日子里，我的问候短信将发往哪里？您在天堂收得到吗？我相信您会一如既往地给我回电话，我会一直期待着……

（《北京日报》2016年5月6日）

陈忠实宝贵的精神遗产：文学依然神圣

蒋惠莉

2016年4月29日上午7时45分，是一个令人痛心的时刻：一位令人十分敬重的中国当代文学巨匠陈忠实先生与世长辞了。噩耗传来，我伤心不已，坐在办公室已无心进行手头的正常工作，先生的音容笑貌不时在脑海中闪现……当与先生二女儿通话得知她们已回家料理后事时，我急忙赶往先生家中。站在先生遗像前，我焚香祈祷：陈老师，您一路走好，您虽离去，但您的文学精神、人格魅力将永留人间，我们永远怀念您！回想在作协领导岗位上工作的两年半时间里，始终激励和鼓舞着我前行的就是先生那句名言：文学依然神圣。

记得我刚到作协时，对于新的工作很茫然。几天后去拜见陈忠实主席，实际我一直尊称他“陈老师”。我觉得作家其实就是思想家，像陈主席这样的文坛大家，我在文化厅工作时，在许多重要文化活动的现场聆听他的即兴讲话最多，每听他的一次讲话，都觉得很有思想、很深刻，很受益，所以，我一直称他为“老师”。陈老师在近一个小时中，向我介绍了陕西文学的基本情况，并嘱托我说：“你来作协我很高兴，你放手工作，我年龄大了，虽然还是党组成员，就不参与日常工作了，但我会支持你的工作的，需要我做什么尽管说。”几天后，当我们为作协大院花园中的立石揭幕时，陈老师那行刚劲有力的红漆大字——“文学依然神圣”，使我顿感力量倍增，立时也感到了文学工作的荣光、作协工作的重要。此后的工作中，我一直在用先生的话激励自己，也注意随时将重大文学活动策划、干部任用、中青年作家培养等问题的思考和措施，通过当面或电话等形式向陈老师请教，听取意见，陈老师每次都给予我支持和指导。特别是每当因工作我给陈老师说需要他书写几幅字时，他总是满口答应，而且不要任何报酬。记得有次，一个对作协工作给予很大帮助的单位一次就需要陈老师10幅字，过后拿来酬金一定要给陈老师，但陈老师坚决不要，还对我说，都是为工作么，需要你就说。

文学依然神圣，是先生一生的追求。先生15岁开始喜欢文学，16岁在报刊发表作品，尤其在大学梦破灭，生活艰难，回乡当了中小学民请教师后，毅然决定自学文学，以文学作为终生追求。他秘密自学，广泛阅读中外名著，把柳青当作尊崇的榜样，把“写人民大众，不写个人”作为自己的文学观念，创作了《高家兄弟》等一批坚持现实主义的真实性原则的作品。他在人生的选择中，始终将文学创作放在首位。1978年年初，当中国文学复兴的浪潮涌动的时候，他选择离开人民公社领导干部（副主任）岗位调入文化馆搞写作。1982年，他调入作协陕西分会当了专业作家。1991年，省上决定派他到省文联担任党组书记一职，这是个正厅级领导岗位，有些人托门子找关系想挂一官半职，但先生却两次写信给省上分管领导，态度鲜明地表示：自己的底线是保留党籍，最高期望是能保留专业创作这个职位，一再辞谢正厅级书记职位，就是现在的副主席身份也甘愿放弃，只求留在作协，当一个作家足矣。先生一生对自己的文学创作不断反思，不断追求新的目标。44岁后，他不满足已有的文学荣誉，又为自己设定了“枕头工程”的创作目标，也就是要有一部“属于自己的句子”的扛鼎大作。为此，先生寻根问祖，查阅资料，背馍回乡，体验生活，呕心沥血几多年，在他50岁时，铸造出一部当代文学巨著《白鹿原》。为了这神圣的事业，先生多年除大年初一外，均坚持每天前往西安石油学院工作室工作，甚至当病魔侵入肌体时也怕耽误时间而迟迟不去治疗。即使去年发现自己已患上舌癌后，在经过两个多月40多次化疗，病情刚有好转，第一疗程刚结束后，先生每隔一天还是要去石油学院的工作室，写散文，写随笔，指导年轻作者，让自己的生命随时为文学而绽放着……

文学依然神圣，是激励文学陕军再出发的进军号。2013年，是文学陕军东征20周年的一个重要年份。当年6月初，庆祝陈忠实先生的长篇小说《白鹿原》出版20周年暨北京人艺话剧《白鹿原》西安演出新闻发布会举行，由此激发我们作协党组产生了一个念头：就是如何借此契机，重振文学陕军雄风，让文学陕军在全国文坛上有声音、有影响，后来确定以文学陕军学术研讨会的形式年内在北京搞个活动，主题就是：文学陕军再出发。意在陕西文学创作要在已有辉煌的基础上，总结经验，寻找差距，再出发，实现新的繁荣和发展。陈老师看了具体策划方案后非常支持和重视。当年12月9日，“文学陕军再出发”学术研讨会在北京举行时，陈老师因医生对他有“不要出远门，不要参加人多的社会活动，要静养”的一再告诫，电话告诉我：很抱歉，身体不争气。请一定让会议主持人说明我没有出席的原因，感谢中国作协和与会同志对陕西文学的关注和指导，祝研讨会圆满成功。这次研讨会之后，“文学陕军再出发”实施方案持续推进，激发了全省广大作家和文学工作者的积极性，文学陕军新梯队建设迈出可喜步子，文学创作不断取得新的收获。文学陕军再出发，《白鹿原》真是功不可没！

文学依然神圣，已成为社会各界和广大群众的心声。几天来，先生离世的噩耗让成千上万的人惋惜、哀痛。在先生的家里，在省作协大院追思堂前，摆放着党和国家领导人乃至社会各界以及与陈老师并不相识的普通老百姓送的花圈、挽联、挽幛。从早上8点到晚上8点，吊唁的人一队接一队。打开微信朋友圈，悼念诗文、追忆文章一篇接一篇。亲戚朋友见面首问的也是先生的事。华阴老腔、秦腔艺术家们还要“吼一声”为先生送行。一位作家走了，竟有如此牵动力，我想，这充分说明了文学的力量，说明了文品、人品俱佳的作家就会受到老百姓的爱戴。

先生一生置身于黄土地之中，坚持为人民写作，讲好我们民族、我们人民的故事，创作出版了中短篇小说、散文、随笔等文集70余种，以一部长篇小说《白鹿原》在历史和人的结合中塑造了一系列真实而又有独创意义的中国农民形象，深刻揭示了中国农业社会的基本特点，展示了民族的精神和灵魂，摘取了国家文学大奖茅盾文学奖，奠定了其在中国文坛的地位。《白鹿原》出版23年，印数超过200余万册，成为“大学生必读”和家喻户晓的大书。先生一生为人宽厚、朴实，从不以文学大家自居，不论是领导、同事还是素不相识的百姓，只要找上门来，他都会以诚相待。追思现场，一名从富平县焦村赶来的66岁老人高增禄，说他就是10年前通过电话和先生认识的，他说先生是好人，没有架子。他专门请书法家撰写了“文坛泰斗”的挽幛给先生送行。一位大学生告诉记者：“从大一到大四毕业，去图书馆借过3次《白鹿原》，在毕业之际，真的没有想到不仅会和青春道别，竟也会和陈老道别。我将用‘文学依然神圣’鼓励自己，在人生长路上，坚毅直行。”

面对商潮冲击，先生以他人生的体验提出了“文学依然神圣”的名言，又以他的文学实践揭示了“文学依然神圣”的深刻内涵。先生曾讲过，之所以说文学是神圣的，是因为它是人类不可或缺的精神财富。要搞文学，有时就得能耐住寂寞甚至贫穷。我以为，这是他留给我们的宝贵的精神遗产。我们应弘扬传承它，让神圣的文学永远照亮我们前行的路。

（《延河》2016年第6期）

那个用生命写作的人走了

魏英杰

2016 年 4 月 29 日，写出中国当代文学名著《白鹿原》的作家陈忠实因病去世。无数陈忠实“沉默的读者”集体出现在网络上，以各种方式留言表示哀悼。不到一天时间，仅微信公众号就出现至少上百篇纪念文章。

陈忠实是一个纯粹的作家。他的创作生涯长达 50 余年，一生为文学而努力。写出一部史诗般的文学作品《白鹿原》，是陈忠实这辈子最重要的经历和贡献。他多年的写作生涯，仿佛是在为完成《白鹿原》这部鸿篇巨制而做准备。对于这样一部用生命写成的作品，人们很难不表示敬意；对于这样一个用生命写作的人，人们没有理由不心怀敬仰。

《白鹿原》故事发生的关中大地，是陈忠实生于斯长于斯的乡土。为生活在这块土地上的人们立传，他有着得天独厚的优势。但为创作这部小说，陈忠实无论从精神上还是写作上，都非常慎重地做了大量准备工作。为了让自己完全融入写作氛围，他从省作协大院搬到乡下独居；为写这部小说，他打了无数腹稿，阅读了大量经典名著和非文学书籍；在正式动笔前，他借助短篇写作，为这部长篇进行形式上的探索；而整个创作过程，又花了陈忠实整整 6 年时间。

陈忠实“寻找属于自己的句子”的过程，也是完成人生自我超越的历程。唯其如此，陈忠实把书稿交给出版社人员之际，才会噙着眼泪，差点儿说出“我连生命都交给你们了”。那时候，文学编辑同样有着令人敬重的“文化守望者”精神。如负责向陈忠实组稿的《当代》杂志编辑何启治，与陈忠实过从20余年，静静等待陈忠实“瓜熟蒂落”，写出代表作。作家用生命在写作，编辑用生命在守望，他们共同视写作为一种神圣事业，这正是诞生伟大作品的厚实土壤。这种慢工出细活、把一件事情做到极致的精神，是当下稀缺的一种文化品质。如今很多作家信奉的是“成名要趁早”，而不是像陈忠实那样，沉潜数年写一本“垫棺做枕”的书。对有些人来说，作品写得好不好是次要的，能否吸引人眼球更重要，最好是借一起事件博得眼球、一夜成名，然后赶紧变现。有些作家花在写作以外的工夫比写作本身更多，有些作品被书商吹得天花乱坠，其实却是违背常识。许多出版社、杂志社编辑，也不再像以往那样专心致志，甘于“为他人作嫁衣裳”，而是着迷于各种选题策划，忙于寻找能够带来巨大经济效益的“爆品”。翻译领域同样是粗制滥造的重灾区，许多翻译作品错译、乱译现象严重，毫无职业伦理底线，严重伤害了原著，损害了读者正当权益。

斯人已逝。悼念陈忠实的最好方式，不应只是重读他的代表作，还应缅怀与汲取他值得人们敬重的精神。在这方面，陈忠实有着纯粹而明显的特质：他把全部时间都花在写作这件事情上，是在用自己的人生长度去丈量文学的高度。《白鹿原》几乎耗尽了陈忠实的全部气力，却也让他抵达自己的人生巅峰时刻。这正是陈忠实值得每个人学习的精神。人花一辈子做一件事，不一定就能攀上峰顶，但只要这么做，一定能收获属于自己的充实无悔的人生。

（《光明日报》2016年5月3日）

和陈忠实三次温暖的握手

张　凤

初逢哈佛春之约

首度遇见陈忠实先生，是在哈佛。应我们之邀，他来哈佛和耶鲁大学演讲。1995 年 4 月上旬，陈忠实来到美加，兼程遍访美东。陈忠实作了“漫谈《白鹿原》的创作及反应”的演讲。我对他的印象是朴实诚恳，觉得他所说的都发自肺腑。当时大陆作家来哈佛罕见，屈指可数，计有刘心武、张辛欣、李子云、戴厚英等。

忠实先生虽名声在外，却因当时大陆作家出国者少，鲜有机会认识。幸我初次返回大陆寻根的 1993 年 8 月，正值文坛陕军东征，他 6 月出书，年内印刷 7 次，总数达 56 万多册。7 月 16 日，赴京参加人民文学出版社、陕西作协在北京联合召开的《白鹿原》研讨会。紧接着香港天地及台湾新锐两家出版社出版繁体版。陕西人陈忠实和贾平凹，《白鹿原》和《废都》火热面世，深深感受到评论家陈晓明教授所说：标志着 20 世纪 90 年代中国文学的重新出发，标志着一个断裂时代的文学重振旗鼓。

钦敬捧读忠实先生签赠的《白鹿原》，想起同先生曾数度欢聚，在哈佛附近，我所熟悉的王刘伉俪家中，开心地品赏他们道地的西北酒菜款待。忠实先生谈起这次参访美加，没有翻译，全凭手中的几张纸条，写着：请问火车站怎么走？请问卫生间在哪？请带我去哪儿等等。居然也走了一路。

越 3 年，中国作协在泉州华侨大学举行北美华文作家作品研讨会。9 月下旬，在中秋国庆佳节前后，我与於梨华等来自美加、北美的华文作家，和赵玫、刘醒龙等国内名家，刘登翰等文学评论家，王蒙、铁凝、叶辛等中国作协副主席，陕西省作协主席陈忠实，舒婷、方方、彭见明等各方作协负责人，同聚校区，研讨美华文学的过往及其指涉的文化观。远离自己的家却过上团圆的中秋，令人印象深刻。中秋晚会主题“月是故乡明”，在晚会上，忠实先生即兴登场，一展三秦大地的厚土民风。

忠实先生的表演，不同于大伙的朗诵，是陕北民歌。一口湘音又擅作黠的彭见明，竟顺着忠实先生继续发展四五六回，写了下去。能言善道的方方、赵玫等把这首“人人都说咱们两个好，自幼儿还没有拉过你的手；头一回到你家你不在，你家的黄狗把我咬出来；二一回到你家又不在，你爸爸打了我一烟袋；三一回到你家还不在，你妈妈砸了我一锅盖；四一回到你家你还在，你躲在屋里不出来；五一回到你家你还在，你正要出门谈恋爱；六一回到你家你还在，你坐在火炕上生小孩……”唱得酸味、诙谐味十足！

多年后，我们都在回味陈忠实那段精彩演唱。平日他韵味深沉，神情竣刻如画，手里夹着一支雪茄，可轮到他表演，欢郁激荡倒海翻江，就有忠实的兴味！

先生腰杆儿端直脊梁不弯，自己就像《白鹿原》里的主人翁曾祖父——个子很高，因为腰挺着，显得威严，村子里走一趟，那些门楼下袒胸露怀给小孩喂奶的女人都吓得跑。他让我带点纪念品给友人时，话语真是温暖诚挚。理应是彪悍瘦硬雄奇的关中汉子，却仿佛反复受尽辛苦，在皱纹纵横交错中，眼神里有点忧思。梗梗肃穆的忠实先生总是一脸可掬的笑容，大气豪迈，懂礼重义。他主张朋友之交删繁就简，心眼实，人厚道，常木讷无语，多人聚会，也完全不改脾性。在开元寺、清源山、弥陀岩、承天寺，大家随着导游，他总是静默地待在最边缘、最后面，或研究外面的楹联牌楼，或抽他的烟。

其实，是年 4 月 20 日，他刚上人民大会堂领取第四届茅盾文学奖，已经是一线作家。忠实先生坦然于宠辱忧欢，写《白鹿原》时，主题灵魂在那个时代，令他自信且心里觉得踏实的，就是整个创作过程没有经过任何的干扰和炒作，“馍蒸到一半，最害怕啥？最害怕揭锅盖。因为锅盖一揭，气就放了，所以馍就生了”。对作家而言，最终都要与读者完成交流，而获得最广泛的读者喜爱，是高于任何奖项的安慰。这部作品被秦腔、话剧、舞剧、电影等多种艺术形式改编，小说被译为英、日、韩、越、蒙等文字出版。

《白鹿原》外白鹿原

听说无论谁找陈忠实闲谝，他都接待，但一语不和就会撵人，绝不客气，一边撵嘴里还一边说：“走走走，赶紧走，额还有事哩。”一如往常担心打扰，当我于 2009 年秋应邀去陕西师范大学演讲时，虽到西安却并未敢惊动他和贾平凹、王仲生诸位，但友人们仍热切地传了消息去。

他得知后，立即赶来相叙并邀我翌日同游白鹿原，这可真是令我出乎意料、喜不自胜的机缘，难以推辞。为此，未曾相忘于文学江湖的陈忠实还特意安排了一个小小的车队，领我们同上白鹿原。时令刚入初秋，我们乘上轿车，在那阳光蒙昧并未明朗、早中午融融的雾色中，不疾不徐地行驶在绿化的公路及塄坎间，出城往东南高阔的白鹿原而去。那时，借着“作家之乡”誉满天下，白鹿原早成景点，当地乡亲们还在此立下了一座高高的、刻有陈忠实亲书“白鹿原”的瓷碑。

从“白鹿原”碑望向西安城，日走云迁有些霾隐，极目眺望，灞桥烟柳却都看不到了。陈忠实见此喟叹道：“废气污染后柳色尽失，尽管正儿八经地建成了浐灞国家湿地公园，老堤内外也种了稀罕的花草树木，但一时仍难从印象里的灞桥转换，还是怀念过去，爱在柳色喧哗的堤上漫步。”

此刻，流淌着黄土血脉、矢志塑造渭河流域深厚乡党史的陈忠实，站在入秋的长堤上伫立远眺霸陵，认真地倾诉：“汉文帝就葬在白鹿原西端北坡畔，坡根下便是自东向西倒流着的灞水，距我村子不过17里路。文帝陵史称霸陵，依着灞水而命名。地处长安东郊，自周代就以白鹿得名的原，渐渐被霸陵原、霸陵、霸上之名取代。灞桥距文帝陵不过三四公里，《史记》里的霸陵原又称霸上，泛指白鹿原以及原下的灞河小河川，灞桥在其中……”谈吐间，我能真切感受到他对这高缓的黄土原的无限依恋，寸寸黄土河山都饱含着他承载的心念。

接着，我们再随忠实先生去白鹿原上的农家。陈忠实视民如亲，他对乡村的体验及生活积累，对农民天地的见证了解，为他的创作打下了最自然和坚实的铺垫。他曾说：“有时在路边的树荫下蹲下来，和乡党一扯就是两个钟头，谈到的独特农家的事情，常常牵动深深感情。”原上一马平川望不到尽头，多是平展展的土地；绿树小村、袅袅炊烟，院落石墙犬吠鸡鸣，槽头的高骡大马一头头都像昭陵六骏；秋气缓扫落叶，舒适修葺的农庄水井，令人感受宁静的韵致。这是他钟爱的新农家大四合院，淳风漫逸。

下原后，我们前往蓝田。所谓百里不同风，陈先生经常开玩笑说自己是半个蓝田人。他小学高年级时在灞河北岸蓝田县油坊镇就读，当然不会忽略这“日暖玉生烟”的蓝田。一路上他娓娓而谈，说：“蓝田有‘厨乡’美誉，正所谓一把铁勺走天下。当年的御厨王承恩、李芹溪、侯治荣等，都是蓝田人……”他还为此专门题词“让蓝田勺勺搅香世界”。看得出，蓝田美食早已成为他时刻惦念传承的三秦文化之一了。他请我们用餐时，餐厅的主厨特意出来招呼感谢，并精心制作了多样面点供我们品赏：酥脆的麻罗油糕，带着紫红的诱人色泽；还有一条不断的荞面饸饹……手艺巧得令人眼花缭乱。陈忠实说：“我长大后还常在路边小摊前品尝这些面点，就为重新享受儿时美好的味觉记忆。”

最后一次握手

2012年，我再度应邀到北大和北师大等校演讲，也在世界华文文学高层论坛上发表演讲，并因此再度来到西安。演讲完毕，正当我一如往常专心聆听其他专家演讲并做笔记时，有人俯首悄悄在我耳边说：“张老师，请来外面一下。”出去一见，陈忠实正在外面等候，只见他静水深流、低沉醇厚地说：“我是专程来看你们这些老朋友的！”

欢叙之间，陈忠实主动为我题下：

> 和张凤在西安第三次握手，深以为幸。
> 陈忠实二〇一二年六月八日西安

这三次温暖的握手，想来是指2009年在西安的两次和这一次。实际上，他予我那温暖的历史感，早已一而再地于存念的手迹上显现：1995年哈佛春天之约《白鹿原》作品上的题书，1998年泉州仲秋在我日记小本上写下的陕北民歌……在我心中，多年来与他的翰墨往来（哪怕是传真）都已成无价之宝。明了彼此的日程忙，在陈瑞琳、程国君教授和我的“游说”之下，他进入会场，全体起立鼓掌欢迎。依依不舍地离别之时，我心里默默托福至盼哪年哪月幸能再聚，但万万未料到这竟是最后一面。

忠实先生行事为人都厚道，待以诚厚，他绝对厚偿；若不够厚道，他可能会有脾气，但也不会趾高气扬，不可一世。他的行事，正如写在《白鹿原》里的那些话：人行事不在旁人知道不知道，而在自家知道不知道；自家做下好事刻在自家心里，做下瞎事也刻在自家心里，都抹不掉；其实天知道地也知道，记在天上刻在地上，也是抹不掉的……

他对自己，是一如既往的乡土本色。他抽的巴山土炮雪茄烟，是味道极重的劣质烟。有人误认他爱抽雪茄，是高昂消费，他老老实实地说：“咱没钱，抽这烂怂烟便宜么，劲儿大。”问他为啥非要抽那么多雪茄时，语出惊人：“抽雪茄蚊子不咬我。”声誉鹊起后，他的作品改编成影视剧等多种艺术形式，版权费比版税高，他坦言这才使得他“脱贫”。

他对别人，则是一如既往的古道心肠。王新建说：“忠实先生来雍村后告诉我，他正在进行宽度、厚度的创作：就是扶持新人。”确实，厚道的陈忠实是在为新作者而活，尤其是为成长中的文学新人，这不也正是他用尽毕生心血浇灌的一部作品么。

（《上海采风》2018 年第 5 期）

陈忠实的拒绝

张燕峰

长篇小说《白鹿原》出版之后，受到全国广大读者的喜爱，作家陈忠实因此名声大震，一跃成为陕西省乃至全国著名的作家。陈忠实成名之后，慕名前来请教他写作的人络绎不绝。

一天，西安市的一位文学青年拿着自己创作的短篇小说来拜访陈忠实，请他指教。陈忠实认真地读完他的作品后，诚恳地提出了自己的修改意见，青年连声致谢，满意而归。

一个月后，青年拿着自己修改后的作品再次来访，陈忠实又仔细地读了一遍后，连声夸赞他是个很有文学天赋的青年。青年听后，非常高兴。他趁机提出请求，恳求陈忠实把自己的作品推荐给一些纯文学刊物。

没有想到陈忠实竟然坚决地拒绝了，青年非常失望。后来，他的作品在一家省级刊物上发表。他逢人便说："陈忠实虽然是大作家，但为人小气，心胸狭窄，不肯提携后学晚辈。"

当朋友把青年的话转述给陈忠实时，原以为陈忠实会怒发冲冠，怒斥一番，没有想到他却哈哈大笑。

他说："我哪里是不肯提携晚辈，而是觉得他的作品即使没有任何人的推荐，也一定能够发表。相反，如果经由我的推荐而发表，一是会让他觉得欠我一个人情，二是让他对自己的作品缺乏自信，误以为只有名人推荐方可发表。这些因素，对他的成长都是极为不利的。”

陈忠实的这番话辗转传到青年的耳朵时，他非常羞愧，自责不已，他说：“真正愚钝浅陋的人是我。陈忠实先生是大家，不仅作品经典传世，他的胸怀也如海洋一样宽广。”

（《海南日报》2018 年 12 月 10 日）

忆陈忠实先生二则

赵 刚

光阴似箭，眨眼之间，一代文学大师陈忠实先生离开他毕生热爱的文学事业和众多拥戴他的读者友朋已经整整1周年了，他过早地走完了74年人生之旅。大师风范高山仰止，大师音容宛在眼前。

“我写的是毛笔字，不是书法。”

20世纪90年代初，具有史诗风格的长篇小说《白鹿原》（修订本）折桂第四届茅盾文学奖，受到社会各界的广泛关注和喜爱，20年来始终不衰。因慕德艺双馨之名而向《白鹿原》作者陈忠实先生求索墨宝者络绎不绝。与人为善、好客热忱的陈忠实为了不使求索者失望，亦是为了不糟蹋书法行当，由此被“逼”上习书之路。

陈忠实在繁重的创作之余畅游瀚海，自作诗“洗笔调墨四体松，预想字形神思凝。神气贯注全息动，赏心悦目乐无穷”，可谓其写照。功夫不负苦心人，几年下来，其书法颇具神采，著名书法家、陕西省书协名誉主席茹桂先生撰文如是评价：“忠实之书刚而逸。文学给忠实的书法贯注了一种内在的气质，他在用笔果断的同时，收放自然，不仅有顿挫旋折，笔意含有飘逸之致，墨色也参之遒润，整个画面构成，穿插开合，毫无半点雕琢。”然而，无论外界如何高看一眼，陈忠实对自己的书法“仅仅是用毛笔写的字”之“定性”却从未改变。前几年，西安邀约部分书画名家代表西安参加在南方某市举办的高规格的文化博览会，不少书画家托关系、说人情，积极要求参加。为了精益求精，我首先想到了陈忠实。电话拨通，陈述大意，先生果断谢绝，道：“我写的是毛笔字，不是书法。书法是发表了的文学作品，毛笔字是老师布置的学生作文。这一点我很清醒！不能让我逊色的毛笔字影响了活动的整体水准啊！”先生谦逊、恳切之语，使我如沐春风。

心态坦然的陈忠实不与他人争高下，勤奋作文，怡然习书，率真做人，曾公开承诺：凡是作协会员出版作品，索题书名一律分文不取。甚至当文朋师友捧着润笔费硬塞，他也会坚决拒绝，道：“以文会友是快乐的事，怎么能当成生意做？”

前几年，西安主办“美丽西安”征文大赛活动，德高望重的陈忠实自是评委会主任的不二人选。虽然先生因身体原因未能全程参与评审工作，但是对活动所给予的高度关注和大力支持令我们感动。获得先生撰写的代序言《俏了西安》之后，我们又得寸进尺地提出请先生为作品集题写书名《如沐春风柳暗花明》。先生慨然应诺。但是，三四日过去，却无回音，与其平日雷厉风行的作风不符。联想到有的作家书法动辄数万元、十数万元论，请先生“义务劳动”俨然落伍。惭愧间，我拨通先生电话，想就润格之事相商。但是不待我开口，先生已开门见山：“此前我答应写书名，但是后来考虑到自己的字写得不好，担心不能给作品集添彩，所以我建议，字我写，权且作为把玩留念吧，能不用作书名尽量不要用。”不待我谈及润格，电话已挂。果然，很快省作协党总支专职副书记杨毅先生约我取件。

“我把钥匙撂给你”

先生钟爱文学，远离功利，曾公开承诺，凡是省作协会员书名之题签和自己图书之签名，一律义不容辞、分文不取，与时下种种背离核心价值观的现象格格不入，令人肃然起敬。因工作需要，我欲购150册《白鹿原》，并渴望得到作者的签名。签150册，的确不是一项小工程，加之听说先生身体欠安，会答应吗？惴惴不安中，我给先生发去一则短信，阐明意图，请求明示。很快，手机响起，传来先生苍劲铿锵的秦腔："我是陈忠实。你说的事情没问题。购到书后再和我联系，以便安排签名的时间、地点。"就这么干脆利落！不待我回过神来，电话已挂。

购得150册最新版《白鹿原》（长江文艺出版社，2014年7月版）的第一时间，我即短信告知。先生很快回电，约定次日上午9点半携书在他位于城南某处的工作室相见。许是在话筒那边听出了我的迷惘，遂问："你没有来过我的工作室吧？那好，我详细说一下地址，你拿笔记一下。"待一字一顿地讲清路线、区位、门牌后，又专门交代："楼下的门铃对讲机最近要麻达（要麻达，陕西方言，意即闹故障），你到达后打电话，我把钥匙撂给你。"末了，再次叮嘱："一定要在9点半赶到，因为上午我还约有其他事情要办，不然就太紧火（紧火，陕西方言，意即紧急）了。"

放下电话，我舒心地笑了。多么有意思的老人啊，仿佛不是我因事求他，而是他托我去办某项重要的差事一般，千叮咛万嘱咐，生怕摸错了门、耽误了点、拜错了神，甚至连遇到问题和解决问题的方法都替我思虑得停停当当，怎么就丝毫没有大名人的丁点架子呢？

为了不失礼数，同时更是为了表达由衷的敬仰，明知先生什么也不缺，但我还是向多人讨教先生的生活喜好，准备了不成敬意的见面礼，载着5箱《白鹿原》，急匆匆如约赶赴。不巧得很，一路上车水马龙，堵塞频频，加之司机老胡路况欠熟，当时针指向9点35分，我们的车还在目的地附近徘徊。我的额头顿时冒起汗来。恰在这时，手机响起，先生问："到哪里了？是不是我昨天没有把地方说清楚，不然你再记一下。"于是，先生将地址重复一遍，提醒道："抓紧时间！"到楼下后，按约，先生将一枚铜黄色钥匙装入信封，从窗户撂给我。多么随意而有趣的约定啊！

当我和老胡汗流浃背地扛着书箱，来到这个20世纪80年代初构建的简陋的斗室时，已迟到 15 分钟。原以为主人即便不大发雷霆拒之门外，也会丢来一番难看的脸色。不料，慈善温和宛若邻家翁的先生，一边指引放置书箱的位置，一边开门见山地进行责任分工：“你（指老胡）拆封，我签名，你（指我）盖章，这样能快一些。”

按部就班“开工”后，先生一边在每册书的扉页一丝不苟地签署“陈忠实 2014 年 12 月 24 日”，一边指导我：“把印章盖在名字后边，尽量端端正正。尽量让印章在书页上多停留几秒钟，均匀受力，让纸张把印泥吃透，不至于轻描淡写。”

许是室内温度高，许是先生身体弱，总之，一口气签名数十册后，我看见先生壕沟般的额纹里沁了晶莹的汗珠儿，且隐隐听到他的喘息。而此时，客厅里又不时传来电话铃声，先生只得放下笔去客气地接电话，而后返回巴掌大的书房接着签名。我着实过意不去，转身从客厅的茶几上端来先生此前正在喝的绞股蓝水，请先生喝口水，休息一下。不料，先生竟局促地站起，双手接过，放置一旁，连声道：“你忙你的，别管我！”仿佛他不是在帮我们的忙，而是在受命履行一项神圣的使命。其谦虚、恭谨，令人感佩！

一个半小时后，“工程”终于竣工，先生长长地舒了一口气。知道他时间宝贵，还有很多约定的事情等着，我和老胡遂扛书告辞。先生突然发现客厅一隅的礼物，问：“那是啥？”我回答后，先生立即拒绝：“不要！我用不着！”见我坚持要留，遂一脸严肃：“拿回去！别让我多说话！”

离开先生的斗室，扛着沉甸甸的 150 册《白鹿原》签名本，我的内心也沉甸甸的。

灞上垂柳哀白鹿，从此人间无忠实。先生，一路走好！

（《中国艺术报》2017 年 4 月 17 日）

握手陈忠实

刘华溪

1999年4月28日，黄土高原的一位文学大师与江汉平原的一名文学青年之手紧紧地相握在一起。他就是著名作家陈忠实。

那天，雨过天晴，春意盎然，我乘火车到达古城西安，领取由《中国作家》和《女友》杂志社联合颁发的“全国青年文学作品奖”。陕西省作家协会主席陈忠实是大奖赛的高级评委，我便欲通过大赛办的介绍去拜见陈主席忠实先生。工作人员说，陈主席平易近人，你直接去找，他会见你的！于是，我便贸然前行。

下午4点多钟，我寻到位于建国路83号的陕西省作家协会。进得院内，只见一座老式陈旧的两层青砖灰瓦小楼很随便地摆在左侧，绿树掩映之中隐约可见楼前立着一块石碑，上刻“全国重点文物保护单位：西安事变旧址”等字样。说是两层小楼，其实下半部分埋在地底下，倒像是地下室，只有上面一层的旧砖残瓦露在外面，周围的树丛遮盖着屋顶，显得低矮而简陋。踏上几级台阶，门两边挂着《延河》《小说评论》等招牌，陈主席担任着《延河》文学月刊的主编。走进屋内，只见小小的空间又被夹板分隔成若干个“豆腐块”，几家刊物的作家编辑们就挤在各自的“豆腐块”里辛勤操作。我没有想到，如此简陋寒酸的地方便是省级作家的最高“衙门”，便是文人墨客的神圣殿堂，便是名家名著的产生之地。

《延河》副主编张艳茜女士热情而大方地对我说，陈主席就在隔壁，你去见他吧！

编辑部隔壁的那一扇门框上挂着古朴而典雅的竹制门帘。我轻轻撩起竹帘，敲响了那扇油漆斑驳的木门。

最初认识陈忠实先生是在3年前，从长篇小说《白鹿原》中，我读出了黄土高原的荒凉与厚实，苍茫与悲壮。不久，得知《白鹿原》荣获中国长篇小说的最高荣誉茅盾文学奖，我便如饥似渴地又一次拜读了这部获奖长篇中的佼佼者，继而读完了120万字的《陈忠实文集》，深刻体会到“创作来源于生活，而又高于生活”的真谛。从路遥的《平凡的世界》到陈忠实的《白鹿原》，陕西作家群的作品始终蕴含着黄土高原的泥土气息，关注着黄土高坡和渭河平原上的人们的命运，描绘了那一片黄土地厚重的历史。我受此启发，创作的反映江汉平原“棉花人”的生存和生活状况的中篇小说《哭泣的汉江》，喜获“路遥青年文学奖”。为此，我更加崇拜逝去的路遥和健在的忠实先生。

门被敲响了，没有人应。我又去问张艳茜女士，她说，陈主席没有公差，你等一会儿再去看一看。

“文学依然神圣，黄土依然深厚”，这是忠实先生在文学遭受冷遇下发出的撼人心声。恩格斯对现实主义创作的最高规范是“作家自己的倾向性越隐蔽越好”。在创作《白鹿原》时，忠实先生始终把自己的艺术能力倾注在人物身上，让人物面对他们的生活去处事，去说话。整部作品只有一句议论：一个靠捆缚着双手的士兵支撑的政权，无疑是世界上最残暴的政权，也是最虚弱的政权。这是作家渗透在作品中的政治倾向，有必要加以点明。

关于性和爱的描写问题，忠实先生认为，不管是西方优秀的文学范本，还是中国优秀的几大名著，都没有回避性和爱。《白鹿原》所展示的那卷历史，是一组被打破和重绘的群雕图，不是平面地勾勒他们的通俗生活，而是要立体地探索他们的生存形态、精神历程，那么，性和爱就是一个不可回避的东西。他写性有三个原则：不回避；撕开写；不是诱饵。这是值得写作者借鉴和思考的。

那座陈旧小楼的右侧山墙处，有一扇同样油漆斑驳的小木门，同样的竹制门帘，与斜对面砖瓦结构平房的省作协办公室相邻。有人说，前门敲得轻了，后面不容易听到，你敲一下侧门吧！

于是，我又撩起竹帘，去敲侧门，仍然没有人应。再敲几次，也不见动静。我想：不远千里从江汉平原跑到黄土高原来，见不到仰慕已久的大作家，就这样回去，岂不是太遗憾了？再等一等吧，也许会有希望的。我鼓励自己，然后转悠到与省作协一墙之隔的张学良将军旧址纪念馆去。纪念馆是两座民国时期带着欧式风格的三层青砖灰瓦洋楼，显得庄重而静穆，院内松柏林立，环境雅然。我无心进去游览，仍然念着拜访之事。

大约5点多钟，我再一次撩起竹帘，敲响了侧面那扇油漆斑驳的小木门。正欲敲第二遍时，屋内传来“谁呀？”的问候声，同时，门开了。映现在我眼前的是一位身材清瘦而高大的长者，略显稀疏而夹杂着斑白的头发梳向脑后，一双不大但炯炯有神的眼睛目光深邃，唇边的胡子刮得干干净净，满脸的皱纹如刀一样深刻，额头上的横着，鼻两边的竖着，纵横交错，犹如黄土高原上风雨剥蚀过的沟沟壑壑、坎坎坷坷，显示出满脸的饱经风霜和风雨人生。他身穿白底蓝格衬衣，那浅蓝色的小小方块格子就像先生每天辛劳耕耘其上的方格稿纸，外面套一件浅灰色马夹。他一只手拉开门，把我招呼进屋，一只手紧紧地握住了我的手。我感觉到那是一只瘦瘦的、细细的、没有厚厚的肉感，却是十分有力的大手。他用这只手，辛勤创作了数百万字的优秀著作，高高擎起了“文学依然神圣”的大旗，为我们这些文学青年指明了奋进的方向。我紧紧地握着这只手，握着，握着，不肯松开，渴望忠实先生的智慧能像电流一样通过这只手流传到我的大脑之中，获取文学创作的奥秘。

我说，我是江汉平原的一名文学青年，有诗作荣获“全国青年文学作品奖”，您是该奖的高级评委，因此，领奖之后特来登门拜访。

忠实先生得知我为了文学远道而来，十分热情地给我让座，倒茶。这是一间10余平方米的小屋，进门的右侧是供客人座谈的简便的桌椅，靠墙立着几个大书柜，书报杂志挤得严严实实。书柜对面的墙角处放着一张单人床，先生创作劳累的时候，便躺在上面养精蓄锐一会儿，或是构思新的篇章。床头摆着两只单人沙发和一个茶几，茶几上端挂着忠实先生的写真艺术头像：左手夹着雪茄，头向右侧，两眼微微向上凝视着深邃的远方，神情肃然，做深思状。门的左侧是两架书柜，装满了中外文学名著。书柜与沙发之间有一点空间，便是隔墙门，门内套间摆着如乒乓球桌一般的大木桌，罩着桌布，铺着宣纸，宣纸旁的砚台上，浓重的狼毫饱蘸墨汁。这便是小楼前门的书画室了。

坐在客厅兼书房兼卧室的沙发上，我虚心讨教于忠实先生关于小说的作法。他显得很谦逊，并不以长者自居，而是作互相探讨地促膝而谈。

关于小说创作，他有一个观点：写你的小说的时候，哪怕一句话，从开始到结束，要铸成一种力量，即把读者从电视机前、麻将场上和卡拉OK厅里拉出来的力量。想想，作家写小说是让人看，没人看是最大的悲哀，再加上写作时的辛苦，又是双重悲哀。

文学是个迷人的事业，忠实先生迷入文学近40年，历经九死而未悔，终于积累了一些自己的创作经验。他认为，无论小说写得是优是劣，必须是自己对生活的独立发现，人物描写是这样，风景描绘也是这样。作品中人物活动的天地和环境，必须是作者可以看得见的具体的东西。我生活在西北，感受过渭河平原和黄土高原的气氛，对于海洋和沙漠，只是在电影和画报上见过，谈不上观察，更谈不上感受。如果硬要我的人物进入沙漠和海洋，除了借用别的作家作品中对沙漠或海洋的现成描绘之外，我还能有什么咒可念呢？

忠实先生点燃一支雪茄，那张黄土高坡似的脸舒展开来，精辟地阐述着文学创作的奥秘。我时而讨教，时而倾听。

作家要耐得住寂寞。写作是一种独立的个体劳动，这种劳动不是三日五日、一月半载，而是长年累月，年复一年。一张书桌，一叠稿纸，从早到晚，面对的就是这一叠方格稿纸。构思，起草，修改。一格一格填下去，一页一页写下去，天长日久，寂寞就随之产生了。忍受寂寞吧！忍受就是与自身的懒怠作斗争，由此产生坚忍不拔的毅力和持之以恒的韧劲，而甘愿寂寞。阅读一部好的文学作品，受到鼓舞和启发，产生新的艺术追求，什么寂寞都不予计较了。完成一部新作之后的欢欣，会使备受寂寞的心得到最恰当的慰藉，再多的寂寞都不算什么了。

文学是人学。应该充分地描写生活本身所蕴藏的那种韵味，那种诗情和诗意，充分地描写人物的感情。人最重要的东西是感情，是人的七情六欲，是人的追求向往，是追求和向往的历程中所经历的痛苦和欢乐等等复杂的感情活动。文以情动人。作品和读者是由感情交流相联结的。作品中人物的感情不准确，不真诚，不充分，或者过头了，都是不真实。不真实就是虚假的同义语。读者可以满怀兴致地看一切荒诞不经、离奇古怪的故事情节，却无法接受哪怕是少到一个字的虚假感情。真诚的作家，应该以自己的创作实践去揭示艺术的神秘色彩，而不应该哗众取宠，给已经披上够多神秘色彩的艺术宫殿，再添加哪怕是一分虚幻的神秘的色彩。

转眼已过 5 点半钟，我知道忠实先生的时间相当宝贵，不好意思打搅太久，便谨慎地提出自己真诚的恳求：合影留念和题词赠画。

真没想到，先生爽快地答应了。我立即从摄影包中取出相机，打开快门，调好焦距。他随即拨通了朋友的电话，请他帮助拍摄。几分钟后，朋友来了。忠实先生坐在左边的沙发里，右臂放在茶几上，身体微微右倾，眼视前方，做合影状。我坐在右边的沙发上，积极当好配角，脸上显得十分轻松自如的样子，其实那颗激动的心在剧烈地跳动着，幸福地等待着闪光灯闪亮的那一瞬间。

咔嚓，咔嚓，画面定格了。合影之后，忠实先生说，很抱歉，我今天许诺朋友 6 点钟来取字画的，现在时间快到了，我得赶紧完成。你的字画等以后再预约吧！

忠实先生不以名家自居，放下手头紧张的工作来陪我，我内心深感不安。他是为了不让我这个迷恋文学的远方青年带着失望回去而热心地接待了我，且不厌其烦地给我指点文学创作道路上的迷津，这是文学前辈对文学青年的热情扶持和无尽关爱，我还有什么不满足的呢？尽管还有一肚子话要说，但是，时间老人对我太吝啬了，我只能起身告辞。

那扇油漆斑驳的小木门拉开了，忠实先生再一次紧紧握着我的手，摇着摇着，既像是在祝福旅途一路平安，又像是在祝福创作一帆风顺。

走出那扇小门，走出省作家协会的大门，那张黄土高原似的脸深深地刻在我的脑海之中。忠实先生人如其名：对文学孜孜以求，毕生忠诚；对朋友肝胆相照，一世厚实。

（《档案天地》2018 年第 8 期）

三

铁凝
阎纲 李卫
忽培元 梁鸿鹰 张燕峰
杨海蒂 叶子 李星 王心剑
贾平凹 李向红 樊蓉 肖云儒 张志忠
王蓬 白烨
张凤 陈毓 朱鸿 洪清波 红柯 陈彦 韩小蕙 常振家
陈晓明 李国平 周明 赵安
叶广芩 刘华溪 金炳华 张艳茜 雷钟哲 陈世旭
牛倩 刘醒龙
何启治 杨小玲 白描 蒋惠莉 姚秦川 李清霞 党益民 雷达
吴克敬 赵刚 魏英杰 周燕芬 梁桂 韩怀仁 何平 王仲生 阿莹
李遇春

他与《白鹿原》一起活着

——悼念亦师亦友的陈忠实

白　烨

尽管已从西安的友人处得知陈忠实在4月28日早上吐血不止，在西京医院全力抢救，我还是希望能人力回天，或老天保佑，让他挺过这一关。4月29日早上，却传来他终于不治而仙逝的噩耗，我不敢相信这是真的。一天时间，人就走了，何以如此匆忙，怎能如此短促？！

去年11月我去西安出差，特意去看望了病中的忠实。他刚动了二次手术，是胸间发现一活动小瘤。交谈中，他时而要拿毛巾擦拭口水，但精神状态还好。他说自己可能没有精力和气力再写作品，身体好一点就练练字。我说，写字好，既可以练习笔力，又可以锻炼体力，先把身体养好再说。当时，《白鹿原》线装版刚刚出书，他签了名送了我一部。交谈时，忠实的夫人和两个女儿都在，我对她们说，我们都不在忠实身边，照顾忠实的事，就全靠你们、依仗你们了，这不仅是为忠实，也是为你们，还是为我们大家。谁知那次匆促的探望竟成诀别。

回想起与陈忠实数十年来的交往，种种往事像过电影一般，交替闪回，历历在目。

20世纪70年代中期，我还在陕西师大中文系上学读书的时候，陈忠实被学校请来做过一次关于小说创作的报告。他那次的报告，结合自己的写作，讲得生动而鲜活，使我们这些初涉文学的学子，懂得创作如何要从生活立足，创作又如何要在艺术上练意。后来熟悉了，我说你给我讲过课，应该是我的老师。他说，这种讲座性的不能算。但在我心里，真是把他当作文学启蒙时的老师的。

也是从那个时候起，我就一直关注他，解读他，而他以变又不变的两种形象，让我时而熟悉，时而陌生。

陈忠实总是不变的，是他的沧桑又厚道的老农形象、他的坦直又实诚的质朴为人；而不断变化的，是他的文学追求、他的小说写作。"文革"前就步入小说写作的陈忠实，到了粉碎"四人帮"之后的新时期，有过一段时间的小说写作的井喷式爆发，他的《信任》《徐家园三老汉》等作品以在鲜活的故事、生动的形象中暗含"伤痕"，内含"改革"等多重意蕴，在农村题材小说创作中独树一帜，引人注目。我曾在1982年的《文学评论丛刊》第12辑中以《清新醇厚，简朴自然》为题，对他这一时期的短篇小说作品作评。但在80年代中期，他在《四妹子》《康家小院》《梆子老太》《蓝袍先生》等作品中，却让人看到了一个由普通农人的命运反观乡土现实、反思社会历史的陈忠实。这样与时俱进的写作，真让人为之欣喜，为此我又写过《人生的压抑与人性的解放》的评论，为他小说写作的有力突破与长足进取摇旗呐喊。

1988年夏，我因事去西安出差，忠实知道后，从郊区的家里赶到我下榻的旅馆，我们几乎长聊了一个通宵，主要都是他在讲构思和写作中的《白鹿原》。我很为他的创作激情所陶醉，为他的创作追求所感奋，但怎么也想象不出完成后的《白鹿原》会是什么样子。作品完成之后，忠实来信说道："我有一种预感，我正在吭哧的长篇可能会使你有话要说……自以为比《蓝袍先生》要深刻，也要冷峻……"后来，看完书稿的评论家朋友李星也告诉我，《白鹿原》绝对不同凡响。听到这些，我仍然一半是兴奋，一半是疑惑。待到1992年年底《当代》选发了部分和1993年4月人民文学出版社出书之后，我完全被它所饱含的史志意蕴和史诗风格所震撼，因而，以按捺不住的激情撰写了题目就叫《史志意蕴·史诗风格》的评论文章，为《白鹿原》拍手叫好。在该年7月于北京召开的《白鹿原》研讨会上，当有人提出评论《白鹿原》要避免使用已近乎泛滥的“史诗”的提法时，我很不以为然地比喻说，原来老说“狼”来了，结果到跟前一看，不过是一只“狗”；现在“狼”真的来了，不说“狼”来了怎么行？我真是觉得，不用“史诗”的提法，确实难以准确地评价《白鹿原》。

关于《白鹿原》，可说的话很多。它以白鹿原的白、鹿两家三代人的人生历程为主线，既透视了凝结在关中农人身上的民族的生存追求和文学精神，又勾勒了演进于白鹿原上的人们的生活形态和心态的近代、现代的历史发展轨迹，以及其发生的大大小小的回响。在一部作品中复式地寄寓了家族和民族的诸多历史内蕴，具有丰赡的史诗品格，在当代长篇小说创作中当属少有。还有，《白鹿原》在以时间为经、事件为纬的结构框架中，始终以人物为叙述中心，事件讲究情节化，人物讲究性格化，叙述讲究故事化，而这一切都服从和服务于可读性，有关的历史感、文化味、哲理性，都含而不露地化合在引人入胜的艺术魅力之中，比较好地打通了雅与俗的界限。一部作品内蕴厚重、深邃而又如此好读和耐读，这在当代长篇小说中亦不多见。这些突破，使得《白鹿原》把陈忠实的个人创作提高到了一个新的艺术境界，也把当代长篇小说的现实主义创作推进到了一个新的时代高度，从而具有了某种标志性的意义。我曾在《九部作品看茅奖》一文中，对《白鹿原》获得第四届茅盾文学奖作了这样的评说：“第四届茅盾文学奖选择了《白鹿原》，在慧眼识珠地彰奖作者陈忠实的同时，也使茅盾文学奖自身的权威性得到有力的增强，拥有了切实的佐证。”

还有一些与《白鹿原》有关的事，想起来也颇为有趣。忠实为文之认真执着，为人之质朴诚恳，都于此可见一斑。

一次是我陪同陈忠实曾去领过一次稿费。那是1993年的四五月的某天，忠实到京后来电话说，人民文学出版社发了《白鹿原》的第一笔稿费，是一张支票，有 8 万元之多，要去朝内大街的农业银行领取。他说他没有一次拿过这么多钱，地方也不熟，心里很不踏实，让我陪他走一趟。我们相约在人民文学出版社门口见面后，一同去往朝阳门附近的农业银行，那时还没有百元大钞，取出的钱都是 10 元一捆，一个军挎几乎要装满了。我一路小心地陪他到位于沙滩的宾馆，才最终离开。

《白鹿原》发表之后，因为创作中内涵了多种突破，一时间很有争议。而这个时候，正赶上第四届茅盾文学奖的评选。《白鹿原》是这一时期绕不过去的作品，但评委们因意见不一，在评委会上一直争议不休，相持不下。时任评委会主任的陈涌，偏偏喜欢《白鹿原》，认为这部厚重的作品正是人们所一直期盼的，文坛求之不得的，于是抱病上会力陈己见，终于说服大部分评委，并作出修订后获奖的重要决定。忠实来京领奖之后，叫上我一起去看望陈涌先生。陈涌先生很是兴奋，一见面就对忠实说，你的《白鹿原》真是了不起，堪称是中国的《静静的顿河》。并告诉我们，他找的保姆也是陕西人，你们午饭别走，就一起吃陕西面。因为先生身体不好，不能太过打扰，我们聊了一会儿就找借口离开了。此后，忠实每次到京出差或办事，我们都会相约着去看望陈涌先生。去年，陈涌先生因病去世，我打电话告诉忠实后，他半天沉默不语，感慨地说，老先生对我的首肯与支持，对我的创作所起的作用无与伦比。你一定代为转致哀思，向家属转致问候。在陈涌先生的追思会上，我替他转达了他的哀思之情与惋惜之意。

小说《白鹿原》发表之后，先后被改编为各种形式的作品。其中的一次是 2007 年间，受陈忠实之邀与他一起在京观看了舞剧《白鹿原》。小说《白鹿原》原有的丰厚意蕴，在舞剧中被提炼为一个女人——小娥和三个男人的情感故事，由小娥的独舞和草帽舞等群舞构成的舞蹈场景，使剧作充满了观赏性，但总觉得那已和小说《白鹿原》没有太大的关系，已被演绎成了另外的一个故事。在观剧之后的简单座谈中，有人问我有何观感，我说作品从观赏的角度来看，确实撩人眼目，煞是好看，但基本的内容已与《白鹿原》关系不大。而宽厚的陈忠实则补充说，舞剧《白鹿原》毕竟是根据小说《白鹿原》改出来的，还是有所关联。

还有在电影《白鹿原》上演之前的2011年，陈忠实说电影已做好合成样片，要我找几位文艺界人士抽空先去看看。我约了何西来、周明、李炳银等在京陕西文人去了王全安的工作室，从晚间8点一直看到半夜12点。影片中，迎风翻滚的麦浪，粗狂苍凉的老腔，使浓郁的陕西乡土气息扑面而来，张丰毅饰演的白嘉轩也称得上筋骨丰满，但在围绕着小娥的特写式叙述和以此为主干的故事走向中，电影在改编中有意无意地突出了小娥的形象，强化了小娥的分量，把小娥变成了事实上的主角，并对白嘉轩、鹿子霖等真正的主角构成了一定的遮蔽。观影之后，与陈忠实通话谈起电影，他问我看后的印象，我说电影改编超出了我的想象，总体上看是在向着小说原作逼近，但不知出于什么原因，使小娥的形象过于突出了，因而把情色的成分过度地放大了。陈忠实听后稍稍沉思了一阵，随即表示说，你说的确有道理，我也有同样的感觉。

这些年在小说写作上，陈忠实以短篇为主，没有再写长篇。我曾给他开玩笑说过的再弄一个《白鹿原》似的“枕头”的话，一直也没有兑现。但在心里，我却是由衷地纫佩他的，他没有借名获利，更不急功近利，他按照自己的节奏在行走，也是按照艺术的规律在行进。但他和他的《白鹿原》，却构成了一个戥子和一面镜子。这个戥子可以度量何为小说中的精品力作，这个镜子可以观照何为文学中的人文精神。

忠实的有生之年，在74岁戛然而止，这实在算不上是高寿。但这74年里，从他于1965年3月发表散文处女作《夜过流沙沟》起，他把50多年的时间用于对文学理想的追逐、文学创作的追求，而且在不同的时期，都留下了有力攀登和奋勇向前的鲜明印迹，直至完成经典性小说作品《白鹿原》，为当代长篇小说创作矗立了一座时代的高峰。可以说，他把自己的一切，都毫无保留地投入给了文学，奉献给了社会，交付给了人民。他以“寻找自己的句子”的方式，看似是在为自己立言，实际上是以他的方式为人民代言。他是我们这个时代最具生活元气和时代豪气的伟大作家，真正做到了“无愧于时代，无愧于人民，无愧于历史”。

因为写作出了“传得开，留得下，为人民群众所喜欢”的《白鹿原》，陈忠实也藉以留下了自己的思考、自己的情感、自己的精神。从这个意义上说，《白鹿原》始终镌刻着陈忠实的英名，他与《白鹿原》一起活着，他与我们同在！

（《延河》2016年第6期）

本真为人　本色为文

——忆怀陈忠实

白　烨

28 日一早得悉陈忠实因吐血住院抢救的讯息，29 日上午就传来他不治而仙逝的噩耗。短短一天，阴阳两隔，叫人猝不及防，令人欲哭无泪。

忠实去得匆促，走得决绝。人生这本书，他最后画的不是一个句号，而是一个大大的惊叹号！

这几天如同过电影一般回想起有关他的种种过往，往事历历在目，犹如就在眼前。我越来越觉着，他依然活着，就活在他的作品中，活在我们的记忆里。

初识陈忠实，是在 20 世纪 70 年代。那时，陈忠实刚刚发表了中篇小说《接班以后》，作品以清新而质朴的生活气息与当时流行的“三突出”作品形成鲜明对照，在陕西文坛引起较为强烈的反响。我所就学的陕西师大中文系邀他来校讲学，他以他自己丰富而切实的创作体会，生动而形象地讲述了由生活到创作的诸多奥秘，使我们这些听腻了枯燥课文的学子大饱耳福。看着他那朴素的装束，听着他那朴实的话语，我开始喜欢上这个人，同时也对他有了第一个印象：本真的人。

20 世纪 80 年代初我调到北京工作之后，思乡恋土的强烈念想一时难以释然，陈忠实的小说便成为寄托乡思、宣泄乡情的重要对象，它使我身在繁华嘈杂的京城而得以神游熟悉温馨的秦地故里。这种阅读显然已超出了文学欣赏的范围。1982 年间，《文学评论》编辑部约我为《文学评论丛刊·当代作家评论专号》撰稿，我思来想去还是选择了陈忠实，因为我差不多读了他的所有作品。在这一过程中，我与陈忠实通了好几次信，对他有了更多的了解，心里感到有话要说，也有话可说。这篇刊于《文学评论丛刊》第 12 期的文章，题目就叫《清新醇厚，简朴自然》，那算是我对他的作品的最初印象。

由那时到现在，已有近 40 个年头。近 40 年来与忠实的交往愈多也愈深，但所有的接触无不在印证着我对他的原初印象：本真。我想象不出除了“本真”一词，还有什么说法能更为准确地概括他和描绘他。

与陈忠实稍有接触的人，都会有人如其名的感觉。的确，为人忠厚、做人实在，在陈忠实完全是一种天性的自然流露，这使得人们和他打起交道来，很感自在、轻松和“不隔”。

同忠实在北京和西安相聚过多少次，已经记不确切了，但 1984 年夏季在北京街头一家饭馆的相会却至今难忘。那次忠实来京到《北京文学》编辑部办事，交完稿后在《北京文学》编辑部打电话约我去见他，我赶到当时位于六部口附近的《北京文学》杂志社的门口后，我们就近在西长安街路南的一家山西削面馆要了削面和啤酒。那天饭馆的人很多，已没有位子可坐，我们便蹲在饭馆外边的马路牙子上，边吃边喝边聊，看着来来往往的行人和车辆，聊着热热闹闹的文坛和创作，不拘形式也不拘言笑，实在惬意极了。

由此就好像形成了习惯，每次忠实来京，我们都去街头找家饭馆，在一种家常式的气氛中谈天说地。他先后两次来京参加党的十三大和十四大，所下榻的京西宾馆附近没有小饭馆，我们就步行很远到小胡同里去找小饭馆，连喝带聊待上两三个小时。对于不讲排场、不好吃而又注重友情、注重精神的我们来说，这是再好不过的交往方式了。把这种平民化的交友方式与忠实常常要离城回乡的生活方式联系起来看，我以为这除去表现了他的为人实诚之外，还是他人生的一种需要。他需要和普通的人、普通的生活保持最经常的接触，需要和自己熟稔的阶层、喜爱的土地保持密切的联系。正因如此，他才有出自生活的清新的审美感受，又有高于生活的深邃的艺术思考。

陈忠实对帮助过他的人，宁可感念于内心而不形诸于口头，也很典型地表现了他的为人之忠厚。他于1979年在《陕西日报》上发表了短篇小说《信任》后，由于当时任中国作协副主席、《人民文学》主编的张光年的发现与支持，得以在《人民文学》转载并在该年度全国优秀短篇小说评选中获奖。他十分感激这个关怀和鼓励他的创作的文学前辈，但却没有像有些人那样或致信感谢，或登门认师，只是默默地铭记于心。嗣后参加十三大期间中国作协的一个聚会时，适逢张光年同志在场，他听说这一天是光年同志的生日，便相邀了作家金河等人一起向张光年同志敬了一杯酒。张光年同志问了他的名字，才知敬酒的人中有一个是陈忠实。陈忠实以他的方式待人处世，这种方式质朴无华，不带任何繁缛，不含任何俗气，一切都是自我本色的自然呈现。

陈忠实从事专业创作不久，即在换届中担任了陕西作协副主席的职务，1992年又担任省作协主席的职务。他较早就是党的十三大、十四大代表，中共陕西省委委员。在作家里头，党内外都有如此职务的人并不多，而这对于陈忠实来说，什么都没有改变，他依然和往常一样，不显山，不露水，把自己看作是一个普通农家出身的普通作家。正因陈忠实把自己的全部心思和精力用于创作，他在省作协副主席的职位上，先后写出了《十八岁的哥哥》《梆子老太》《初夏》《蓝袍先生》《四妹子》《地窖》《夭折》《最后一次收获》等中篇力作和一批短篇小说，并在1992年完成一鸣惊人的长篇处女作《白鹿原》。无论是创作的数量，还是创作的质量，都以无可争议的实绩在陕西乃至全国的专业作家中名列前茅。

1992年，陕西省文联换届，省上原拟调在作家中党内地位较高的陈忠实出任省文联党组书记。陈忠实考虑再三婉拒了组织上的好意，理由只有一个：要把主要精力投入创作，在有生之年写出更多更好的作品。

后来，省上在省作协换届时根据大家的意愿决定由他担任省作协主席，陈忠实难以再次坚辞，上任后便以秘书长制的方式使行政工作分流，自己仍腾出较大的精力来从事创作。在这之后几次见到他，发现他在琢磨自己的创作突破的同时，显然对全省的创作和文学工作比过去考虑得更多、更深了。他由路遥、邹志安等作家的中年早逝看到了改善作家生活和工作条件的重要性，想方设法帮助中青年作家解决种种困难，并在出差北京时找有关出版单位为作家京夫（《八里情仇》作者）、程海（《热爱命运》作者）索要稿费。他由1992年舆论界普遍叫好的“陕军东征”现象中，看到了陕西小说创作的长处和短处，告诫自己的同行们要保持清醒的头脑。他还感到了与文学创作相比陕西的文学评论相对薄弱，提出在培养青年作家的同时要着力培养青年评论家。既谋其文，又谋其政，二者都统一于对文学事业的默默奉献，这就是陈忠实的为官之道。

说到为文，用“文如其人”“本色为文”来形容陈忠实，再恰切不过了。

忠实的作品，如他的人一样，质朴中内含明慧，厚实中透着灵气，而且在忠厚、实在的基点上不断超越过去的自己，到后来可说已近乎一种大巧若拙、大智若愚的境地。陈忠实在小说创作上有一个原初的基本点，这便是由种种来自生活的真情实感，倾听民间的心声，传达时代的律动，其创作上的“清新醇厚，简朴自然”的总体特点，在他此后的创作中并没有根本改变，但在此之外他显然又有诸多的拓展与丰富，从而在整体上又构成了一种渐变。

如果把陈忠实的创作分为《信任》时期、《初夏》时期和《蓝袍先生》时期三个阶段来看，显然第一阶段在注重生活实情中关注的是生活本身的演进；第二阶段在深入挖掘生活中更注重社会心理的替嬗更变；而第三个阶段则在对生活的深入思考中趋于对民族命运的探求与思忖。这一次次的递进，都由生活出发而又不断走向艺术把握生活的强化与深化。有了这样的坚实铺垫，作者拿出集自己文学探索之大成的《白鹿原》，并以它的博大精深令文坛惊异，就毫不足怪了。

《白鹿原》确非一蹴而就的产物，自1986年创作《蓝袍先生》触发创作冲动之后，陈忠实实际上就把一切精力投入了《白鹿原》的创作。1987年夏我去西安出差，忠实从郊区的家里赶到我下榻的旅馆，我们几乎长聊一个通宵，主要都是他在讲创作中的《白鹿原》。我很为他的创作激情所陶醉，为他的创作追求所感奋，但怎么也想象不出写出来的《白鹿原》会是什么样子。作品大致完成之后，忠实来信说："我有一种预感，我正在吭哧的长篇可能会使你有话可说……自以为比《蓝袍先生》要深刻，也要冷峻……"后来，看过完成稿的评论家朋友李星也告诉我，《白鹿原》绝对不同凡响。我仍然一半是兴奋，一半是疑惑。待到1993年年初正式看到成书的《白鹿原》后，我完全被它所饱含的史志意蕴和史诗风格所震惊，深感对这样的作家、这样的作品要刮目相看，因而，以按捺不住的激情撰写了题目就叫《史志意蕴·史诗风格》的评论。在该年7月的《白鹿原》讨论会上，当有人提出评论《白鹿原》要避免用已近乎泛滥的"史诗"提法时，我很不以为然地比喻说，原来老说"狼"来了、"狼"来了，结果到跟前一看，不过是一只"狗"；现在"狼"真的来了，不说"狼"来了怎么行？我真是觉得，不用"史诗"的提法难以准确评价《白鹿原》。

有评论者把注重生活积累的作家和玩弄表述技巧的作家分称为"卖血的"和"卖水的"，这种说法虽过于绝对了一些，但也说出了这些年创作中的某种事实。陈忠实显然属于"卖血的"一类作家，他的作品从早期的《信任》到最近的《白鹿原》，篇篇部部都如同从生活的沃野里掏捧出来的沾泥带露的土块，内蕴厚墩墩，分量沉甸甸，很富打动人的气韵和感染人的魅力。这样本色化的创作成果，无愧于时代生活，无愧于广大读者，也无愧于作者自己。

本真为人，本色为文，在生活和创作中都毫不讳饰地坦露自我，脚踏实地地奉献自我，尽心竭力地实现自我，这就是我所了解的陈忠实。

现在一再提倡作家要"无愧于时代，无愧于人民，无愧于历史"，陈忠实无疑是切切实实地做到了的。他在世时，我们在接触他、走近他的过程中不断受益；他离世后，我们在阅读他、回忆他的时光里继续受惠。我为拥有这样的朋友而自豪，而荣耀。

（《中国艺术报》2016年5月4日）

陈忠实：现实主义的完成

陈晓明

2016年4月29日陈忠实逝世，说“巨星陨落”有点套话，说“现实主义的时代终结了”也是言过其实，但它肯定是一个事件，是当代中国文学必须去面对的一个事件。这个事件并非只是哀悼的仪式，更有必要的，是让我们去思考他的创作对于中国当代文学究竟意味着什么，究竟有什么意义；也让我们去思考陈忠实所标志的那种文学的高度和方向是否永久有效，是否真的是一种完成和终结。

生逢其时的《白鹿原》

很显然，《白鹿原》给陈忠实赢得声誉，迅速如日中天，尽管这个名声来得有点晚，年过半百，实在是冯唐易老，李广难封。岁月无情，时光易逝。这个人默默地写了半辈子，从初二开始就读肖洛霍夫的《静静的顿河》和赵树理全部的中短篇小说，于23岁（1965年）发表散文处女作开始，他的文学启蒙和起步并不晚，但一直无声无息。中间偶有获得过一些奖项，例如，其中9部（篇）作品获得全国或刊物大奖，但都不足以使他跻身一线作家行列。直至1993年《白鹿原》出版，那时正值文学的萧索时期，出版社开始几乎咬紧牙关印了1.5万册，投石问路，哪想到石沉大海，并无动静。据说，当时几位能耐极大的编辑都急得束手无策。说《白鹿原》生逢其时并不为过，市场营销的伎俩开始崭露头角，《白鹿原》这才借助市场的自由空间，开始它声誉日隆的行程。市场的成功反馈到批评界，各种争论、批判、赞扬的声响，百家争鸣，创建了一个经典化《白鹿原》的氛围。

1993年，陕军东征，陈忠实和贾平凹，一部《白鹿原》、一部《废都》，发布会和研讨会先后在人民大会堂热烈举行。这标志着20世纪90年代中国文学的重新出发，标志着一个断裂时代的文学重振旗鼓。在那样的时期，把陈忠实和贾平凹称为“纯文学最后的大师”并非只是稚拙粗鄙的媒体应急之举，也确实是中国文学整装待发的迫切需要。总之，陈忠实就此成为“纯文学”重量级的作家，“现实主义大师”的桂冠戴在他的头上几乎不会遭致异议，当然，如果真的有这样的桂冠的话。

但是，《白鹿原》成为中国当代现实主义文学首屈一指的经典作品并非出自偶然，应该说，陈忠实默默在他认定的现实主义文学土地上耕耘了几十年，最后成就了《白鹿原》，也成就了中国现实主义文学的高度。此前，我们也可以看到陈忠实的几部颇被看好的中篇小说——《初夏》（1984）、《四妹子》（1985）、《蓝袍先生》（1986）等，笔法已经显出冷峻细致，从容不迫的叙述直抵人物性格的方方面面。当年，老作家王汶石读了《初夏》就禁不住提笔给陈忠实写信道：“是您的作品保持着陕西作家在描写农村生活，处理农村生活题材时的那种传统的现实主义风格，那种洋溢着渭河平原农村浓郁的生活气息的风格。”（《关于中篇小说〈初夏〉的通信》）可以见出，那时的陈忠实对现实主义小说艺术的贡献已经受到重视和肯定。《蓝袍先生》发表后，白烨就撰文予以肯定：“作者毫无掩饰地写了现时代中的一个普通人物的人生坎坷，题旨与基调都一改旧辄……”（《人性的压抑与人性的解放》）陈忠实坚持现实主义文学数十年，这才有《白鹿原》的厚积薄发。

但《白鹿原》确实是陈忠实又一次突破自己的“旧辄”，更是对中国既定现实主义小说艺术的融通、总结和提升。中国当代文学很久以来没有出现气势恢宏而有大气象的长篇小说，《白鹿原》以他文化上的思考，富有现实感地回应了当时的思想困扰，评论者和读者几乎众口一词地把它看成是民族的史诗。作者在卷首也引述巴尔扎克的一句话：“小说被认为是一个民族的秘史。”

标举文化的价值

《白鹿原》以史诗式的结构来把握20世纪剧烈的社会变革，涵盖激烈的社会矛盾：革命、日本人的侵略、民族冲突、阶级斗争。20世纪上半叶的历史大变动构成了小说展开的背景，白鹿两家几代人关于土地争夺的传统故事，转向了具有现代性意味的政治选择。白嘉轩与鹿子霖的矛盾是土地争夺的矛盾，是宗族统治权的矛盾，也是传统道德理想的矛盾。他们的下一代白孝文和鹿兆鹏的对立关系，则引入了中国新民主主义革命斗争的政治冲突。小说的矛盾展开是以正反、善恶、高下、黑白、是非的二元对立形式展开的。整体上小说叙述是现实主义的传统笔法，但陈忠实做得明晰、棱角分明。

当然，这样的二元关系亦有反向和多次转换的形式。白嘉轩这个乡村道义和德行的化身，他的长子白孝文却一度落到吸食鸦片、讨饭乞食的地步，后来为了一个饭碗加入国民党；鹿子霖这个奸诈之人，他的儿子鹿兆鹏却背叛阶级，深明大义，从小就同情劳苦大众。他们后来的命运也多次变换，虽然没有明确最后的结局，但却有可能再次被颠倒。白鹿两家的矛盾并未解决，但却让更强大的历史冲突介入进来，使得传统中国的家族式矛盾变得无足轻重。白鹿两家在20世纪的遭遇折射出整个中国社会、中国民族的命运，中国现实主义文学的深度、高度也在这里体现出来。

陈忠实的现实主义文学创作始终浸含着充足饱满的传统文化和西北地域文化的意蕴。陈忠实不只是把文化融入小说，更重要的是，他标举传统文化的价值。在90年代中国社会转型的重要时期，他的《白鹿原》

等作品推动了中国文化向传统价值的复归。这条路径是否是中国当代小说的必然（致胜）路径，这可以讨论，但他在这种历史重大变化中处于引领的位置则是值得重视的。

《白鹿原》如此明确地把传统文化提升到正面积极的意义上来认识，这在 90 年代初可以看成是传统文化重振旗鼓再出发。“寻根文学”随着“85 新潮”退潮，追逐“现代派”的热情内化为先锋派的小说形式实验，90 年代的“寻根”已经销声匿迹，那是因为人们没有看清西北地域文化包裹的《白鹿原》与寻根的一脉相承。80 年代中国文学的主流是反思传统，崇尚西方价值。“寻根小说”却背道而驰，提出文化寻根，尽管它的直接缘由是受到拉美魔幻现实主义影响，但它也有现实的深厚依据。《白鹿原》的核心意象“白鹿”象征着中国传统文化价值，虽然有些空灵或含混，但还是较为明确地指向了传统的儒家文化。《白鹿原》对中国传统文化持肯定的态度，它反映了 90 年代初中国文化的自我建构需要，虽然也存在着明显的理想化倾向。

90 年代初期以后，中国社会普遍有回归传统的倾向，80 年代对传统的反思性批判几乎一夜之间转向了对民族文化的认同。本来就有文化底蕴的陕西作家，无意中以他们的迟钝和执着获得了新的历史机遇。柯云路、路遥、贾平凹、郑义等等，都是打上文化印记的作家，他们在这方面都倚仗着地域文化的优势。陈忠实则来得更为“憨厚”，因而也更为深远，他不加保留地肯定传统文化，从中寻求涵盖近现代中国历史的价值观念。白嘉轩、朱先生都是在这样的根基上塑造的正面形象，他们是中国传统社会道德伦理和精神人格的代表，是民族文化的脊梁。在陈忠实的叙事构想中，历史剧烈的变革以其暴力机制对社会、民族的改变都是表面的，只有文化才是一个民族的立根之本。基于 90 年代初中国社会现实及其意识形态重构的需要，陈忠实的文化理想性诉求获得了广泛的赞同。尽管关于《白鹿原》的文化价值认同有较多争论，但是大多数评论还是认为，《白鹿原》的文化观念是有积极的认识意义，对于 90 年代中国文化的重构来说，都显得具有寓言的意义。

瘦硬雄奇的西北风情

作为多少年书写西北土地山川的乡土文学大家，陈忠实把乡土文学的艺术表现做得平实、自然、本真。他继承了柳青、沈从文、赵树理的乡土文学传统，又与同时代的路遥、贾平凹等西北作家各分秋色，写出西北丰富多样的风土民情、人世悲欢、命运遭际。相比路遥黄土梁上的厚实凝重、贾平凹商州地界的粗拙玄妙，陈忠实显示出他渭河两岸的瘦硬雄奇。陈忠实对家乡土地上的人们感情很深，始终和他们同呼吸共命运。王汶石先生说他："您曾同他们一起在一间茅草屋顶下度过困苦的生活，又同他们一道经历过解放的喜悦。"（《关于中篇小说〈初夏〉的通信》）陈忠实在公社做过长期的基层工作，即使后来不在公社做实际工作了，"但依然被那里正在发生的事情所牵扯，所苦恼，甚至牵肠挂肚"；回到村里，"有时在路边的树荫下蹲下来，一扯就有一两个钟头，他们谈到的许多事情，常常牵动我的感情。"（《关于中篇小说〈初夏〉的通信》）中国当代文学依然是以乡土文学为主导，陈忠实的乡土文学并不只是书写这块土地上的人们的生活、他们自在自为的历史，而是把他们的生活纳入到中国社会的变革中去，与他们的命运盘根错节地生长在一起。尤其是他的《白鹿原》，把乡土中国的传统、现代性进程，社会剧烈变革以悲剧的纽结内在化地结构在一起，赋予它强大的历史感和深重的命运感。

总之，无论是对现实主义小说艺术的推进，还是对乡土的本真而又富有历史感的表现，陈忠实对中国当代文学都做出了不可磨灭的贡献。他完成了他自己，也完成了乡土中国文学书写的现实主义。陈忠实的逝去，确实意味着这种几十年磨砺而成的乡土中国现实主义书写的名家的离去。中国文学不只是要纪念，更要在他所开创的道路上另辟蹊径，像他一样有勇气去超越自己、突破自己，为中国当代文学划下另一个新的时代。

（《文艺报》2016 年 5 月 6 日）

探寻陈忠实的现实主义法度

何　平

阅读提要

和此前符号化、抽象化、概念化的“文化的人”不同，《白鹿原》是陈忠实从阅读史志和走访见证人出发的生命体验的结果，触摸到文化制约下的“心灵史”。

经由《白鹿原》，一种基于反思现实主义文学传统，亦反思我们国家民族传统和现实的新的对未来中国文学有影响的现实主义法度被陈忠实确立起来，而这一变法和立法之际正是现实主义的理论思考转入深化的阶段。

《白鹿原》的批判和反思意识是成就这部现实主义文学经典的重要缘由，《白鹿原》的意义不只是为一种新的现实主义“立法”，而是它恰恰被历史选择处在一个时间的节点上，其前后构成一个中国当代新的现实主义流变的链条，作家对我们的历史和现实的反思成果及他们的突围和拘囿如何成为我们今天精神建构的一部分，值得我们反思。

《白鹿原》是现实主义的创作。陈忠实自己也是这样体认的：“在我来说，不可能一夜之间从现实主义一步跳到现代主义的宇航器上。但我对自己原先所遵循的现实主义原则，起码可以说已经不再完全忠诚。我觉得现实主义原有的模式或范本不应该框死后来的作家，现实主义必须发展，以一种新的叙事形式展示作家所能意识到的历史内容，或者说独特的生命体验。”1985 年 11 月写完《蓝袍先生》后，陈忠实写作长篇小说的欲念被突然激发出来了。

《蓝袍先生》的写作好像突然打开了陈忠实生活记忆中从未触及过的一块。对比《蓝袍先生》和陈忠实以前的创作，从 1979 年获全国优秀短篇小说的《信任》以降，陈忠实小说关注的是自己“同时代”，《蓝袍先生》则写 1949 年前的乡村生活，写 1949 年乡村传统文化对蓝袍先生的规约，而且小说的结构“以人的心理和精神经历来建构的”。《蓝袍先生》的内容和形式是《白鹿原》某些部分的具体而微。从陈忠实的一个人的文学史看，无疑，《蓝袍先生》是“变法”之作，而经由《白鹿原》，一种基于反思现实主义文学传统，亦反思我们国家民族的传统和现实的新的对未来中国文学有影响的现实主义法度被陈忠实确立起来。

“文学观”的修订

陈忠实对现实主义的领悟以及他写作中现实主义的变法和立法恰恰呼应着新时期现实主义的理论反思。也就是在陈忠实表现出现实主义自觉的这 10 年左右，文艺理论界激荡着现实主义反思的潮流。其中，涉及现实主义传统的批判现实主义、革命现实主义、社会主义现实主义和社会主义批判现实主义，涉及典型的个性、共性和阶级性以及“复杂性格”组合，涉及文艺的真实性的“写真实”与真实性的政治性和倾向性等等，所有和现实主义相关的问题都被重新拿出来检讨和反思。新世纪以来，文学也关注理论问题，比如底层写作，但类似的理论问题却缺少“文学”的含量，甚至是在“非文学”领域展开。

陈忠实酝酿现实主义的变法和立法之际正是现实主义的理论思考转

入深化的阶段。1985年4月，吴岳添翻译了罗杰·加洛蒂的《论无边的现实主义》。按照罗杰·加洛蒂的理解，“从斯丹达尔和巴尔扎克、库尔贝和列宾、托尔斯泰和马丁·杜·加尔、高尔基和马雅可夫斯基的作品里，可以得出一种伟大的现实主义的标准，但是如果卡夫卡、圣琼·佩斯或者毕加索的作品不符合这些标准，我们怎么办？应该把他们排斥于现实主义亦即艺术之外吗？还是相反，应该开放和扩大现实主义的定义，根据这些当代特有的作品，赋予现实主义新的尺度，从而使我们能够把这一切新的贡献同过去的遗产融为一体？”“我们毫不犹豫地走了第二条道路。”柳鸣九主编的《二十世纪现实主义》基本上就是按照“无边”的原则去想象中国和世界当代的现实主义。有意思的是，这本书从组稿到出版的时间恰恰是陈忠实从田野调查到完成《白鹿原》创作的时间。事后看，新时期“无边的现实主义”在中国的实现正是理论批评界和创作界彼此策应、共同完成的。

陈忠实对当时文学界正在发生的这一切有着“自觉”的敏感，充分分享着20世纪80年代“争论”的成果，“学到了长处”。但“理论的自觉”不一定要通过“理论”来完成。从“十七年”到“文革”社会主义现实主义的僵化，然后在新时期现实主义艰难的挣扎、复苏和拓展，最终走向开放的现实主义，陈忠实的写作是一个完整的、“过程性”的现实主义文学创作实践在20世纪80年代中国的典型样本。正是从《白鹿原》开始，陈忠实“决心彻底摆脱作为老师的柳青的阴影，彻底到连语言形式也必须摆脱，努力建立自己的语言结构方式”。虽然，《白鹿原》仍然属于现实主义范畴，但与柳青受特定时代政治影响的有限度的现实主义不同，陈忠实所体认的现实主义是“现实主义者也应该放开艺术视野，博采各种流派之长，创造出色彩斑斓的现实主义；现实主义者应该放宽胸襟，容纳各种风貌的现实主义”。如果观察这一批出生于20世纪四五十年代、在“文革”后走上文学创作道路的中国作家，像贾平凹、张炜、莫言、王安忆、范小青、黄蓓佳、阎连科、韩少功、刘醒龙等等，都有类似陈忠实的，从回到“文革”之前的“十七年文学”，到逐渐摆脱“阴影”，进而寻找到属于自己的现实主义道路的过程。因而，可以进一步地认为这是一条中国当代现实主义文学经过曲折发展后找到的“中国经验”的创作道路。

可再生文学原型与母题

那么，我们可以进一步追问，什么是陈忠实确立的现实主义法度？按照我的理解，作为一个可以成为经典的文学文本，除了自身具有可以经得起反复阐释的经典性，还要具有可持续再生的原型或母题意义。

《白鹿原》意识到，中国人的心理结构就是我们传统文化的心理结构——儒家。具体到西安及其周边，则把儒家文化发展成一个关中学派，并衍生出《乡约》等规范，以条文教化民众，对人的行为规范得非常具体。正是这些东西结构着人的心理和心态。而小说中的“白鹿原”是陈忠实的桑梓之地。他所写的20世纪前50年，原上原下能够接受教育的人可能只有1%，大部分都是文盲。文盲的文化心理结构跟乡村的中等知识分子是一致的。他们虽然没有接受正规教育的机会，但却接受了一代一代传下来的那些约定俗成的礼仪和审美标准，支撑起自身的心理结构。

正是基于这样的认识，《白鹿原》既可以“摆脱”特定时代政治对文学的规约，也使得小说的现实主义“写真实”不只是写20世纪前50年以西安为中心的关中土地上的政治、经济、社会、自然、瘟疫事件，如西安的辛亥革命、民国十八年的大饥荒、刘镇华围西安等等。这些事件之所以被写，包括小说涉及的白鹿原上国共两党错综复杂的关系，只是因为这些事件作为小说中人物的“当代”影响并改写着传统文化以及传统文化规约下的“人”。白嘉轩、鹿子霖、鹿三、朱先生、冷先生和他们的下一代，以及没有被他们这个家族网络所牵扯进来的白鹿原上的芸芸众生，像田福贤、田小娥等等，他们共享着一个“文化”。在那个时代，他们或被文化规训、收编成为文化的传人，像白嘉轩、朱先生、冷先生和年轻一代的白孝武；或反抗文化对他们的压抑成为文化的叛徒，像黑娃、田小娥、白灵、鹿兆鹏、鹿兆海和白孝文；或征用文化为自己所用而成为文化的投机者，像鹿子霖。

文化跨越具体的政治信仰、阶级阶层，几乎笼盖所有。《白鹿原》触摸到的“一个民族的秘史”，正是这种文化制约下的“心灵史”。而且，我们身处的今天是一个未完成的文化转型时代，变动不居的文化带来了人和人性的变动不居，写“文化”的人将为现实主义的典型人物的刻画带来契机。

值得一提的是，和此前的寻根文学、先锋文学中符号化、抽象化、概念化的“文化的人”不同，《白鹿原》是从阅读史志和走访见证人出发的生命体验的结果。这种田野调查不是预设了观念的“主题先行”，而是寻找生命之间的对话和共鸣，朱先生和田小娥就是如此被想象出来的。不只是陈忠实，几乎所有成功的当代的长篇小说作家都经历过类似的田野调查。

批判和反思的主体意识

不仅如此，如果我们进一步深入研究，陈忠实作为现实主义文学写作主体所自觉的，不只是文学观或者具体创作实践上的技术更新，更在于《白鹿原》的批判和反思意识，并最终成就这部现实主义文学作品成为经典。写作《白鹿原》的陈忠实是一个有独立判断能力的精神个体。也正是因为存在这个独立的精神个体，陈忠实可以从容开阔地接纳马尔克斯、卡彭铁尔，也可以坦荡地面对同时代的《活动变人形》和《古船》。“取今复古，别立新宗”，也正是从这种意义上，我们观察《白鹿原》之后的中国文学，观察在《白鹿原》同一个主题上展开的《尘埃落定》《空山》《伪满洲国》《长恨歌》《古炉》《老生》《圣天门口》《受活》《笨花》《丰乳肥臀》《生死疲劳》《兄弟》《1948》《江南三部曲》《河岸》《平原》《花腔》《赤脚医生万泉和》等等。我们发现在世纪之交，中国文学忽然出现一个长篇小说蜂起的时代。

我认为，这个时代的出现不是偶然的，支撑这些优秀现实主义作品的文学时代是像陈忠实这样感时忧世，有责任和担当的独立的人。而这个现实主义传统，最近的起点应该是20世纪80年代的中后期，《白鹿原》之前，由贾平凹的《浮躁》、路遥的《平凡的世界》、王蒙的《活动变人形》、张炜的《古船》、张承志的《心灵史》和杨绛的《洗澡》等共同推进的，而至《白鹿原》则成为一个集大成的“综合体”。现在，我们意识到，《白鹿原》的意义，不只是为一种新的现实主义“立法”，而是它恰恰被历史选择处在一个时间的节点上，其前后构成一个中国当代新的现实主义流变的链条。文学以其独特的方式参与到历史的建构早已经是一个常识，那么，当我们阅读《白鹿原》这一个已经逐渐成为文学传统的现实主义谱系上的“文学”——作家对我们的历史和现实的反思成果，他们的突围和拘囿如何成为我们今天精神建构的一部分，值得我们反思。

（《人民日报》2016年7月15日）

伟大的作家都是思想家

李国平

陈忠实逝世后，我执笔了他的生平。这是一个公共行为，但也掩藏着我的感情，除此之外，没有写任何文字，没有勇气触碰心灵深处的东西。回顾他的创作道路，探索他的文学思考，整理他的精神遗产，情感上仍然不愿承认应该进行这样的工作了。

在当代中国，陈忠实这样的作家，无疑具有文化标本意义。他令人想起四川的周克芹，想起河北的贾大山，他们这一代或稍后的作家，星布于鲁豫和云贵，像陕西的路遥、贾平凹们，出身卑微，依托的背景就是大地和天空，拥有的资源就是乡村和田野，最应该接受知识的青春成长期却遭遇知识匮乏的时代，还无可避免地要面对极左思潮的影响、“文化大革命”的伤害。是改革开放、思想解放的时代变局使他们获得了文学新生。他们更新或者丰富了百年以来中国文学的主体结构，他们的创作，在相当长的一个时期内构成了当代文学的主要成就。因为命运时钟的安排，他们抵达的终点不同，但是他们的文学道路，累积着中国当代文学的丰富经验，折射着浓重的社会政治文化信息。

若追究陈忠实的文学接受，有一涓涓细流被人忽视，又极其重要，这就是新文学的传统。陈忠实早期的阅读，他自己记述有茅盾的作品，巴金的“激流三部曲”和“爱情三部曲”，柔石的小说，蒋光慈的作品，李广田的散文。陈忠实对鲁迅的《阿Q正传》和《风波》有作为一个作家独特的体悟和解读，发生于他对自己创作痛苦的思辩期，鲁迅的深广直接启迪着他的思考。陈忠实最直接的文学情感亲近者是赵树理，最直接的导师是柳青。赵树理的创作，本身就是新文学的一部分，是新文学在时代流变中生发的新的特征。柳青深受新文学的影响，陈忠实对柳青的师承，隐秘地铺垫着新文学的谱系。这里有着对文学传统的直接的接受和间接的渡让关系。现代意义上的新文学呼应的民族救亡的主题，引入的启蒙思想，寻求新思想、新生力的愿景，现实主义精神和人道主义思潮，是滋养陈忠实一生的思想营养。这一脉络，以对传统文化的思考为主要方式，集中于《白鹿原》中，形成了新的文学成果。

陈忠实的文学道路上，曾经发生过不止一次危机。他在心理层面和文学叙述层面用“苦闷”“痛苦”和“枯涩”进行描述。陈忠实记述过他创作史上作品人物弃他而去的“集体叛离”现象，这是他“从事写作以来所经历的最严重的痛苦”。如何处置自己的文学危机，将精神旧我蜕变为精神新我，在陈忠实也是一个激烈痛苦的过程，借用阿·托尔斯泰的“在清水里泡三次，在血水里浴三次，在碱水里煮三次”也不过分。陈忠实称之为“剥离”，“无异于在心理上进行一种剥刮腐肉的手术”，进行“一次又一次从血肉到精神再到心理的剥离过程”。这个过程，陈忠实在文学层面有过剖析：“涤荡自己意识和思维中的极左话语，使自己从已经僵化的叙述模式中走出来。”在精神层面，陈忠实创作道路上所发生的跃升则可以说明，以最严酷的自我否定和自我批判精神和最积极的开放思想迎接时代精神的洗礼，从而赋予作品更大的思想格局。陈忠实的文化剥离和精神新生，在当代文学史上恐非个案，在道路意义上的探讨，也是一个普遍现象和普遍课题。

陈忠实的《白鹿原》已有共识。陈忠实对自己的创作却有清醒的认识：“离高峰还很远，只能把这当作攀向另一个高峰的台阶，争取获得另一次突破的途径和力量。”陈忠实有文章记述自己对当代世界文学的阅读和接受，他热烈而诚实地认同《活动变人形》和《古船》对自己的启发，有一篇文章题目就叫《难忘 1985，打开自己》。他在对当代最前沿的思想成果和文学资源的吸纳中，在对中国当代文学成果、传统的尊重中，“强烈地意识到他自己的历史地位和当代价值”（艾略特语），以自己的创作给当代文学的动态体系增加了意义。更重要的是，他和当代作家一起，共同分享着这个时代的文学经验和思想成果。不断地背离和超越原来的思维，在更宽广的世界视野中打开自己，获得一种新的参照，这应该是陈忠实和中国当代作家一起开拓的当代中国文学新的道路。

陈忠实在文学道路上从来没有停止过思考，他读鲁迅，读出“要有穿透封建权力的思想和对独裁制度批判的力量”。他把当代作家置放于更宽广的文学传统中评价，说包括自己在内，还要追寻“五四”时代新文化先行者的思想穿透力。“文学依然神圣”是陈忠实提出的一个命题，是有感而发。“伟大的作家都是思想家”，是陈忠实创作后期的感悟，这一认知，今天已成习常，但在陈忠实却非轻易道出，几乎出自他一生的文学道路。“什么制约着作家不能进入一个新的创作境界？就是思想”，“如果没有形成独立的思想，不具备那种能够穿透历史和现实的独立精神力量的话，他就不能够把自己的精神上升到一个应有的高度”，和当代许多作家一样，在追寻思想家这个高度上，陈忠实意识到了，没有完成，在追攀这个目标的道路上，陈忠实停止了，倒下了，但是他的思考和追求，应该能获得当代作家的共鸣。

（《文艺报》2016 年 6 月 13 日）

陈忠实对当今的启示意义

梁鸿鹰

一个作家所具有的不可替代性，在其离世之后会显得格外突出，今天对陈忠实及《白鹿原》现象与社会历史、文化思潮的联系进行解读，会面临语言和见解的双重匮乏，但可以启发我们深入思考与当今文学的一些联系。

文学与生活和人。陈忠实作为中国乡村的伟大之子，其文学创作为农村生活所砥砺和成就。他与农村这个文学的伟大学校没有过须臾疏离，他坚信深入生活最可靠，不仅可以丰富生活素材，还可以纠正偏见，到生活中去，点面结合，写起来才有根底，不会走大样，因而长期固执地在纷乱的农村生活中拨弄自己要寻找的东西，未曾有所动摇。他了解农民的全部落后庸俗但不厌恶背离他们，而是激赏他们对中国社会的支撑作用，这构成他所有创作的一大背景和前提。即使在写作最紧张的时候，他也不拒绝来自农民哪怕最微小的请求，甘愿放下宝贵的写作，去当芸芸众生红白喜事的“账房先生”，因给逝去的乡党写挽联受到夸赞而欣喜，为给乡亲儿孙婚礼收份子钱记账而乐此不疲。他在农村公社当了10多年干部，一心一意搞好自己分担的工作，了解农村历史与现实，打下的厚实生活基础使创作游刃有余。他的作品和笔下人物，用王汶石的话讲，一看可知作者就是在农田基建大会战的工地上、在县三级干部会议中、在麦草铺垫的通铺上滚过多年的。

文学与时代的要求。陈忠实信奉美国作家杰克·伦敦的话，一个优秀的作家“从来都是将自己滚烫的手按在时代的脉搏上”。他把追随火热时代当成自己的使命。十一届三中全会以后，有一段时间他曾非常苦恼，因为原来接受的文艺理论在对应和理解新生活时已经无能为力，而曾经有过的图解生活的经历更使他后怕，一度想躲到已有定论的生活中去，或写点回忆童年生活的东西算了，但最终还是无法超脱、无法背向时代，因此写了不少与时代同步共振而获得好评的作品，如《信任》《初夏》《四妹子》《康家小院》《蓝袍先生》《梆子老太》等，反映农民正在与昨天告别的艰难，时代的强烈冲击诞生了他笔下的人物。他依靠研究、发现时代给予的启示去化解创作中的一个个难题。《白鹿原》再现中国半个多世纪社会历史秩序的变化，反映人的心灵和精神蜕变的历史真实，回应的未尝不是时代的迫切要求。

作家和文学的志向。陈忠实过了 40 岁以后感到写一部告慰自己一生的作品的紧迫性，为此他立下给全人类写一本书的志向。他谋深远，站高处，心无旁骛，不为琐碎欲望所左右。在他看来，真正的文学创作需要振奋艺术魄力，排斥“非文学因素”，文过饰非的花架子、错误文艺思想的引导、简单配合政治等等，作为非文学因素，都是振奋艺术魄力的最大障碍。他拒绝“非文学因素”干扰的法宝之一就是走进生活，沉潜到经典那里去进行广博的吸收借鉴，苏俄欧美拉美，现代当代精英通俗，他都如饥似渴，甚至为解决作品的可读性问题，研究过美国畅销书作家西德尼·谢尔顿的作品。《白鹿原》发展了《蓝袍先生》善于写人在时代中的变化之难的优势，激发出真正现实主义巨大的艺术说服力，让所意识到的历史和现实内容，以及独特的生命体验竞相迸发。作品在历史、文化、民俗等方面富于样本作用，集现实与魔幻、大善与大恶、大爱与大恨于一体。对话语言如生活中陕西方言的实录，鲜活且有劲道；叙述语言则严格按照白话文语法规则，显现了新文学传统的实绩。他让文学成为人类心灵沟通的最佳途径，如《白鹿原》的性描写是用理性的健全心理来展开的，深入解析和叙述了人物的性形态、性文化心理和性心理结构，但不以性作为诱饵诱惑读者，有助于打破人们对性的神秘感、羞耻感。

（《文艺报》2016 年 6 月 13 日）

只要《白鹿原》在，忠实就活着

阎纲

陈忠实走了，我说不出的难过，才 74 岁啊！

只要《白鹿原》在，忠实就活着。

眼前不断闪现出他质直忠厚的身影。

那年 4 月，陈忠实来京。我问：1976 年，《人民文学》发表蒋子龙的《机电局长的一天》，出事了，文化部长于会泳点名说“《机电局长的一天》是坏小说，要批”，编辑部一方面劝蒋子龙写检讨，一方面派人找作家赶写批邓的小说。我便回西安找你，因为你十分用心地学柳青，小说写得结结实实。《人民文学》专程约稿，你有些激动，但是明白了我的来意，让你急就一篇批“走资派还在走”的小说时，你默然，面有难色，埋头吸烟，半天挤出来一句话：“咱编不出来么！”千方百计推托，不肯就范，从婉拒到坚拒。最后，我被你说服。你当时既不损害友情又表示实难从命的痛苦情状，让我 30 多年来不能忘却。

忠实说：这事我记得，记得。当时，我也被圈在西影厂受罪，正为“编”一部电影剧本发愁呢！

我说：当时要是逼着你把“走资派还在走”的小说写出来，无疑让《白鹿原》作者背上历史污点，险啊！

1981年10月，我受《文艺报》之命又回西安，同陕西作家促膝谈心，话题是农村题材创作的迫切性。近年来，文学题材取得新突破的同时，农村题材反而被忽略了。不能忘记农民，尤其不能忘记改革开放时期的农民问题，应当像学柳青。忠实，你一贯重视农民题材，有何高见？

忠实说：8亿农民支撑着我们国家，农村实行新政策后，农民有信心了，感情复杂了，相互之间的关系淡薄了，对集体不大关心了。作品要是只写今天的承包责任制，写明天有钱花，写农村干部个个写成“南霸天”，那太肤浅了。我坚信深入生活是可靠的，我固执地在纷乱的现实中拨弄自己要寻找的东西。生活不仅可以丰富我们的生活素材，也可以纠正我们的偏见，这一点，我从不动摇。深入生活，点面结合，写起来才有根底，不会走大样。

1993年7月，《白鹿原》《废都》《最后一个匈奴》等5部小说进京，我在会上做了题为“《白鹿原》的征服”的发言。会下，我对忠实说：《白鹿原》的突破，体现在历史的深度上——通过隐秘的心灵史质疑万能的“斗争哲学”，具有举重若轻的智慧和诸多层次的深刻，成就为石雕式的现实主义。

忠实回忆说：写《白鹿原》时，我的心情非常复杂。一次会上，李星绕到我的身后耳语：“今早听广播，《平凡的世界》评上茅盾奖！”接着说：“你年底要把那事不弄成，你干脆从这楼窗户跳下去！”回乡后我给我老婆说，我回老家去，这事弄不成，咱养鸡去。人民文学出版社高贤均高度称赞的信件送来后，我趴到沙发上半天没起来，老婆慌了：“出啥事了，出啥事了？”我说：“咱不养鸡了！”

但是，评茅奖时障碍重重，评委会的意见决然对立，致使这一届评奖延迟了两年。多亏陈涌，他最后拿出正式意见，说“《白鹿原》深刻地反映了解放前中国现实的真实”，“作品在政治上基本上没有问题；作品在性描写上基本上没有问题。”两个“基本”！必须修改才能参评。后来，改了，评上了。

问他：“改了哪些？”

他笑了："删去田小娥每一次把黑娃拉上炕的动作和鹿子麟第二次和田性过程的部分，关于国共两党'翻鏊子'也删掉一些，总共两三千字。"

这一年3月，陈忠实到京，乡党聚首。当我津津乐道家乡的"浇汤烙面"挡不住的诱惑、让你哈喇子直流时，忠实的眼睛一下子亮了，急忙插话说："你们礼泉的浇汤烙面真好，我家个个爱吃。真的好吃！"席尽人散，忠实拉着我的手再三保证说："老阎，我记着呢，过年一定给你送一箱子烙面来，一定！"不久，忠实来京参加作协主席团会议，下飞机直奔方庄小区，破门而入，怀抱一大箱子烙面送家来了，放下烙面，擦了擦脸上的汗珠，来不及过过烟瘾，便赶往中国作协报到去了。

追忆陈忠实二三事

作家陈忠实4月29日因病逝世，享年74岁，这一消息令国人震惊悲痛。当晚，在武汉长江文艺出版社的帮助下，周百义、东子、田涯接受了记者的采访，追忆了他们与陈忠实的往事点滴。据悉，新版《白鹿原》将于今年10月由长江文艺出版社推出，而电视剧《白鹿原》也将于今年底年播出。

追忆人一：把一生的精力献给文学

周百义（曾任长江文艺出版社社长、湖北长江出版集团总编辑）

1996年，我曾经到西安去拜访他，他住在陕西省作家协会里，房间里堆满了书。我带去了长江社出版的《雍正皇帝》这本书，并向他介绍这本书。后来，他就把他的小说自选题，其中包括《白鹿原》以及他的中篇小说和短篇小说，都交给了长江文艺出版社。从那个时候，我们就出版了他的这些书。我们一直保持着良好的关系，这与陈忠实先生的忠厚、讲信用密不可分。

陈忠实2003年还是2004年的时候，来参加作协的一个会议，抽空来到了我们社。我们谈了很多合作方式，他也欣然接受了我们的请求。之后，他还给我寄了一幅他的书法作品，写的是陆游的一首诗。

我认为陈忠实这样的陕西作家，应该是中国作家学习的榜样，他们把文学看作一种很神圣的事业，把一生的精力献给文学，这对于读者是一件幸事。

追忆人二：不喜欢“陕军东征”这个说法

东子（教育专家、心理专家、畅销书作家）

跟陈老师的结识是 1994 年，当时我在陕西师大读心理学研究生进修班，同时在陕西省作家协会主办的《新潮时报》主持两个专栏，因为《新潮时报》在省政协大院工作，所以得以跟陈老师有些接触。

跟陈老师的接触，最难忘的主要有这么几件事情：一个是当时我策划主持了陕西全省的校园文学社团的交流会，我邀请他参加，他没参加，但是他非常高兴，推荐了省作协的其他几位副主席，然后还一直嘱咐我怎么能把活动搞好。他跟我谈到校园文学是陕西文学发展的后备军，作为陕西省作协主席，他非常注重三秦大地文学活动的培养。这次活动虽然没有参加，但是他给予活动很多的帮助。

隔了有半个月，在西安邮电学院，文学社邀请我给大学生谈谈心理健康的话题，我和陈忠实老师、京夫老师参加了这个活动。陈老师当时谈了《白鹿原》创作的一些体会和过程，他特别跟大学生谈到，写作要耐得住寂寞、守得住清贫，要用心去写作。陈老师说话声音总感觉到好像是有点沙哑，就像他很沧桑的那张脸一样，但是特别暖心。他长我 20 多岁，对于我以及在校大学生的写作给予很多关怀。后来我们在收发室常碰面，因为陈老师收到全国各地来的函件特别多，而我平时愿意在收发室看看报纸、看看杂志。

1994 年我正好在西安，“陕军东征”这个词很热，大家谈起来，我记得陈忠实老师还说了一句，用浓重的陕西腔：“干吗要东征，这个东征我们一想，就是征战，像战争一样。”他的意思是说我们不用东征，把我们的东西写好，我们的影响就是把作品传出去，不一定非得是征还是不征。

1997 年 8 月，中国国际公关协会和陕西省委宣传部联合举办了一次全国城市形象研讨会，我当时是会务组的组长，和陈老师又有些接触。

他告诉我，不管你现在做什么，不能荒了笔，到任何时候，都要写下去。

现在有一个词大家都很喜欢——正能量。在和陈忠实老师他们的交往中，我感觉到他们有才气、有名气，但是为人非常谦和，他们的做人、一些做法，就给人传递一种正能量。

我到西安的时候，路遥老师已经过世了，我没能跟他有直接接触。我和陈忠实老师有直接接触。但是他们两人的共同点是烟抽得都很勤，作息时间也很不规律，熬夜是常有的事情。这两样对健康有很大影响。陈老师的病逝，跟他的这种生活状态，这种艰辛的生活，以及不规律的写作状态、吸烟，都有一定关系。

追忆人三：一就是一，二就是二

田涯（自由写作者兼图书策划人，现为《环球艺术家》主编）

我与陈老师认识，大概是2010年左右的样子，因为要做一本关于作文阅读类的杂志，跟着朋友见了陈老师，请他题字，就这样认识了。后来我听说只要有文学青年自己出书找他题字，他都一一满足。

陈老师在《鲁豫有约》访谈中提到，他认为最浪漫的事是：喝着小酒，唱着秦腔。之后他立刻更正："是喝着小酒，听着秦腔！我只会听，不会唱！"其实我觉得他没必要更正，因为在陕西，像他这样年龄的人都会哼几声秦腔，完全可以说会唱。而他却要更正出来，他认为，这必须更正。

后来因为我是从事艺术类的工作，找过陈老师，想请他写一写关于艺术类、书法类的作品的见解，但是他都拒绝了。他说文学作品可以，但是书法作品就算了，因为他不是书法家。

2011年我和几个朋友去见他。他电话里面说答应和我们吃饭，吃完饭之后我们觉得他是个名人，能跟我们吃饭是我们的荣幸，我们应该买单，可是陈老师最后吃完饭非要买单，他说："是我请你们吃饭，肯定是我买单，一就是一，二就是二。"用我们的话说，陈老师可能有点倔强，但是这恰恰能体现陈老师的那种农民的厚实。

（《延河》2016年第6期）

忠实兄永在我心

雷　达

陕西三大家——路遥、陈忠实、贾平凹，都是我多年的好友。这种友情既与文学有关，又超越了文学，并不含什么功利的因素，可以说是大西北文友间真挚的相知相敬之情。

先说几句路遥。路遥去世前，心中有一憾事，他觉得没完成他曾许诺我的，夏天要带着我一站一站地走遍榆林地区。那时去榆林好像很遥远很浪漫。李星向我郑重转达了路遥的抱憾。

看梁向阳的《路遥传》我不由落泪。路遥在好几封给白烨的信的末尾，都要写上“向雷达兄问好”“雷达处问好”。路遥在一封信里直率地表达过对我的不满。他说，看了我发在《求是》杂志评《平凡的世界》的长文，虽然有气势，篇幅也长，但他还是不满足，觉得没有放开来，想到是《求是》这样的党刊，他也就可以理解了。他在另一封信中，针对有人说他活动茅盾文学奖，不平地说，我能活动什么，我顶多去找雷达。当然，他并没有为此找过我。路遥去世前最后一封信的末尾，还是那句，“向雷达兄问好”（以上均见《路遥传》）。我要感谢白烨先生，他不把这些信拿出来，我永远也不会知道这些事。我本人没有什么重要的，但路遥能这样念我、想我、看重我，在给别人的信中谈论我，真让我泪水盈眶！路遥也给我写过几封信，不是我不拿出来，而是特意夹起来，怕丢。我一向马虎，但他的信还是珍视的。可这 4 封信，就像失联的马航 MH370 一样永无踪影。我找得辛苦，它们就是不露面，这次装修老屋，再次搜索，仍不见，好像天堂里的路遥自己把它们收走了。

我和陈忠实之间，同样感情深笃。他只长我 1 岁，我总觉得他是老大哥，比我大得不止 1 岁，他比我稳健深沉得多。我们好像没有经过慢热的阶段，就一见如故。20 世纪 80 年代我在《文艺报》当编辑，《信任》得奖后，文学新人栏目要发陈忠实的介绍，具体是我联系的。现在用得很广的陈忠实与农民在地头的相片，最早是从《文艺报》上发出的，是新华社稿。那时我们通了信没见过面。后来我读了《初夏》《蓝袍先生》，极其赞赏，还是没有面对面地交谈过。

在我的印象里，我们真正的认识、交谈，是在 1992 年的暮春。那天，他胳肢窝里夹着外衣，满头冒汗，风尘仆仆地进了陕西作协的院子，然后敲开某个办公室的门，坐下来喝茶。我恰好在场。那时我但凡到西安，常爱在陕西作协院里待着。李星介绍说，这就是雷达。他说知道，早知道。他人一直住在灞桥，这天是临时进城办事。我们越谈越投机。他一点也没有拿我当生人，对我很坦率，很信任。他说现在要调他到陕西省文联，他坚决不同意去。他不为争位子，只想好好写作，真到了文联，当个领导又能咋的，其实啥也弄不成。他说为此他与宣传部领导吵了架。在他心中，文学是高于一切的，别的都要给创作让路。他说有一个长东西他写了好几年，快完成了，有可能的话，想请我看一看。我说好啊好啊。出版前他并没找我看。我记得，路遥就是在那一年深秋去世的。

忠实兄所说的“长东西”就是《白鹿原》。此作一出，震动了全国文坛。我看后非常振奋，逢人便说，无法平静。不久《小说评论》率先发了评论专号。那一期《小说评论》的封面不知为何却用了我的头像，是摄影家郑文华拍摄的，里面并无我的文章，全是陕西评论界朋友们的文章。他们才是《白鹿原》的最早评论者。我参加了在文采阁召开的《白鹿原》研讨会。当时由陕西省委宣传部部长王巨才同志率队，陈忠实当然也来了。在京的许多著名评论家都来了。如果没有记错的话，冯牧先生最先讲了话，接着是严家炎发言，第三个就是我主动发的言。我是坚定的，热烈的，那时还算年轻，有股闯劲。

在此前，《文学评论》副主编蔡葵先生已向我约评《白鹿原》的文章。我很感谢他，我前后发表在《文学评论》上的好几篇长文都是在他，还有彭韵倩的督促下完成的。没他，怠惰的我什么也写不出。这次我反复阅读了作品，也可以说是苦思冥想良久，参阅不少东西，一口气写出了《废墟上的精魂——〈白鹿原〉论》，近两万字。我从正面观照中华文化精神的角度，从儒家文化与乡土中国的关系，从塑造文化化的中国农民人格，说到他成功地将多种政治、军事、党派冲突转化为一个个人物的灵与肉的冲突，再到肯定他选择了超阶级的文化眼光，并认为全书具有宏阔的史诗性与开放的现实主义气派，但也指出陈忠实的世界观的内在矛盾和作品的一些具体缺点。

事实上，当时《白鹿原》并不像现在，得到几乎一致的高度评价。那时阴晴莫定，歧见纷纭，公开的私下的都有，有的意见很尖锐、很严重。不同意见主要来自两个不同的方向。一个是领导层，甚至高层中一些人，主要质疑作品的政治倾向有无问题。据我所知，有次中宣部开会，会后丁关根让郭运德留下，问他《白鹿原》到底怎么样。郭运德在一些重要的方面对作品给予实事求是的肯定，丁关根好像听进去了，但并未立即表态。此前，广电部一位副部长公开在报上发声明，称"《废都》《白鹿原》揭示的主题没有积极意义，更不宜拍成影视片"。不过那时有点各吹各的调，并没有立即的制裁措施。另一个方向来自一些中青年学者的看法，记得《钟山》《文艺争鸣》甚至《小说评论》都发表过一些言辞尖锐的批评。我至今认为这是正常的学术争鸣。只是随着时间的流驶，《白鹿原》自身的魅力的不断展露，逐渐消解了那些严苛的声音，即使今天，对《白鹿原》仍会存有一点不同看法，这很正常。

第四届茅盾文学奖超过规定时间，拖了 3 年都不评，潜在的原因可能与如何安置《白鹿原》有关。在先，国家出版局在天津搞了个"近 5

年全国优秀长篇小说奖”，何启治、林为进和我作为评委，联合提议增补《白鹿原》，未被采纳，当然这也不是天津会上的领导马上可以决定的。

《白鹿原》最终获得茅盾文学奖，与很多有识者的积极评价，与形成了较强的舆论环境都有关系。尊敬的陈涌先生当然功不可没，他的表态、评价，使这个棘手的问题最终得以化解，三分之一的资深老评委是信任他的。“修订本”的问题，成为现今某些人非难陈忠实的把柄，事实上历史上任何伟大的、新生的事物要得到认可，都要经历一个曲折的过程，包括某种适当的妥协和委屈。《白鹿原》的获奖，不仅是一部优秀作品实至名归，而且是思想上、意识形态上、文化观念上以及上世纪前50年历史评价上的一次大的突破。

大约2008年前后，文化艺术出版社的李恩祥同志找到我，说他们要出《白鹿原》评点本，想请我来评点。我想推。他说，你是陈忠实建议的人选之一。我只好应承下来。评点本出来后，还在报章上发生过一番争论，但总体反映尚好。这家出版社的具体编辑，不太懂中国古典小说有眉批、夹批、旁批种种讲究，字号也应有区别。我的评点，他全放在最下边，用最小的字，和注解混在一起，再版也不改，我就没兴趣了。我从未和陈忠实交换过对评点本的意见，只看见他书不够了也用这个版本送人，这我才放心了。

在有些人笔下，陈忠实像个为声名所累的、有求必应的“好好先生”，其实完全不是这样。他的性格很倔强，爱憎分明，疾恶如仇，他并无私敌，也从不加入飞短流长的议论，忠厚而且宽广。有人对他作为小说巨匠或伟大小说家有所怀疑，因为他只是个高中毕业生，因为他从不显出学贯中西的模样，其实，他开创了一条独创的发人深思的道路。只要看看他那些密密麻麻的阅读名著的笔记、创作手记，那么多的小本子，想想他虽做过公社副书记等职，他酷爱文学的习性一刻未变，从小养成笔不停挥的习惯，练笔千万次，永远处在鲜活的生活中。像柳青先生永远在长安区一样，他长期住在灞桥，生活、读书、写作永远三位一体。这才是从中国经验中产生的具有中国气派的杰出作家，是实践第一的成才之路。

忠实去世的那几天，我的网页上忽然跳出了陈忠实提到我的名字的一个条目，那是2011年中国作协主席团会议在太原召开时《山西晚报》记者谢燕对他的采访文章，现在又重新发表了。有一段是："山西晚报：有很多读者说《白鹿原》后陈忠实再没小说了，也有人说他写一部《白鹿原》就足够了！你听到过这些说法没？陈忠实（大笑）：包括雷达（文学评论家）也说我，你要超不过《白鹿原》，你就别写了。山西晚报：你是不是也有这种顾虑？陈忠实：这是雷达的看法，我倒很难说是什么因素，后来陆续写了一些短篇，反响还不错。"看到这一段，想到你已不在人世，我心伤惨。亲爱的忠实兄，你为什么要在这里提起我呢？我心里好温暖啊，你是觉得我说得对吗？可是你竟走了，叫兄弟我情何以堪，情何以堪！

忠实兄，你永在我心，永远，永远！

（《中国艺术报》2016年6月3日）

忆 忠 实

王仲生

忠实走了，永远离开了这个纷扰的尘世，给我们留下了巨大的空白。

2015 年春节刚过，忠实打来电话，要我们陪他去西京医院看病。

这很不容易。在这之前，我老伴从电话里听出忠实说话有些口齿不清，问他怎么回事，他说是口腔溃疡。我们劝他看病，他说不要紧，很多朋友都给他拿了各种药，只是吃了不见好，等他忙过这一阵再说看病的事。

一连几个礼拜，我们一催再催，他一推再推，总有忙不完的事。

这次是他打电话主动要我们联系看病。不一会儿，他说又有事，这就又往后拖了一个礼拜。

从 3 月底开始，到病情确诊，一年多时间里，我们与忠实的子女，投入到为忠实寻医问药、检查、治疗的痛苦日子。每一天都在十分期望、十分焦虑中度过。忠实的子女特别孝顺，这也与忠实的家教分不开吧。他们竭尽了全力。

而忠实呢，一旦看起病来，他就十分尊重医生。只要他同意的，绝对做到。他是一个言行一致的人。雷医生感慨地跟我们说："老头儿太坚强了，老头儿太坚强了。"

他虽然没有说，但我们感觉得到，他不相信他会得这种病。他那创造文字“奇迹”的自信，顽强的生命自觉，都使他不肯也不愿相信，他会在病魔前倒下。

他坚信，他能战胜顽疾恶症，这在很大程度上，为他提供了一种内在的强大精神力量。

整个治疗过程中，忠实表现得特别顽强。

他说话越来越不方便，吞咽也一天比一天困难。他居然一改整天吃面条、面食的习惯，要求子女天天为他做米饭、炒菜。不难想象，每次进餐，他要付出多大的毅力。我老伴为鼓励他、安慰他，开玩笑说，忠实变南方人了。忠实会心地嘿嘿一笑。

2015 年 10 月 6 日，忠实还主动来我家要老伴给他包饺子吃，他说好久没有吃饺子了。那时他刚治疗出院不久。

忠实有一个习惯，或是情绪好，或是情绪特别不好时，会到我们家，吃我老伴包的饺子。我老伴饺子做得可口是一方面，另一方面，在我们家，忠实总会遇到常来我家的中年人、青年人，他们都是文学工作者、文学教学者，或是《白鹿原》爱好者。无拘无束的笑谈中，忠实会爆发出他少有的畅怀大笑，不是嘿嘿嘿，而是敞开心怀的大笑，感染人的笑。响亮得哈哈哈，回荡在客厅。

忠实吃过饭，常常会坐到客厅长沙发上，一边抽着雪茄（这也是特许，通常抽烟都得到阳台长廊上），一边抿着茶（他只喝陕青），彻底放松了他的身躯和情绪。

谈话往往没有主题，是河水漫过浅滩，漫无边际，随意聊天。

偶尔，扯到忠实感兴趣的话题，他会兴奋，那是河水激起了浪花。忠实沉浸在他的思绪里了，眼望着对话人，或站在阳台，望着远方。那犀利、睿智而透着狠劲的双眼，有了闪电惊雷，有了春风旭日。

更多的时候，忠实会举起夹着雪茄的瘦骨嶙峋的右手，细声慢语，回答大家的提问，或是他经历中的一个片断，或是《白鹿原》里某个细节。这是一个老者对着晚辈的家常谈话，朴实而诚恳。谈着谈着，忠实会把眼光转向我，似乎是征询我的看法，我们会心一笑。河水缓缓流淌，在时光的流逝里，烟雾的缭绕里。

2015 年 10 月 6 日那天，忠实情绪似乎特别好，健谈，开玩笑。说到写字，他说我老伴才是书法家，又补了一句“真正的书法家”。在座的人满堂欢笑，向力赶快打开 ipad，可惜，忠实不再重复，只录下了一片笑语和忠实憨厚的嘿嘿声。他好像有些得意。

忠实的身体一天比一天差，但他仍坚持隔天去石油大学工作室。

一天，我们去石油大学工作室看忠实（事先电话联系好的）。

我们在客厅沙发上坐定，忠实泡上了陕青茶。

无语的对视中，他双手撑着沙发，对我发出了长长的一声苦笑，笑得开放、持久，又很坦然、无奈。我明白他，他的苦笑告诉了我，在与病魔的顽强对抗中，他竭尽了全力，但他并不会放弃绝望中的抗争。他双手交叉合十，紧紧地、紧紧地握在了一起。

我想起了鲁迅先生，鲁迅于绝望中仍坚持渺茫的希望。

忠实终于躺倒在病房。他仍坚持每晚回家，他不愿住在病房，他以这种方式，宣告他的生命不可战胜。

一次，我们去探望忠实。

我说：“你别说话，你只需表示一下就行了。”我接着说：“春天来了，你可以走出去，晒晒太阳。过几天，天气好了，我们陪你去你西蒋村的老屋看看。好吗？”

躺在病床上的忠实，点了点头。

我说：“我们还可以陪你去 1989 年酷热的暑天，你在郭李村君利家写下《白鹿原》第十一章的那孔窑洞。”

他没有点头，只是默然，我懂他的默然。一个将军会回到他夺得辉煌战绩的昔日战场吗？

2016 年 4 月 27 日上午，我们去医院探望忠实。他极度虚弱，静卧在床。

听到我们的问候，他突然睁开了紧闭的眼，睁得那么大，那么圆。

他努力把眼皮往外转，还往外转，几乎要把头昂起。那双鹰瞵鹗视的大眼，此刻是一片温柔、温暖，明净如一汪泉，平和、宁静；如一片海，浩瀚、祥和；如狂风暴雪肆虐后，一轮白日，照耀在莽莽雪原；如疾风骤雨扫荡后，一盘满月，把大地照亮得晶莹剔透。美丽，美丽得让我惊讶！一个年过七旬的老人，竟然拥有如此美丽的慧眼、巨眼。美丽的大眼，定定地看着我。

我紧紧握住忠实的手，无语。

我 80 年的生命中，从来不曾看到过这样大而美丽、仁爱的眼。一丝不祥的预感掠上心头。

忠实悄声问："王老师有啥事？"他仍在为我操心。

勉力细声说："啥事没有，来看看您！"忠实安静地合上了眼。病室悄然。

4 月 28 日上午，忠实的妹妹电话告诉我们，忠实病情稳定，还在看手机，我们的心平静了点。

谁会想到，4 月 29 日晨，得到噩耗，董宝绥开车，我们匆匆赶到医院，与忠实作最后的告别。

巨大的悲痛让我哭倒在沙发上。

种种往事，影像般从心头掠过……

1990 年 9 月 23 日。

我与忠实一行八九人赴成都参加四川文联与作协组织的成都军区某作家的作品研讨会。

坐的是硬卧，忠实与我正好上、中铺，我们彻夜长谈。忠实兴奋地压着嗓子，向我讲述他正在写的《白鹿原》。谈得高兴了，坐到车窗另一边，边抽烟边聊。

他讲到，戏台下田小娥如何勾引了白孝文……

他讲到，白灵与鹿兆海用丢铜钱来决定是加入国民党还是共产党……

我被这些离奇的讲述吸引。

我对农村素不了解，听了如同天方夜谭。

我明确表示，丢铜钱可以理解，对于北伐前后那段历史，我比较熟悉。

我理解忠实。一个作家沉浸在长篇创作的构思里，那是一个人的世界。他也需要倾诉。

这年 10 月，我去南京，第一次参加全国高校文科学报理事会，会议间隙，完成了近万字的长篇文章——《从与农民共反思走向与民族共反思——评陈忠实八十年代后期创作》，刊于《小说评论》1991 年第 2 期。这篇文章，分析了忠实 20 世纪 80 年代后期的中短篇小说，指出忠实正在实现他创作生涯中巨大的转变。如果是，此前，忠实的创作基本上是站在农民的角度，写政策调整后农村的变革；而现在，忠实已从民族反思的高度，从历史与文化，从道德与心理，以审美创造书写中国社会变革在农村激发的巨变。这篇文章，在省作协引起不同反响，但它为《白鹿原》的出现，提供了一个让人信服的说明和阐释。

社会上，甚至文学圈内，往往有一种错觉、误解，认为《白鹿原》横空出世，对忠实来说，不可思议。如果他们读过忠实这批作品，读过《从与农民共反思走向与民族共反思》，他们将会释然、了然。

《白鹿原》的问世，实在是忠实 20 世纪 80 年代后期创作的必然，是 20 世纪 80 年代我国思想解放、文学发展的必然。

1992 年 3 月 29 日，忠实来我家，亲自送来《白鹿原》手稿，他有些拿不准，让我看看能行否。4 月 7 日，我读完手稿。4 月 21 日，忠实邀我去他家做客，在座的有李星。我们一致肯定了《白鹿原》，认为忠实获得了巨大突破。

1992 年年底，《白鹿原》在《当代》问世。1993 年，《白鹿原》由人民文学出版社出版，一时洛阳纸贵，《白鹿原》一书难求。

1993 年 3 月 23、24 日，陕西省委宣传部、省作协联合召开《白鹿原》研讨会，我在会上作了长篇发言。

《小说评论》1993 年第 4 期刊发了长篇小说《白鹿原》评论专辑，我的《白鹿原：民族秘史的叩询和构筑》为专辑头条。

看专辑不难发现，这是当时国内第一篇全面论述《白鹿原》的评论。

1993年第6期《文艺理论与批评》刊发了我的另一篇长篇评论:《人与历史、历史与人———再评陈忠实的〈白鹿原〉》，刊在《商榷与争鸣》专辑，这个专辑同时刊发了付迪先生的《试评〈白鹿原〉及其评论》，对我的文章进行商榷。

1993年7月14日，我与忠实、田长山一行，赴北京参加中国作协召开的《白鹿原》研讨会。15日入住大雅宝空军招待所北楼316室，16日在文采阁研讨一天。与会评论家一致高度评价了《白鹿原》，我在会上发言。17日上午陪忠实在王府井新华书店签名售书。排队的人，从店门直延长到街道，盛况空前。21日与忠实乘车离京。其间，我与忠实先后访问过许觉民、郑伯农等先生。当时，社会上传言，《白鹿原》有倾向性问题，争议较多。10月21日，陕西省委宣传部部长王巨才、文艺处处长孙豹隐召集了6位先生（王愚、李星、肖云儒、刘建军、畅广元与我）入住西北大学留学生楼，以封闭方式，讨论了陕军东征作品，主要是讨论《白鹿原》与《废都》两部作品，大家一致认为两部作品都是了不起的作品。

会后形成了一个纪要，呈中宣部。

《白鹿原》开启了一个文学新浪潮。这时，评论文章纷起，各位名家的评论先后见报。

1993年，忠实当选为省作协主席后，忘我地投入到作协管理工作，对全省文学创作极力推动。

1995年4月，我与忠实应耶鲁大学东亚文学系主任孙康宜博士邀请，去耶鲁、哈佛燕京学社、波士顿华人文化中心讲学，5月转加拿大温哥华华人文化中心讲学。

一个多月的朝夕相处，忠实的人格魅力让我有了进一步了解。

在纽约，应邀参加一个宴会。不料，大厅里，声光、摄影设备早已布置完备，原来是“美国之音”要现场采访。半个小时，很高的酬金，我们断然拒绝。忠实表示了义愤，指出这是突然袭击，强人所难。对方再三表示，不设框框，随意聊聊来美观感。几经磋商，我们决不妥协，对方只好作罢。

席间，宴请方自己起了冲突，激烈的争论搞得气氛紧张，我们只好劝住了双方。

宴席是《中央日报》《世界日报》两家搞的，两位报社驻美国主编在政治立场上显然不一致，说着说着，吵得脸红脖子粗，不欢而散。有趣的是，《世界日报》主编又从纽约追到波士顿，找到我们。他说的是东西文化差异，中国文化的魅力，这是一个有趣的媒体人。

记得刚从温哥华机场出关，一大批记者围了过来："请问您如何看原北京市委书记陈希同被抓？"我脱口而出："这是我们反腐……"话还没落音，记者们一轰而散，走得光光的。忠实哈哈大笑："这帮家伙，自讨没趣。"

忠实访美的口头禅是："狗日的美国，啥好的都搞到它这来了。"

忠实在美国吃不到家乡的面条，急不可耐。后到一华人家，媳妇是丹凤人，专门给他做了一顿黏（干，方言，音 rán）面。忠实吃得那个香啊，抹抹嘴，再来一碗。临了，还要喝一碗面汤。这个习惯，在以后的交往中，我发现几乎终生难改。

我的外孙女两三岁时，每次招待忠实，她也学忠实，要油泼面。后来，她回了美国，油泼面成了她思乡的一道不忘的记忆。

一次，席间大家议论起了《白鹿原》，小外孙女突然高声说："我知道了，陈爷爷有两个名字，一个叫陈忠实，一个叫《白鹿原》。"满堂哄笑，忠实更是高兴："这娃聪明扎咧。"

每次我们去美国探亲，忠实都要为我们饯行。这次忠实住院，每当我们去看他，他都要问："啥时去美国啊？"我们只好说："还没定呢。"我们总在想，等忠实康复了或稳定了再定。

契诃夫说："我惧怕托尔斯泰离开人世。如果他死了，那么我的生命将出现巨大的空白。"

忠实的离去，让我们的生命同样出现了巨大的空白。今生今世这个空白，无法弥补。它不只是文学的空白，作家道义担当的空白，更是真诚友谊的空白。

忠实忠实于生活。他的作品，尤其《白鹿原》绝不粉饰生活。小说《白鹿原》创造了我国20世纪文学的高峰，捍卫了文学的良知和责任。

忠实忠实于文学，他说文学依然神圣。在世俗化的世界里，保留一份神圣，这对于人类太可贵了。

忠实忠实于友谊。他绝不亵渎友谊。他珍视他作品的读者，一律平等相待，忠诚相待。即使他卧床不起，他仍然坚持为读者签名。一旁的我，唯有尊重、敬重。

陶渊明说："死去何所道，托体同山阿。"

小说《白鹿原》将与地域概念的白鹿原同在。

（《唐都学刊》2016年9月）

陈忠实，我们时代的一个文化 Logo

肖云儒

得到老友陈忠实西归的消息，正在澳大利亚访问，当即用微信给文学圈的朋友传去了我的哀伤：“痛哭忠实！噩耗传到南太平洋，恳请高天远云、蓝海白浪，送去我这位痴长两岁的老人的悲恸！他的作品写出了民族心灵的秘史，他的人生胜任了历史变幻的书记；他用自己的作品提炼出这块土地骨子里的精魂，他以自己的人格凝聚着这方乡亲骨子里的性情！”

回国后，取消了在京滞留办事的安排，直接转机回西安，又从机场直接赶到陕西作协陈忠实追思灵堂，面对他笑得意气风发的遗像，一躬到地：忠实啊忠实，我来晚了！

其实 3 天前已有预象，而我浑然不觉。在悉尼收到陈忠实研究专家冯希哲教授的短信云，他执笔的《陈忠实对话录》书稿已杀青，盼能抢时间尽早面世，让老陈看到。“因陈先生病情恶化，已开始吐血，不能进食，体重只剩下 40 公斤……”陕西文联即将推出“老文艺家丛书”，要我主编，忠实这本是丛书的重中之重。当即给省文联领导转达此讯信，书稿立即便发往印厂……但已经来不及了。

我的遗憾不只是因了一本书，因了一个挚友，更是因了一个真正的人，一个黑体字的人。

无论从哪方面来说，忠实都是一个标帜，我们时代一个文学的、文化的 Logo。以《白鹿原》为代表的作品，是中国当代文学的 Logo；他的人格精神，是北方汉子的 Logo；他的形象神态，是古城长安的 Logo。一位作家不但以自己的作品，而且以自己和作品里传达的人格精神成为一个民族、一块土地的文化标帜，并不多见。更少见的是，还能以自己的个人形象和生活习俗成为民众的谈资，融进城乡生活风情之中。在陕西，陈忠实、路遥、贾平凹都是这样的人、这样的作家。忠实有一张广为流传的照片，就是手拿巴山雪茄烟，侧身回眸思考着的那张，严峻的眼神透过淡淡散开的烟雾，像是在叩问这个世界；而满脸纵横的褶皱，正是哺育我们的黄土地上的沟壑。在陕西，忠实这张脸家喻户晓，堪称三秦文人和血性汉子的 Logo。

《白鹿原》的成就已经众所公认、史所公认。一部作品能够被文学舆论和社会舆论一致认可而少有争议，已经说明了一切。《白鹿原》撷取中国历史文化由传统艰难转型于现代的一段历史，撷取中国社会各方面基因最为富集的村社文化和家族文化细胞，从精神地层的深处采矿，冶炼出骨子里的中华文化人格，又如此深刻地写出了中国古典村社文明如何在社会运动和人性奔突的双重冲决下，无可奈何花落去。我曾经说，书里写了那么多“最后”人物和“最后”现象：“最后”一位好族长，“最后”一位好长工，“最后”一位好先生。但所有这些“最后”，都有着夕阳的光彩，是那么美善，饱含着作者的依依惜别之情。小说也写了那么多“最先”：“最先”的叛逆者，“最先”以人性冲决礼教的殉道者。而所有这些“最先”，更有着朝霞般的绚丽。历史和道德，秩序和人性，行为和感情的一切复杂性、深刻性都在其中了。何等的大手笔、大格局、大思考！由此小说《白鹿原》成为中国近现代历史与文学的 Logo。

忠实这个人，胸怀若关中平原，是那种一览无余的阳春烟景、大块文章，而人格和性情中却有着关中汉子“生冷蹭倔”的劲儿，只是被文化化育为刚强、执着、厚道和率真，晚年更平添了几分慈爱。对自己的见解执守到几近执拗，这我是领教过的。有次电视台邀他、我和建筑大师张锦秋院士，做一期谈长安文化的人文节目，一开始主持人就提出，有人认为西安的城墙象征着封闭，局限了秦人的创造开放精神，话未说完，忠实立即激越反驳，认为西安自古以来就是开放的，你们怎么总拿城墙说事？我说，作为一种比喻，这未尝不可，西安地处内陆，开放创新精神的确需要加强。两人于是唇枪舌战，都动了肝火。节目完后，饭也不吃各自扬长而去。到了晚上，又互通电话，调侃笑道："老了，老了，还肝火这么旺。"但他依然声明观点不变，要再写文章展开来谈。还有一次，他赴京领茅盾文学奖回来，省上开了盛大的庆功会，大家争相发言，我发言时除了祝贺之词，神使鬼差地多了一句嘴："当然，像一切优秀作品一样，《白鹿原》也不是完全没有缺陷。"让全场愕然，记者们围住问：这"缺陷"指的什么，你能否详说。我生怕引发新闻事件，就连说今天过喜事呢，以后说吧，落荒而走。

说者无意，听者有心，过了一个多月，忠实约我在一家小茶馆长谈。他说，知道我不会是无心说那句话的，想认真请教"老师"（他有时称评论家们为"老师"）谈谈《白鹿原》的缺陷。这也太隆重了。我只好直说了个人的一点感觉：长篇的总体构思切入了民族文化主体与文化接受心理的深处，固然是大优长，但也不是不可以更多从整个人类的审美认知结构方位上，思索自己的人物与故事。黑娃与田小娥形象的文化与人性内涵是否可以更细腻丰腴，更极至？对社会政治风云的描绘是否纤缠得过于繁复？……这一晚，我们聊得很久，很真诚，真诚营养了友谊的浓度。分别时他紧紧握着我的手，摇着，要我抽空把这些想法写出来。记得也恰好就是这一年的除夕之夜，"春晚"结束后很久，早已入睡了，收到了他的电话，互相拜年后，又谈到一些文学与文学界的话题，而不知东方之既白。

对于有差异的声音，如此加倍加倍的看重，是一种大格局，也是一种对自己创作的大爱。在他的心里，文学真正是"依然神圣"。

几十年过去，神圣的文学终于成就了一个神圣的陈忠实。

（《陕西日报》2016 年 5 月 3 日）

你是一座大山
——陈忠实和我的点点滴滴

李　星

习焉不察、见惯不怪的惯性生活是一种可怕的力量，它可以摧毁人对事物的惊奇与新鲜感，也可以摧毁人对事物的激动、痛苦、快乐，使人变得迟钝、冷漠、麻木。我对陈忠实就是这样的，因为长期交往、共事，因为在我们之间除了文学这根筋之外，还有那么多同事与同事、朋友与朋友、领导与被领导之间经常会有的那么凡庸的事、琐碎的事、世俗的事，我也对他失去了面对一个陌生人那样的新鲜感和敏锐。正是在这种心理状态下，应一杂志之约，20年前我写了《重构一个陈忠实》一文，企图从文学和人格境界上还原一个陈忠实。在忠实离我们而去的今天，又有人约我写一下陈忠实，因为不愿与前文重复，我只好从我与他之间的关系写起。其实我也很想有这个机会，面对他的高贵的在天灵魂倾诉可能至今还被外界一些人误会，并也曾经一度被忠实兄误解，却在知天命之年之后又惺惺相惜的相识与交往。

一、初识与初交

因为多年在文学刊物编辑部评论组当编辑，日常如收稿、看稿、发稿工作量并不大，就开始对报刊杂志阅读的小说由口头评价到写成文字。投稿、退稿、发表，从未想到要或者值得出一本书。到了 20 世纪 90 年代初，文化、批评界的朋友们也兴起了出书风，哪怕花钱也得出一本书。出书花钱，花钱出书，而老家有父母、西安家中有三个正上学的孩子的我却是不愿，也拿不出几千乃至上万块钱。直到 1990 年间听说陕西教育出版社因经营很好，有一个资助文学创作、理论批评作者的“又一村”丛书出版计划，我才编了一个约有 20 万字的论文集，忐忑不安地找到提出这计划的总编陈绪万先生，出了一本十五六万字的论文集，不仅免费，因为营销成功，还发了五六千元的稿费。以后又在其他出版社出了两本书，因为赔钱，稿费折成了近百本书；书也印得十分简陋，就有了能出一本在人前拿得出手的书的渴望，但也只是在心里。直到齐雅莉任省委宣传部文艺处处长时，我虽已退休，但经常被招去参加部里一些文学会议，对我十分客气、亲和。在一次会议间隙，她很真诚地对我说：“李老师，你要有什么事要办，就直说，我会尽力去办。”看她真诚，我就有了勇气，说了我的渴望，想不到她慨然应诺：“省上有一笔出版基金，我给出版局吴局长说，实在不行我另想办法。”并说你现在就可以编了，编好有个预算告诉我。我很快就编了四卷本的文集，考虑到早在 1991 年我出第二本集子时，朋友晓雷就主动代我让路遥写了一篇序（我当时确实没有想到）；2004 年贾平凹在出《朋友》一书时，发现他写“朋友”的文章里竟没有我，就匆忙写了一篇《李星》。大家就是大家，路遥写的《懂生活的评论家》，直击我批评的基本特征；贾平凹的文章只有七八百字，却似乎发现了一个我自己也不知道的我，生动形象，直入神魂。陕西文学三大家，两家都有了文章，缺了陈忠实似乎不合适，就平生第一次主动打电话，以商量的口气，问他能不能写篇序。不是为了拉大旗作虎皮，而完全是情感的需要。

这里要补叙的是，我此时与陈忠实一个时期以来自感微妙的朋友关系。从忠实 1973 年在《陕西文艺》发表《接班以后》，1974 年发表《高家兄弟》以后，我们就因互有好感有了一些交谈，但因我在编辑部评论组，不管小说，并没有更多的接触。直到 20 世纪 80 年代初春的一天，担任了灞桥区文化局副局长兼文化馆长的他，突然通过公用电话说请我去给他们馆的文学爱好者讲一下文学和小说。除了会议即兴发言，这是平生第一次有人请我去讲文学。我自然客套一番，最后还是答应了。因为路不熟，交通又不顺，我换了一次车，上午九十点在灞桥西下了车，忠实已在桥头等我。我说敢叫老兄接这么远，他说讲座的地方在街上一户人家的空屋子，你找不见。面对十几个基层文学爱好者，我讲了一个多小时，又同大家讨论了一些创作问题，已经过了 12 点。忠实又领我去了他租住的一间土墙小屋，一床一桌一椅，自然十分简陋。当时他一月工资只有 30 多元，我最多 50 多元，他捅开冬天生火的炉子，给我和他每人下了一碗事先备好的手工面，吃的是他什么时候炒的葱和青菜。都很年轻，又都是农家子弟，他和我都感到十分自然。要知道，当时粮食定量，粗细粮有比例，还多亏了他在村子有地，能吃一碗白面捞面条，已很难得了。记得饭后，我们挤在他的比单人床稍宽的床上，先是聊天，后来就都睡着了。等醒来时喝了杯热茶，竟然到了四五点钟。他还是坚持要送我到桥西的车站，在从灞桥东头到西头的过程中，陈忠实第一次说了对我讲座的看法："今天你讲的其他，我都知道，就是你说的对人物进行心理分析、心理描写，要从平时把握自己心理，分析自己心理开始练习，对我很有启发。"听到他这句话，我忐忑的心才放下来，自己究竟说了一个让老陈记住的话。这时残冬犹在，西斜的太阳已经距桥对面远处西安市区的建筑和树木很近了，红中带黄。不知为什么，这红中带黄的苍白的太阳，同忠实在桥上平静的对话和漫谈，却深印在我记忆的深处。可能是因为一个已经写出了很好的小说，平时谨言慎行的兄长，那么郑重地肯定了我的原因吧。

此次灞桥之行的第二年三四月，陈忠实又捎话给我，约请路遥、邹志安、郭京夫和我等七八人周末去灞桥观赏“灞柳风雪”。由于“文革”影响，只有灞桥东侧通街巷的路边有数棵新栽不几年的单薄的柳树，时令似乎已过，并无所谓柳絮飞雪，只看见带叶的新枝在微风中摇曳。活动的主要项目是在他租住的农家喝啤酒，吃酱猪头肉。肉盛在大如缸盆的老瓷碗中，喝酒的碗小一些，用的是农村人过事盛菜的粗浅的装碗。一群青春正旺的文学青年，坐在房东家的长板凳上，大口吃肉，大碗喝酒，大声嚷嚷，已经记不得当天谈话的内容了。我因不善饮酒，在旁边孤独地看着贴在一面土墙中间的16开白纸上，陈忠实用毛笔书写的“乡风”两个大字，才知道那个时候，他已经练字了。主食吃的是陈忠实从外边买的大白馒头，好像没有准备菜，直接用馒头夹猪头肉。

1982年，经多方努力，忠实的工作关系调进了作协，1984年还在前楼分了一套两室无厅的房子，里面只支了一架从单位领来的旧单人床，后来才配了桌椅。忠实进城开会回不去时，晚上就住在那里，吃的是自带干粮。如果只开上午半天会，他就来老婆孩子已进西安的我后院五楼的家中蹭一顿午饭，有啥吃啥，西红柿鸡蛋面、糊涂面、烩面片，匆忙填饱肚子就赶车回西蒋村，或出去办家人安顿给他的事。有一次听说他也爱吃苞谷面搅团，而我家中却没有农村人送的新玉米面，他说，只要是搅团，粮站买的面也行。因为粮站的面太陈了，而且带着苦味，汤也只是葱花青菜汤，见他进来，我忙道歉。他却说：“就这，咋也比面好吃。”当我把浇了菜汤的一碗“水围城”端给他时，他也不说话，呼噜噜几口就喝光了，还让再盛一碗，连我这个爱吃搅团的人也吃惊不小。他曾经对我说：“咱两个人的老婆都曾是农民，对咱们是粗放饲养；人家畅广元、王仲生的老婆是知识分子，是粗细饲养。”

二、因《白鹿原》而深交

他和我关系的深入是1993年的夏天。《白鹿原》一鸣惊人以后的一天中午，我俩从办公院穿过张学良公馆北侧的建国三巷，走回家属院，准备各自回住在同楼不同单元的家。在过他住的单元时，他突然说，你不回去了，到我家凑合一顿。因见他诚恳，又好像有话要说的样子，我就答应了。到了他家，除了儿子上学未归，妻王翠英和两个女儿黎力、勉力都在，吃的大概是面条，只是菜比我家切得细致。他好像还开了瓶啤酒，给不能喝的我的一只杯中也倒了一点。他举起杯子正要喝下去时，却突然停下来说："今天是阴历六月×日，实际上是我的生日，正式庆祝是阳历日子，不算庆祝，叫李星过来是心里高兴。"说完这句，他突然面向两个女儿，郑重地说："以后你李叔就是我的朋友，也是你们的长辈，咱家的朋友，你们也要尊敬他。"

其实他的两个女儿因为与我的两个女儿年龄相近，已是朋友了，可能还因为她们的父亲和我的关系及对《白鹿原》的喜爱，对我早已十分亲近。并对我女儿说："我爸平时对我们很严厉，不像你爸对你们那么随和，我们都喜欢李叔。"大概过了几年，勉力因一桩事故意外受伤，在作协北边的商业职工医院手术，忠实痛不欲生，茶饭不思，心脏竟出了问题，被医生留住输液医治。他托大女儿黎力将我叫到医院，一边输液，一边痛苦地自责，担心是因为自己工作得罪了人才连累了女儿。那天我同其妻王翠英、黎力在忠实病床边坐了一个上午，亲如家人，说了许多家常话。

我同忠实之间一度出现的隔阂和误解是在忠实当了主席，成为作协事实上的一把手之后。我一向认为，作协机关是个文学闹市，许多人看起来忙忙碌碌，实际上都是鸡毛蒜皮的事，并不关系国计民生，以陈忠实的影响完全没有必要介入到这些具体事务中去，只要把握住方向和在重要事情上指导一下就行了。我多次劝他："人心不足蛇吞象，你办了10件好事，1件事不遂人愿，就把人得罪了。作为一个大作家，何必把自己的人缘、好心贴赔进去。"他开始还能一言不发，到后来就渐渐疏远了我。虽然如此，1995年10月，中国作协在大连召开全国中年作家座谈会，一个省只能有两个作家名额，忠实却派了并不创作的我和高建群，我因之成为出席这次会议的唯一一位有评论家身份的代表。也正是这段时间，我90多岁的父亲在兴平老家去世，我向办公室请假回家葬父亲，并没有告诉忠实，想不到第三天他却同李国平驱车数百里到我家吊唁、慰问，车顶上路过咸阳买的大花圈，已被风吹得几乎剩下了竹架子。我知道虽然说不到一起了，但他在内心却从未忘记我这个朋友。2005 年我儿子结婚，我并未惊动太多的朋友，他本来可以大小送一份礼就足够了，却亲临婚宴，并一坐到底。

三、生死见真情

在 1995 年大连会议过后的 11 月份，我应中国作协之邀首次参加了第四届茅盾文学奖初评工作，由从北京市作协调来不久的陈建功主持。第一次参加如此重要的评奖，我特别认真负责，每日上下午和看完《新闻联播》后的晚上都读书、开会。大概厨师是南方人，又已入冬天，当时鲜菜很少，每天几顿饭都是浇了黄糊糊甜汁的炸冻鱼、冻鸡，面食很少，我吃不惯。到十几天会议结束，我已累得头晕腰弯。回到西安没过几天，就有了病的迹象，白天精力涣散，晚上整夜睡不着觉，吃了许多镇静的药不仅毫无效果，而且越来越严重；走在街上看周围人都变了形，晚上一躺下就噩梦连连，汗水湿被，起来一看表才过了几分钟，坐起来，一会儿又困得不行，才躺下又被噩梦惊起。如此过了几十天，已到 1996 年了，春节临近，我依然度日如年，生不如死，痛苦不堪，就有了自杀的念头（后来听专家说精心筹划自杀是此病的主要特征）。在一个周日的早晨，我溜出家属院大门，进了有一张小床的办公室，用电热杯烧好开水，写完叮嘱忠实等朋友关照家人的遗嘱，放在案上显眼的地方，然后吞食了前些日子开的一整瓶安定自杀。因为一个冬天我未在这张床上睡过，这里无被子，只有一件单位发的偶尔值班的棉大衣，身上就盖着它，半截腿和脚仍露在外边。这时刚过了 7 点，满以为从此就长睡不醒告别人生苦难了，并毫无留恋。不知过了多长时间，突然感到尿憋脚冻，就想坐起来小便，想不到脚刚伸下床，我就昏倒了，并砸倒了放在床边的藤椅。朦胧中听到对门的陕北诗人远村跑出来，推门不开，就透过窗子惊呼。等再一次醒来，我已知道自己坐在一辆小车后排，身子靠的是陈忠实。据远村后来讲，他从窗户上看到躺在地上的我，先去家属楼上告诉了礼拜天正好在家的陈忠实，忠实马上让他去通知我家，因我儿子上班已走了，就喊上住在他楼下的《延河》杂志主编徐岳，3 个人一起抱着我坐上出租车，就近去了几家医院，人家都不收，最后才送到部队办的西京医院。等我又一次醒来时，已经到了这天的子夜，忠实、徐岳累了一天都走了，搀扶我上厕所的是徐岳的大儿子小卫和我儿子。后来才听李国平讲，因为此前已有医院诊断我是抑郁症，忠实将他和作协年轻的副秘书长徐晔叫去叮咛："你们俩以后啥都甭干，就领着李星治病。哪里能治就去哪里，他要找地方疗养，想去啥地方就去啥地方。单位没钱，我上省委要。"更令我刻骨铭心的是他当众说的一段话："作家常常是自己冒出来的，而评论家却是长期积累，熬出来的威信，文坛才承认的。不是你读过些文学书，能写文章就是评论家。"在我治病期间，已回乡下的他特意委托妻子王翠英送来了他新出的散文集，并在扉页上写着："衷心祝愿你能像以往那样神采飞扬！"

那个时候，社会上还有许多人对抑郁症没有科学认识，认为是想不开所致；单位也有人议论，李星是嫌忠实没有提拔他；更有人甚至认为我是藉此向老陈"撂挑子"。但以上的言行都无可辩驳地证明，忠实的心到底有多大，站得有多么高！对我寄托了多大的希望和期待。正如他在给我的文集序言中所说的："自从李星电话告知要出文集并约我写文章的那一刻起，短暂的兴奋之后便陷入犹豫不定的矛盾心理，是侧重于李星文学评论的贡献和评价，还是偏重于几十年来我所看见的评论家李星，包括个人的友谊和情感，竟一时难以决断难以下笔。后来促使我作出倾向性偏转，既有理性的判断，也受情感的驱使，理性地估价和评论李星对新时期文学特别是陕西作家创作发展的强力促进，早已形成超出文学圈的普遍性社会影响，早有公论；李星对我创作的真诚关注和以文学为纽带的友谊，却只有我直接的感知，我不逮住这个机会表达出来，就可能留下遗憾……我回想从认识到相处 30 多年的人生历程，共同经历多少事，说过多少话，写一本不厚的书也足够了，于是便筛选，似乎没有多少工夫……”这里传达出的关爱和深情厚谊，与2000年前后他当面对我说的：“回想几十年你我之间的点点滴滴，我记住的都是温暖的。”源自同一种对我们之间由文学事业所结成的从未间断的友谊，它们是否还包含着他对当初误解的化解和补偿。对于陈忠实这样耿介刚强、谨言慎行的关中汉子来说，能如此对一个他曾经一度恨铁不能成钢的小几岁的朋友来说，是多么难得啊！被他的深情所融化的我也终于理解了当时他是怀着多么大的决心，要重建省作协威信和作用的努力，兑现他在荣任省作协主席以后所许诺的：要让陕西作家有一个好的写作环境，有白馍有肉吃，努力实现有大关怀、大气魄、大作品的目标啊！而正在他以理想主义者的精神为此而竭尽全力时，我却以私谊而慑于世故，劝他明哲保身，当个“德高望重”的和事佬，怎能不让他伤心、烦恼，甚至产生误解？

我想到了人与人之间什么样的关系才能叫朋友关系。政治上的联合结盟叫朋党，利益上的结盟叫互相利用，丧失自己人格的投靠叫攀附，为这一个朋友出卖另一个朋友是背叛，无原则的吹捧叫媚友。只有保有自己人格的独立性，勇于向对方敞开心扉，并能批评对方的朋友才是真正的朋友。“和而不同”“朋而不党”，正是为古圣贤称道的最高朋友境界。忠实和我的关系，起先是生长环境、性格习惯大致相同的亲近，后来发展为事业理想的相互理解、相互激励。虽然因为一些特殊原因，曾经产生过误会，一度有所疏远，但可贵的是，初衷始终未改，困难时能够从对方身上找到温暖、安静，在关键时刻伸手相助。

四、告别老友

其实，在此前三四年身体就向忠实发出了几次严重的警告，但他却总是头痛医头，治治标而已，不愿彻底住院检查。2015年3月，我电话请他参加教育家丁祖怡逝世3周年纪念会，他说老丁是个好人，当年就写过他的文章，现在身体不好，就不参加了。我说，这几年你老说自己有病，很少出来活动，我看你好好的，这样不病也闹出病来。他无奈地说：“你不知道，你不知道！”过了一个多月，我就听到了他患癌住院的消息。我当即赶到医院，看到他像 1993 年夏在半间屋的凉草席床上午睡的样子，情绪尚好，就找了一些有关他的孙子与我的外孙已很亲密，他们之间以幼稚的口气怎么互相吹嘘自己的爷爷，他孙子怎么聪明，怎么已经表现出领导力，将来也是个领导的趣事，以及同我住一个楼的他的儿子、儿媳、孙子已视我为亲人的话逗他开心，他露出发自内心的笑容。其实，我最担心是他因想不开而影响情绪加重病情，就提到了他在路遥追悼会上智慧的讲话，说现在命运的石头砸中了咱自己，你我都 70 多岁了，比路遥多活了 20 多年，现在科学发达，坚持一下，就八十了，也没有多少遗憾了。他应该是听进去了，一脸的释然。送我出来的时候，陈勉力对我说：“李叔你放心，我爸是个作家，他不会想不开的。”

中间我几次打电话问他的病情，想去看他，遇见他情况好时，就说几句鼓励的话；遇到他情况不好时，我自己先忍不住，泣不成声，他反倒安慰起我。得到他逝世的消息，我给勉力打电话说：“不要太难过，你爸解脱了，再不受苦了，照顾好你妈。”追思会上，我开始尚能强忍住，但当走到他视我如亲人的两个女儿、儿子、儿媳、孙子面前时，黎力一声略带哭腔的“李叔”，却突然令我痛声大哭，难以自抑。

诗人薛葆勤在《您走的时候……》中写道：“白鹿走的时候，留下了一片原/你走的时候，留下了一座山/你在的时候我们读书/读你的沧桑，读你的厚重/读一个民族的苦难/挥挥洒洒溢光流澜/你走的时候我们读人/读你的刚正，读你的坦诚/读一座山的伟岸/星星点点风光无限”……站立时是一棵大树，躺下时是一座大山。作为一个你生前常常自谦自嘲的“高中生”，你发奋图强，自强不息，历尽种种挫折和磨难，终于攀登上文学的高峰，留下了一部不朽的《白鹿原》和永远光辉灿烂的人格品德。敬爱的忠实兄，安息吧！你永远活在我们心中！

（《延河》2016 年第 6 期）

难忘忠实

周　明

陈忠实不幸逝世，令我深为悲恸。一时间，许多往事涌上心头。

记得2008年4月，为纪念《白鹿原》创作20周年暨《白鹿原》荣获茅盾文学奖10周年，在中国现代文学馆举办的座谈会上，与会作家、评论家纷纷热情评说和高度评价了《白鹿原》的创作成就。不少人谈到《白鹿原》自出版以来，发行量一直攀升，读者的热情始终不减，说明它经得起时间的考验和富有生命力，这是值得庆贺的。

中午，聚餐后，陈忠实问我：听说现代文学馆院里有作家铜像，有茅盾、巴金……我说都有。他说咱们去看看。我陪他到了茅盾像前，他面对先生沉思良久，然后站立茅盾"身旁"，对我说：老周，你看咱得了茅盾文学奖，还没见过茅盾先生，今天就算见到了！你给我和先生照个"合影"吧！"合影"毕，他向先生虔诚地三鞠躬。一路回望茅盾的铜像离开。

那天晚上，为了庆贺这几桩连连喜事，我们在京的几位陕西乡党阎纲、何西来、白描、白烨、李建军和我及出版社的朋友一起在一家火锅店聚会。席间，大家兴致很高地继续谈论着《白鹿原》。有感于《白鹿原》出版20年来的社会效应和经济效应双好，《白鹿原》轰动文坛，而陈忠实呢，依然做人做事低调，我随口而出：忠实却一贯低调。白描、白烨几乎同声说：《白鹿原》可能成为世界名著！阎纲说《白鹿原》是个里程碑！他说：忠实经过这么多年的磨炼和思考，写出这充满诗意的长篇，真不容易！何西来接话说：所以李建军编辑的那本评论集，书名就叫《不尽的白鹿原》。阎纲说：西来为这本书写的序很到位。雷达还出版了《白鹿原》的点评本。说明大家都很关注《白鹿原》。

这时，陈忠实语调稍有沉重地说：写《白鹿原》时，我的心情非常复杂。当时，生活很困难，娃上学的学费几乎拿不出来，我给老婆说，写作这事要弄不成，咱就回老家去，回去养鸡，写作为辅；要是弄成了，咱就以写作为主，养鸡为辅。但当时又觉得应该有一部大部头作品。后来当《白鹿原》完稿后他交给了评论家李星。李星看稿的日子，忠实多么难熬啊！李星毕竟是思想敏锐、经验丰富、有眼光、高水平的评论家，他惊喜地告诉陈忠实，这事叫你弄成了！

当人民文学出版社决定出版《白鹿原》时，陈忠实兴奋地对老婆说：这下咱不用养鸡了！不用养鸡了！

他绘声绘色地讲述，说得我们捧腹大笑。

这时，白烨说：虽然如老周所说忠实非常低调，但是《白鹿原》独步文坛，为什么不可以期望《白鹿原》问鼎诺贝尔呢？

（《文艺报》2016 年 6 月 13 日）

遥祭白鹿原，追忆陈忠实先生

李遇春

从友人处得知陈老师病逝噩耗的那天上午，我正在参加一位已故前辈学人的追思会，这使我原本就郁结的心情变得更加沉重了。当时赶紧手机上网求证，竟然所传消息不虚，我唯一能做就是强忍泪水低下头，在心底不断地告诉自己：白鹿原上那位最好的“长工”走了！白鹿原上那位最好的“先生”走了！当代中国文坛的白鹿精魂已随风飞逝！

回想起来，我和陈老师的交往也有10多年了。虽然我在武汉，他在西安，能够当面请教的机会并不多，但我分明切身地感受到，陈老师在晚年是把我当作一个忘年的小友在交往，这于我而言已经足够。最近这些年，每次有事找他，我总是先发手机短信，而他每次收到我的短信，必然是一个电话直接打过来，耳畔随即传来他那特有的苍凉沉厚的西部嗓音：“我是陈忠实！”短促有力，但又丝毫不是盛气凌人的口吻，相反，传递着真诚和温暖。每次通话中都会听到他那沙哑而爽朗的笑声，仿佛从八百里秦川地层深处飘来，让长年身处南国的我，不禁对他钟情一生的白鹿原一次又一次地悠然神往。

第一次见到陈老师是2003年的事了。当时，我刚从珞珈山求学6年下山不久，受师父指令，去西安拜访当今陕西文坛的两位主将——陈忠实和贾平凹。师父是黄梅的於可训先生，他在当今文学批评界颇有清誉，正受邀在《小说评论》杂志上主持《小说家档案》栏目。他特地把我喊到家里去详细布置访谈任务，还说是主编李星老师点名要我去做这两位西部大家的访谈，这让当时学术刚刚起步的我十分感动，于是欣然领命。记得临走时师父在叮咛中还曾戏言，见到那些大作家不要怕，他们都长得像新出土的秦始皇兵马俑似的，表面上粗犷得吓人，其实心细如发，而且西北人实在得很，比我们本地人好打交道多了。

那年去西安正好是清明时节。我提前找老同学从单位里借了当时还比较少见的录音笔，但不怎么会用，担心出错会把珍贵的录音化为乌有，所以还是自备了传统小型录音机和磁带。虽然自认为准备得比较充分，但内心依然忐忑。到了西安后入住陕西省作协秦人宾馆，我马上和李星主编打了电话，但他说自己临时出差去了海南，不过已经交代了副主编李国平老师负责接待我，我悬着的心才算又安定下来。在国平老师的帮助下，我很快就在陕西省作协主席办公室里见到了大名鼎鼎的陈忠实老师。说实话，尽管有师父临行前的“兵马俑”戏言，但当我真正见到陈忠实的那一刻还是心里一震，他那沟壑纵横的脸、深邃逼人的眼、萧疏如枯枝的头发，瞬间传递给我一种无形的强大气场，让我尚未开口便有了紧张感。好在他果然大将风度，见微知著，问我是否带有访谈提纲，我说有，他说那就把提纲先放在这儿，明日晚上再来谈，白天让司机带你去西安附近逛逛。这下子我如释重负，真的体会到了师父所言不虚，原来长得像兵马俑一样的陈老师，果然心细如发，体贴入微。

翌日之行十分尽兴，陈老师派人驱车带领我游玩了很好的一条线路，把乾陵、昭陵、茂陵等汉唐王陵全都仔细地看了一番，真是让我大开眼界！记忆中好像霍去病墓附近在修路，只能远远地观望，无法近前。那年我刚过而立之年，尽管一路舟车劳顿，但依旧精力充沛，充满了兴奋和喜悦，初见陈忠实的压力遂一扫而光。等到约定的晚上 7 点再在主席办公室见到他时，我已经一点也不感到紧张了。陈老师先是照例寒暄了几句当天的行程，但很快就显示出他的干净利落来。他说你的提纲我都看了，这些问题都可以谈，言辞和表情中都流露出一种令人尊敬的气度，很快拉近了我和他的年龄地位的差距。那天晚上，我们的对话一直持续到快 12 点，其间我们似乎都没有起身过，就那样端坐在他的办公室的两张椅子上，中间的桌子上摆放着我事先准备好的录音机和录音笔。记得换过几次录音磁带，而录音笔容量有限，因超时而半途作废了。对话中，我印象最深的是陈老师的思路十分清晰，他回答问题喜欢单刀直入，语言表述简洁明快，丝毫不拖泥带水。陈老师的理性思辨力很强，我想如果他要是有机会做学问，肯定也是一个超一流的大学问家。有时候他仿佛陷入了一种在沉思中自述的境界，在叙述中分析，在分析中叙述，这让我一下子就把《白鹿原》的“隐含作者”与眼前的这位文坛长者紧紧地合并在了一起。记忆中，我提到有人视他为“文化保守主义者”时，他的申辩理性而又有张力，他说如果儒家文化真的是“豆腐渣工程”，那么我们的民族早就已经灭亡了，不可能薪火相传、绵延至今；提到父亲对他的影响的时候，陈老师的声音有些哽咽而低沉；提到他也写过爱情小说的时候，陈老师发出了爽朗而豁达的笑声；提到他早年的文学小伙伴们的不幸遭遇时，陈老师从胸腔深处释放出深沉的叹息；而提到一个作家应有的良知和胸襟时，陈老师的声音不禁又高昂起来，言辞中充满了对文坛小丑的鄙夷和不屑。于今回想起来，那一晚的陈忠实就如同一尊会说话的雕塑，神情凛然而神采飞扬，让我一介江南小生领略到了西部文学大师的力量。

再次见到陈老师已是 3 年后的事。那是 2006 年的夏天，我去浙江杭州参加一个当代文学研讨会，会议期间突然接到《小说评论》的新任主编李国平老师从西安打来的电话，说是陈老师已到武汉，想约我见一面。我当即决定提前赶回武汉，想到又要和陈老师见面做长谈了，内心十分地期待。记得他那一次武汉之行是入住在汉口的百步亭集团大酒店，而我住在武昌这边，约好的晚上见面，我打的士来了一番长途奔袭，穿越了大半个武汉去看望他老人家，心底充满了莫名的激动。进房间后，手拿雪茄烟的陈老师很兴奋，像老朋友一样和我寒暄，招呼我落座，给我沏茶，说我肯定不敢尝雪茄，他这辈子就爱抽雪茄，放不下了。抽雪茄的陈老师是他给很多人留下的经典印象。但那时候的他肯定没有预料到，日后也许正是雪茄扮演着他生命的巨人杀手，他的舌癌病灶也许早就悄然埋植下了。那天晚上，陈老师又一次和我聊到了很晚才散，但他一开始就笑着声明说这次不要录音，不做那种正儿八经的访谈录，就是两个人好好地说会儿话，无拘无束，信马由缰最好。和 3 年前的那次在陕西省作协主席办公室里访谈相比，这一次陈老师没有正襟危坐地成为一尊会说话的雕像，他脱掉了西服和长裤，只穿着羊毛衫和秋裤斜靠在沙发上，说话的间隙中不停地抽雪茄，口中吁出一股又一股的缭绕烟雾，一副很潇洒、很滋润、很受活的样子。因为没有录音，所以那次长谈的内容我已无法记清了，即使勉强可以追忆出一些话题来，大约也是不可信、不可靠的叙述，毕竟已经是整整 10 年前的事了。但那次见面，依旧给我留下了终生难忘的印象。告别时，陈老师突然站起身去行李箱里翻找出一个信封来，塞到我的手中说，这是 2000 元钱，是我给你的稿费，你拿着去买一件像样的西服穿穿吧！我当时惊异得合不拢嘴，赶紧声明说不要，因为我做的陈忠实访谈录已经节录刊发在《小说评论》上了，杂志社已经给我汇寄了稿费。但陈老师却执意要我收下，他说你们年轻人不容易，他已经把长篇对话录全部收到他的文集第七卷中了，这点稿费是我应该得到的，不必推辞！

我现在已记不清当时我是怎样收下了那笔稿费的，但回想起那一幕，我就禁不住热泪如潮。事实上此后很多年，每次想起那一幕，我都能体会到一个陕西老汉硬骨中的柔情，体会到一个长相酷似兵马俑的文坛长者的如发细心！我想，正是因为有了这种刚柔相济的真性情，陈老师笔下的《白鹿原》才会写得那么粗犷又那么细腻，那么豪壮又那么温情！想到陈老师就在几天前真的已经驾鹤西去，我心中止不住地疼痛！坦白说，陈老师能够把我当作忘年小友，我就已经很知足、很感动了。他能够把我和他做的将近 4 万字的长篇对话录一字不易地收入他的文集，我就已经觉得三生有幸了！他赞许我的治学态度，说我整理的对话录是靠得住的，没有添枝加叶，没有强塞自己的主观话语到作家身上，这让他觉得我是一个诚实的可交之人。其实，自那次见面之后我就再也没有见到过陈老师了。但10年来，我和他之间的交往并没有中断，偶尔会收到他寄来的新作，我也时常会关注他的创作新动向。记得是在2009年，我花了很大气力重读了他的近乎全部旧作，还有他的新世纪短篇小说系列作品，随之撰写了两篇自认比较有分量的论文：一篇是《陈忠实小说创作流变论——寻找属于自己的叙述》，刊发在《文学评论》2010年第1期；另一篇是《心理结构的平衡与颠覆——论陈忠实新世纪以来的小说创作》，刊发在《小说评论》2010年第1期。陈老师读到了这两篇论文后很欣喜，专门打电话和我交流，说我的文章很有想法，并赞许我是率先把他的新世纪小说创作纳入研究的第一人。这些话体现了一位文坛长者对一个青年评论家的嘉许和关爱，自然也包含了鼓励在内。难得的是，那次电话中陈老师还和我就文学批评的现状做了简短的交流。他说他最近参加了一些作品研讨会，发现许多评论家都是“有备而来”，他们永远使用同一套话语发言，无论面对什么作家作品，总是那些套话和套路，你很难说他说得不对，但又分明觉得他没有搔到痒处，没有击中要害。他对这种文学批评现状深表忧虑，担心我们的文学研究正在沦为一种“伪学术”。但他还是表扬了我，然而我深知，这实在是他对我从事文学批评和文学研究的警示。不久，我又接到了陕西青年同行马平川兄的电话，他说前不久和陈老师一道去兰州开会，在火车上陈老师表达了对我的文学批评的由衷赞赏，说湖北的李遇春对他的文学创作研究得比较深入和到位，这自然令我欣喜，但更多的则是一份感念和崇敬之情。我从陈老师的身上看到了一位大作家的人格光焰！

2011年秋天，我在山西的年会上接任中国新文学学会副会长兼秘书长，会后一帮朋友鼓动我一起创办会刊《新文学评论》，在经费筹集到位后，我首先就想到了请陈老师为我们的这本新生的评论刊物题写刊名。虽然陈老师最终没有答应我的请求，他谦称自己的字写得不好，不宜给这么神圣的文学研究刊物题签，但他在电话中还是给我提出了中肯而可行的建议，他说不少刊物的刊名都是集字而成，比如西安的《小说评论》就是集的鲁迅先生的遗墨，你们的《新文学评论》也不妨以集字为刊名。这给了我很大启发，于是我告诉他，说我们中国新文学学会创办于1979年，是由著名作家、首届茅盾文学奖得主姚雪垠老先生创建的，姚老的书法曾得到过茅盾的赞誉，集他老人家的墨宝做刊名是再合适也不过的事。电话那头的陈老师发出了爽朗而沙哑的笑声，事情于是就这么定下来了。我后来找到姚老的哲嗣海天先生求他父亲的遗墨，海天先生欣然应承，不久就把漂亮的刊名集字电子版发来了。《新文学评论》创刊前夕，我又请陈老师拨冗出任顾问，还请他不吝赐稿，盼望最好能在创刊号上刊登他的大作，为这份新生的文学评论刊物提供助力。这一次陈老师慨然应允，不仅同意出任顾问，而且很快寄来了他的一篇理论随笔的手稿复印件，题为《说者与被说者，相通着的境界和操守——读〈说戏〉》，这不是一篇应景式的书评文字，而是一篇由理性思辨与情感血肉共同构筑的戏曲杂谈，其中包蕴着陈老师对古老的秦腔艺术的热爱与尊重、理解与心得，当然也表露了他对《说戏》的作者——陕西青年剧作家陈彦先生的关怀与勉励。于今，我回忆起当年的创刊往事，陈老师人格中的坚持与善意，依旧令人钦敬。在我和他的不多的交往中，这位西部文坛硬汉的身上总是显露出润物无声的真情。

其实，大约在《新文学评论》创刊的同时，我的个人文学评论集《西部作家精神档案》也正准备出版。因为其中收录了我研究陈老师小说创作的一组文章，为此，我专门请求他为拙著写一篇序文，最初他是同意的，让我把书稿邮寄给他，但不久来电说不行，原因是这种纯粹的学术著作的序言他不能写，如果是一般的散论杂谈的结集，他还是可以勉强写序的，但涉及纯粹的学术，他谦称自己不是学者，不能写这种序贻笑于方家。从这里，我再一次看到了陈老师对学术的尊重，也明白了他对当下中国文学批评界学风的不满，这其实是出于对高校和学者的尊严的捍卫。他常常为自己当年在三年困难时期失去了上大学的机会而痛悔不已，由此可知他对当下中国文学批评界学风不正的现状是多么的痛心和失望！但陈老师是宅心仁厚的文坛长者，尽管他最终拒绝了我的作序请求，但他还是主动提出要写一幅字送给我留作纪念。我知道他是担心伤害到我的自尊，转而以此给我另一种心理抚慰。不久，我果然收到了陈老师寄来的快递，打开后，一大张漂亮的字幅映入我的眼帘，我顿时欣喜若狂！陈老师的书法刚劲有力、清新雅洁，又富含文人情韵，内容是他自撰的一首旧体诗，诗云："云垂雨疏柳如烟，桃杏含苞又经年。轻车碾醒少年梦，乡风吹皱老客颜。来来去去故乡路，翻翻覆覆笔墨缘。踏过泥泞五十秋，何论春暖与春寒。"落款为："辛卯冬书故乡诗一首遇春雅正陈忠实"。这之前，其实陈老师是知道我喜爱旧体诗，并且出版过旧体诗研究专著的，而且他自己也尝试着写过旧体诗词，尽管数量不多，但也公开收入到了他的文集中，这说明他对中国的诗词传统并不排斥，这尤其令我感到欣慰。近些年，偶尔我也会把自己写的旧体诗编作手机短信发给他一笑，有时也会得到他的简短赞许。记得有一首古风《〈白鹿原〉题咏》，诗云："白鹿原里风光好，白鹿才子不服老。每登原上怀古意，走笔原下龙蛇疾。黑娃白灵横刀笑，灞河滋水梦难销。谁明鏊子翻覆处，且看铜元当空掷。兆鹏兆海非吉兆，孝文孝武皆不孝。漫寻白鹿青崖间，丈夫折腰挺且直。巴尔扎克不轻让，脂砚斋曰伤心词。寄言天下立言者，留待盖棺作枕时。"当时觉得还有些意趣，遂信手存留了下来。难得的是，似乎不久就收到了陈老师快递来的《白鹿原》宣纸本线装书，一共有三套，一套题赠给我，另外两套让我转赠给武汉大学的於可训先生和陈美兰先生。

此刻，当我放下手中一切俗事杂务坐下来追忆陈老师的时候，我不禁感到诧异，10多年来我和他老人家之间竟然只见过两面，实在不应谬托知己，更不应拿忘年交来唬人。但事实是，我的生命体验和记忆又清晰而强烈地告诉我，陈老师的过世于我非同寻常，他是我有缘结识的第一位真正意义上的大作家！而且有幸结识之后，这种交往就一直延续了下来，弥足珍贵！回想起来，2013年5月去西安参加贾平凹先生的长篇新作《带灯》研讨会的那一次，是我近年来在地理距离上离陈老师最近的一次，可惜缘悭一面！那次会议间隙，我给陈老师发短信，说准备去拜访他。照例是一个电话打过来，说他刚做了一个小手术，在休养，不便会客。想到他老人家刚过古稀之年，术后需要静养，我就没有再坚持，但心中有些怅然。好在我记忆中的陈老师一直是铁骨铮铮的瘦硬形象，我坚信他的身体不会有大问题，咱们一定后会有期，我还等待着有一天能够有幸随他去登登白鹿原呢，所以也就心中暂时释然了。没曾想到，2015 年暑假期间突然从作家刘醒龙先生那里传来陈老师患重病的消息，他是知道我一直和陈老师保持着交往的，也从不讳言对陈老师的敬重和对《白鹿原》的激赏，所以他第一时间就把消息告诉了我，并约好了我们西藏采风的往返行程，原计划返程中转道西安，去看望病重中的老人。但后来又因故取消，大约是为了老人的健康考虑，这次探视也没能成行。然而我心里始终在牵挂着陈老师的病体，因为凭我不算多的人生阅历，他正步入一个十分危险的年龄（“七三八四”），而且又患的是癌症，恐怕这一次死神不会放过他，所以在拉萨返武汉（经停西安）的飞机上，我一直都在心中默念着陈老师的名字，为他祈祷！身处蓝天白云上空，那天我曾作了两首旧诗表达对陈老师的忆念。

自拉萨返鄂，经停西安，空中寄念陈忠实先生二首。

滋水灞桥白鹿原，原来原往风云卷。
小娥不是无情女，黑娃徒悲行路难！
兆海兆鹏各有恨，孝文孝武两执端。
白灵一去不复返，魂魄梦归带泪看。
苦忆西京作长谈，指点白鹿溯根源。
深眶子霖滑头老，鼓眼嘉轩直背弯。
鏊子覆翻现风雨，本能扬抑隐悲欢。
惊闻恶疾侵瘦骨，祈祷长空带泪看。

这次写完诗后，我没有编成短信发给陈老师看，因为当时听说他患的是口腔癌，不能说话了。想到再也不能一个短信过去就会听到他那沙哑而苍凉的声音，我的心就弥漫着悲伤。去年春节期间，我尝试着照例给他老人家编发短信问候新年，但再也没有能够像以往那样一个电话打过来，传来“我是陈忠实！”那短促有力、苍劲浑厚的声音了。其实这一次在编发拜年短信的时候我是极其渴望得到他的电话的，因为只要有电话打过来，那就说明他老人家的身体已经恢复了健康，然而那样的电话终究是没有等来！

2016年4月29日上午7点45分，一代文豪陈忠实先生告别人世。网上很快传来陕西作家陈彦的文字《陈忠实生命的最后三天》，读罢让我不禁热泪盈眶！陈老师在生命的最后时刻所经历的痛苦实在是太惨烈了！那么高大的西北汉子竟然被病魔折磨得骨瘦如柴、油尽灯枯！还记得10多年前采访他的时候，他爽朗地笑着说“文学这个魔鬼呀”，其实文学这个魔鬼不可怕，他完全能战而胜之；但病魔太可怕了，一切的肉身都无法抵御病魔的侵袭。陈忠实临终前的几次吐血让人听了感到心悸，这简直就像是一个寓言，一个伟大的文学家的生命寓言！他终于在呕心沥血之后告别了人世间！魂归白鹿原！

忽然想起，陈老师去世的那天早晨，我这个一向晚睡晚起的夜猫子居然醒了个大早！醒来后听到窗外桂子山的鸟啼声声，四周一片静谧，蓦然中升腾起大地辽阔无边之感。我已经很久都没有体会到清晨的静谧了。而就在这个静谧的清晨，远在西安的陈老师在经历了呕心沥血的人生大痛苦之后离去了。一切归于平静。他把喧嚣留给了我们。

2016年5月1日至2日匆草

（《中国青年网》2016年5月3日）

活在文字里的陈忠实

李清霞

陈忠实离开一个多月了，可我总觉得他还在。

铺天盖地的纪念文章在报章杂志、网络、微信朋友圈飞舞着，旋转着。奇怪的是，贬抑的文字很少寻见。大约是5月中，我有一篇关于陈忠实的文章，问一位熟悉的编辑朋友他们报纸用否，人家说热点已经过了，当时心里倍感悲凉。

令很多人意外的是今年高考，先是高考语文北京卷选用了陈忠实的《白鹿原上奏响一支老腔》引发热议，随后是《寻找属于自己的句子》被全国卷选用，陈忠实和他的文字被几百万考生关注、阅读，这是社会给一个作家的最高礼遇。陈忠实还有好几篇散文被中学语文教材选用，如《晶莹的泪珠》《狗事》《一棵柳》等。有些读者担心90后、00后的孩子不喜欢陈忠实的叙事风格和语言表达方式，其实大可不必担忧。《白鹿原》是陈忠实的代表作，其光华灼灼，遮蔽了他其他作品的光芒和价值。他一生写了很多作品，他的散文自成一家，风格刚健质朴，文字简约洗练。2004年，我编《陈忠实研究资料》，我的孩子上小学四年级，作文总是按老师要求的字数写，从不肯多写一个字。写多了，他也要想办法删掉。我说他懒，他说有人和我一样懒，你却说他写得好！我问是谁，他说陈忠实啊！陈忠实《白鹿原》之后的写作，有时真是惜墨如金。这是当年写作《白鹿原》操练的结果。他早期的作品，包括中短篇小说和散文，喜欢用铺叙，工笔细描，写景状物不吝笔墨，尤其善于用描述性的文字渲染环境和情绪。构思《白鹿原》时，他原定是写上下两部，一部四五十万字，以百万字的篇幅书写中华民族的秘史。有人说陕西作家都有史诗情结，或曰“大部头”情结，认为路遥、陈忠实、贾平凹影响了陕西的很多作家。史诗情结本身并没有错，错在没有思想艺术积累与准备，只在篇幅上追求“大部头”，作者思想艺术水平跟不上，写出来的东西自然没有“史诗性”。

创作《白鹿原》时，正值中国文学市场化进程中，文学失去了轰动效应，被迫受市场法则支配、约束，出书难、销售难现象，给很多作者带来创作上的困扰。陈忠实也是当事人之一。他的中篇小说集《四妹子》的出版因征订数太少，被一再推迟出版时间，最后好不容易出版，却要作者包销以抵稿费，以致他的家里、办公室里都堆着自己的书。这件事对陈忠实的打击很大，结合自己的阅读经验和习惯，他决定把《白鹿原》压缩成一本，字数控制在40万字，他原计划是写上下部，每部三四十万字。他说他自己就不喜欢读多卷本的长篇小说，将心比心，估计有很多读者也不喜欢。篇幅缩短一半，还可以给读者减轻一半的经济负担。根据构思，小说的故事框架、人物设置都很难再删减，能做文章的只有语言文字，他反复琢磨，终于找到了“属于自己的句子”。他发现叙述性语言比描述性语言容量更大，用字更少，而艺术表现力却更强。这种寻找的过程，陈忠实在《〈白鹿原〉创作手记》中，有详细的记载和回溯，很多读者从这本手记中了解到创作的艰辛。出版时书名为《寻找属于自己的句子》，就是高考阅读材料选用的那本书。语言简洁凝练，蕴藉丰富深厚，是陈忠实对语言的追求。

找到属于自己的句子，并不意味着能驾驭并自如运用。在长篇小说创作的间隙，陈忠实创作了几个短篇小说，尝试使用这种具体形象的叙述语言，以增加语言的表现力，如《窝囊》和《轱辘子客》。《轱辘子客》

引起了作协几位同事的关注，大家觉得这种语言文字很新鲜，注意到他小说语言的变化，增强了他艺术创新的信心。他又在短篇《害羞》《两个朋友》中，继续自己的语言实践，在叙述语言增加必要的、个性化的、富有丰富蕴藉的对话语言，以增加文字的变数和动感，缓解叙述语言可能给读者造成的阅读疲劳。这些写作练习，为《白鹿原》语言风格的形成打下了基础。

以《白鹿原》为界，他的语言风格截然不同。难能可贵的是，《白鹿原》成功后，“陈忠实”三个字成为金字招牌，只要署上这个名字，什么样的文章都能发表。他曾收到过一封感谢信，是一个家在农村的文学爱好者写来的，说自己热爱文学，写了好多散文小说发表不了，总是收到退稿信，或者投出去的稿件石沉大海。一气之下，他把退稿署上陈忠实的名字，结果竟发表了，还寄来稿费。他如法炮制，竟然屡试不爽。这竟激发起青年的创作激情，增强了他的自信心，写作上大有长进，后来署上自己的名字，文章也会被刊用。他写信将实情告知陈忠实，感谢陈忠实这个名字使他真正走上了文学道路。陈忠实看后，哭笑不得。他当然不会追究年轻人的法律责任，反而真心希望青年能写出更好的作品。

陈忠实并没有被荣誉和市场冲昏头脑，在创作语言上有任何松懈。他后来的散文、短篇小说、创作谈等，哪怕是普通的工作报告、序言等，都保持自己的语言风格，极少出现汪洋恣肆的语言风格。有人嘲笑他的文字中规中矩，没有艺术创新，他也只是笑笑。近些年，段子、网络语言、生造词语在很多传统作家的文学作品中大量出现，他的文章中几乎没有这类东西，他坚持用规范的汉语进行写作。作为作家，他对上述所谓新生语言非常熟悉，而且有相当的研究。新世纪前后，暴力美学、语言暴力在文学作品中曾经盛行，莫言、余华、苏童，后来的董力勃等，甚至某些女作家也在追捧。虽然《白鹿原》中个别细节描写被指责为暴力美学，某些性描写被指责太粗俗，比如国民党反扑镇压农协会员那段，贺老大的咬舌自尽，舌头被人用脚踩等细节。陈忠实曾解释这样写是情节发展和思想表达的需要，不是噱头。他后来的散文、小说中还真没有类似的情况和文字。

尽管在语言训练上，陈忠实下了很大的功夫，以增加小说的可读性，但直至今日，依然有读者指出《白鹿原》后半部分，特别是镇压田小娥之后的内容，故事收束很仓促，整部书有虎头蛇尾之嫌。当然，原因很多，除对历史事件的主观把握难度越来越大之外，小说体量过大，篇幅过长，也是一个问题。陈忠实想把小说字数控制在50万字以内，前面的情节已经无法再压缩，只能将后面简略再简略，以致小说成为今天这种形态。对陈忠实来说，或许是遗憾，但《白鹿原》已然成型，并得到读者的普遍认可。瑕不掩瑜，《白鹿原》已经成为经典，就像《红楼梦》前八十回与后四十回一样。

陈忠实曾说读者可以到“《白鹿原》中找我去”。作家的生命是有限的，作品的生命则是无限的。可是，现今很多作家却想不清楚，不是在创作上下功夫，而是在创作之外做文章，利用各种方式炒作。陈忠实对这种现象很反感，他认为炒作是作家缺乏自信的表现，靠炒作蹿红的作品难以持久，炒作还可能损害炒作者的自我形象。他把自己前半生对社会、历史、文化、人性的哲学思考都熔铸在《白鹿原》中，对农村几十年的生活体验、生命体验化作一个个鲜活的人物，以及白鹿原那片神奇土地上半个世纪的风云变幻。他塑造了中国最仁义的地主白嘉轩、白鹿原上最淫荡的女人田小娥。他将中华民族的精神凝聚为“白鹿精神”，他用文字创造了中国历史上曾经的乌托邦——仁义白鹿村。《白鹿原》是新时期不可多得的家族小说，是中国宗法制社会最后的牧歌，家族的瓦解是建立现代民族民主国家的必然结果，但过程却让国民经历了撕心裂肺的痛楚。写作是他生命存在的方式，他相信文学依然神圣，秉承“只问耕耘，不问收获”的创作理念，他的生命与《白鹿原》同在。

2016年的高考季，几百万考生记住了陈忠实的名字，他们随着他了解老腔，感受传统文化的震撼；他们跟随他一起寻找“属于自己的句子”，感受文学给人的精神陶冶。或许，还会有不少学生在高考结束后会自觉地阅读陈忠实或其他作家的经典作品。中国的考生在高考指挥棒的操纵下，把一切文学经典都当作“闲书”，只有高考作品精选之类才是考试必备。今年的高考指挥棒似乎在将素质教育、文学教育、美育往正确的路上引导，希望以后的考生再拿起雨果、托尔斯泰、巴金、老舍、陈忠实、贾平凹、毕飞宇等作家的作品时，不再遭致家长和老师的指责。希望我们的孩子能够在经典作家的引导下，也能找到属于90后、00后的句子，形成他们的语言风格和书写习惯。

陈忠实的躯体离去了，白鹿精魂将通过朱先生、鹿兆海、白灵等人物形象永存读者心间，白鹿的传说将跨越时空、跨越种族流传下去。白鹿精神是儒家文化精神与民间文化精神的融合，也将成为当下建设社会主义核心价值观的重要文化资源。他的生命将在学生琅琅的读书声中延续，他还在白鹿原上游荡着，寻找着属于自己的句子，寻找着中华民族走向富强的复兴之路。他不仅活在他的文字里，也活在我的文字里。

（《唐都学刊》2016年9月）

我当先生是一座文学靠山

周燕芬

2016年4月29日上午，作家陈忠实先生的逝世，引发了三秦大地上的一场精神强震，并迅速波及全国，文学界乃至全社会对先生的缅怀追忆，如江流澎湃，汹涌而来。长安城像是一个文学国度，如我这样从少时钟情于文学，走到今天以文学为志业的人，这里有很多很多，受陈忠实先生文学情怀和人格力量的招引，得先生关心爱护、挈携奖掖的文学后辈，这里有很多很多，我自己也是其中的一个。

我和陈忠实先生在20世纪90年代中期认识，走动并不是很多，但每有交往总是非常亲切。我感觉中的先生，总是不忽略走近他的任何人，哪怕你再普通，做了再平常不过的一点事，只要你和他相遇和他交谈，就会被他的笑容所温暖，被他的称许所鼓舞，从而对自己的努力满怀信心。记得我是1995年第一次写了研究《白鹿原》的文章，发表在一个并不起眼的刊物上，自己也未曾想过要去结识作家，倒是先生不知怎的发现了我的文章，然后设法联系到我。当我接起一个报名是陈忠实的电话时，我有点蒙了，忘记自己说了什么，没忘记的是先生竟然感谢了我一通。不久去省作协找同学时，终于见到先生，我那时研究生刚毕业，文学教学和研究正在起步中，与敬仰的大作家不期而遇，而且当着同学的面夸我的文章写得好，顿时虚荣心爆棚。那时候真是太年轻，先生说好以为自己是真的好，无知无畏可能也是一种大力量，会让人不管不顾地坚持下去，做出属于自己的最好状态。感念陈忠实先生，他是曾经给过我文学原动力的人。

以后多次向先生求教，但凡有和《白鹿原》相关的文学活动，先生总不忘叫我参加。记得有次打电话让我复印自己的那篇小文章给他存档，还有次电话说看到了对《白鹿原》很特别的一种评说，问我对作者是否了解，他想认真思考其人的观点。点点滴滴的交流，慢慢地你不再觉得他是令人仰望的大作家，而是最可亲近的一位长者和朋友。最近一次和先生谈文学，是2014年年底，我也因自己的家事而劳烦了先生帮忙，先生热忱答应和爽快出手，让我觉得无以为报，于是约了几个相熟的朋友和先生一起年终聚餐。我顺带了两篇发表不久的文章给先生，两篇文章都比较长，属于宏观性和理论性的问题讨论，关于陈忠实的创作是其中一部分内容。这种中规中矩的学术论文读来比较枯燥，我想给先生留个纪念或随便翻翻就好。哪知先生不但仔细读了，而且两天后就打来电话，讨论了半个多小时。我说读这样的文章让您受累了，真不好意思，先生电话那边朗声笑说他觉得很有意思，还没有见到这样讨论《白鹿原》创作的。我在多次青年作家作品研讨会上聆听过先生的发言，他总是那么诚恳地说出内心的真实感受，为每一个哪怕是微小的艺术进步而欢欣鼓舞，那份对文学后辈的体贴和关爱，让我不仅见识了先生的文学慧眼，更为先生的宽广胸怀和仁厚之心深深折服。

最后一次见到先生是在2015年11月22日西安工业大学召开的“陈忠实文学创作研讨会”上，面带病容的陈忠实先生出现在主席台上，用沙哑的嗓音竭尽全力为会议致辞，全场为之感动唏嘘。先生这次不寻常的出场和讲话，让人们预感到了什么，走出礼堂时先生一下子被人群包围了。我远远地看着，看着先生还在坚持为学生签名，与他们合影，那场面很让人揪心。大会集体合影时我恰恰站在了先生身后，看到他稀疏的白发，看到他消瘦的双肩，我忍住心酸俯身在他耳边轻轻问好，说很想去家里看看您聊聊天，先生侧过脸含笑点头说，好，你来吧。然而先生的病情很快又加重了，终究无法再见一面。2016年春节，先生回给我问候短信的一通电话，成了我与陈忠实这个伟大生命最后的交集。

5月5日凌晨赶往凤栖山最后送别先生，灵堂前的广场上聚集着越来越多的送行者，我站在其中，身心却被巨大的孤独和虚空包围着。突然间我就想到了1936年鲁迅先生的离世，那个高大身影的遽然倒下，那样疾走着的脚步突然停息，围绕在鲁迅身边的文学同道，追随着鲁迅的文学青年，乃至鲁迅的对手和宿敌，无不陷于一种精神失重的状态中。鲁迅先生说过："我吃的是草，挤出的是牛奶。"有多少文学青年是在这"牛奶"的哺育下成长起来的？我在这一刻深切地体会到了左联同人痛失鲁迅的心情。站在这广场的每一个人，因各种不同的机缘与陈忠实相遇，各人心中都有自己的陈忠实。对我而言，先生是一座文学靠山，他所坚守的神圣的文学事业，是我恒久的精神依靠。我们同在一座长安城里生息相通，有先行者的庇护，我和文学就有了一份踏实和安心。我们所生存的时代不是一个最好的文学时代，但我有幸生活在一个最好的文学环境中。我们亲眼目睹了伟大作品的诞生和流传，我们亲手参与了文学经典的培育和建立，而且能与经典的创造者蔼然相叙、温暖相依，还要如何才能更幸运？而当这位亲人般的伟大作家永远离开我们时，带给我们的又是怎样的悲哀与伤痛啊！

生老病死原本是人生常态，但注定有的人的死，能让活着的人越过生死物象，领悟一种精神的崇高和不朽。陈忠实先生在对我们这个民族历史和未来的痛彻思考中，在对人的灵魂变迁的深入探索和人道关怀中，写出了《白鹿原》这本大书，也刻画出了自己的灵魂肖像，树立起了自己的光辉人格。发生在陈忠实和《白鹿原》之间的，曾经是怎样惨烈的一场思想较量与心灵搏斗，这场艰辛的艺术创造活动，终于在作家与作品的双向互动中达致双向成就。我们这个时代谈论文学，似乎越来越有了职业化的意味，甚至某种程度上圈子化了，局外人会觉得文学实在是没有什么用处的，但如果真正读懂了《白鹿原》，读懂了陈忠实的文学世界，一定会惊异地发现，原来一部好小说涵盖的是人生的全部，是对人的存在本源的探照，以及对理想人性的终极追求，即所谓文学艺术的无用之大用。陈忠实先生以他的心血之作《白鹿原》，又一次证实了文学的价值，铸就了文学的永恒。

人世间的陈忠实已化羽归去，文学依然神圣，也依然需要后继者不懈地努力践行。与其说用文学效命这个非文学的时代，不如说用我们的热爱效命我们惨淡的文学人生。能与先生相遇是我的幸运，也是我的人生财富，今后研读《白鹿原》的文学课堂，将会与以往有所别样，我会告诉学生一位我所感受和怀念过的作家陈忠实，带着对先生心灵律动的感应，走进小说《白鹿原》的艺术世界；我也会引导学生从一部文学杰作中读出作家的人格精神，让支撑过我和同代人的文学力量，也能成为后辈学生的精神支撑。唯有此，方可告慰先生的在天之灵，也才不辜负我们世代传递的文学初心。

（《延河》2016 年第 6 期）

白鹿原上“风搅雪”，令人长忆陈忠实

张志忠

陈忠实先生溘然长逝，文坛震动，我的心情也数日难以平静。

比起许多高产的当代作家，陈忠实的作品不算多，引人瞩目者唯有一部《白鹿原》。但是，自从《白鹿原》问世后的20余年，它的意义和价值，在赞扬、争议和争鸣中逐渐凸显，越来越展露出它对世纪风云的穿透力，它对白鹿原上诸多鲜活人物的精彩刻画，冠绝一时。就像蒋勋先生解说“孤篇压全唐”的《春江花月夜》一诗所言：“这个人作品不多，只有一两篇作品，所以叫孤篇；‘以孤篇压倒全唐之作’，是说比全部的唐诗还要好。做诗人做到这样真是很过瘾，平时不轻易出手，一出手就是最好。我基本上不把《春江花月夜》看作张若虚个人化的才气表现，而是强调初唐时期，人的精神有一种前所未有的辽阔，在空间和时间上，都开始有一种扩大。”（《蒋勋说唐诗》）这样的评价，也非常合适移用于评价陈忠实的《白鹿原》。

陈忠实的创作，从1960年代开始起步，进入1980年代中期开笔写作《白鹿原》，其间经历了荒芜与喧嚣并存的10年“文革”，经历了狂飙突进、追新逐异的1980年代，在文脉传承上，既得益于寻根文学开创的对民族文化与当代生活之关联的深度考察，也恰逢新时期文学之中短篇小说向长篇小说体裁延伸拓展的关节点上，文学的视野逐渐辽阔起来。长篇小说，不仅意味着篇幅的放大，在时间、空间和表现历史风云的广阔上，亦具有新的高度、新的气象。《白鹿原》在表现20世纪中国历史进程上，前承张炜的《古船》，后引一大批铺叙百年历史长卷的长篇小说；而且，陈忠实又是个心中装着读者的作家，他在追求思想性与艺术性的创新的同时，力求强化作品的可读性，在赢取文学的市场化效应上用了很大心思，使得《白鹿原》实现了专家叫好，读者买账的双赢，具有标志性的文学史意义。

《白鹿原》从清朝末年写起，西安古城的辛亥光复，白鹿原上的民主革命，国共两党从戮力同心，到决裂厮杀，“交农”与“风搅雪”，抗日大业与赈灾济贫等一系列关乎民族存亡与一方兴衰的重大事件尽收囊中，而归结于“文革”初期红卫兵对朱先生墓的掘骨扬灰。凡此种种大历史，汇聚于渭河流域之白鹿原上的白鹿村，与日常生活的春种秋收、宗族血缘、婚丧嫁娶、生老病死、民情风俗、儿女情长，融合在一起，写出了白鹿原上的众生百相，写出了壮阔的历史风云在关中黄土地上一个小小村落激起的大风大浪与阵阵涟漪，现代政治召唤出的狂暴之力对旧时代与传统文化的摧枯拉朽似的冲击与破坏。

白鹿村以仁义著称，儒家文化传承久远，是中国特有的乡绅政治的典范所在。关学大儒朱先生，在欧风美雨的侵蚀之下，信守本土传统，弘扬儒家之道：独身劝退围困西安的20万清军，拯救古城及城民免于刀兵之灾；以“孔子修春秋，乱臣贼子惧”的方式撰写《滋水县志》，彰显历史正义；兴办白鹿书院，教化一方之地；主持赈灾两袖清风，禁毁罂粟种植不遗余力，成为护佑这一方土地的儒家精神象征。在他的人格熏陶和切实可行的指导下，白鹿村的村民订立了符合儒家规范的村规民约，白鹿村的族长白嘉轩更是把从朱先生那里得到的教诲，转化为乡村生活的实践形态，不但把白鹿村管理得井然有序，而且带头捐资办学，体恤孤寡贫弱，恪守礼教精神，善待自家长工，确立了他在白鹿村的权威和声望。在同宗而不同姓的白鹿两姓中，白嘉轩作为农耕文化的优秀代表，与沾染了传统的商业文化之唯利是图的鹿子霖，处于既合作又有明争暗斗的紧张状态中，但行正严明的他，仍然经常处于上风，虽然纷争不断，却也于大局无碍。

由儒家文化主导下的乡村生活形态，却在现代历史进程中遭到颠覆和毁灭，白鹿两家的下一代人，白孝文、白灵、鹿兆鹏、鹿兆海、黑娃，以及外来的年轻女性田小娥，在时代风云的感召下，选择了各自的叛逆之路，反叛专制的大家长白嘉轩，反抗贫富悬殊损不足以奉有余的旧体制，反叛以维持现状保守平庸为要义的乡村生活形态。年轻的生命，各有自己的诉求，形而上的理想主义和青春生命的欲望冲动，一次又一次地席卷白鹿原的时代狂潮，从根本上动摇和瓦解了朱先生和白嘉轩联手共建的乡村乌托邦。

还需要指出的是，尽管陈忠实对传统儒家文化和仁义观念充满了向往追慕之情，但是，他并不像今天的某些所谓“新儒家”那样，会被自己的激越情感遮蔽冷峻观察和思考的眼睛。对现实生活复杂性的深切体验，和文学特有的对复杂悖谬的社会现象、人物形态的浑厚涵容，使得《白鹿原》也揭示了儒家文化对底层、对妇女和边缘人的排斥压抑，乃至精神的和肉体的虐杀。一方面，儒家文化陈义太高，无法在现实中真正实施，白鹿原上鸦片种植一经泛滥就难以彻底禁毁，而白嘉轩竟然是首开其端者；朱先生是仅有的儒家“圣人”，但是，独善其身可以做到尽善尽美，“人皆可以为圣贤”毕竟只是一种浪漫想象的状态。另一方面，作为以守成为其特征的文化，扼杀了青年人的生命冲动和变革愿望，更以庄严无比的名目，对黑娃、田小娥、白孝文等人，施以极其严厉的惩罚，将黑娃和白孝文推向了叛逆之路，也导致了可怜无辜的弱女子田小娥的意外死亡。而且她死后仍然不得安宁，遭到朱先生和白嘉轩的恶毒诅咒和密谋策划，尸骨无存。这样的笔墨，让我们看到了传统文化与乡村生活中吞噬青春，制造自己的牺牲者与反叛者的狰狞可怖。如果在“天不变，道亦不变”的时代，少数年轻人的孤独叛逆掀不起大的波澜，但在20世纪的时代巨变中，就形成“风搅雪”、浪滔天之势。陈忠实不仅是

“爱而知其恶”，也体现了新旧世纪之交在回归传统文化的社会思潮中由衷向往与本能困惑的悖反心态，从而极大地提高了作品的思想和情感的价值。

纪念一个作家，最好的方式就是阅读其作品，在与作品的精神对话中，体验作家那不死的灵魂。白鹿原上“风搅雪”，令人长忆陈忠实，这个题目，是对李白诗句的拙劣模仿，“解道‘澄江静如练’，令人长忆谢玄晖”。借此表达我对陈忠实先生的悼念之情。

（《文艺报》2016 年 6 月 13 日）

四

阎纲 铁凝 李卫
忽培元 梁鸿鹰 张燕峰
杨海蒂 叶子 李星 王心剑
贾平凹 李向红 樊蓉 肖云儒 张志忠
王蓬 白烨
张凤 陈毓 朱鸿 洪清波 红柯 陈彦 韩小蕙 常振家
陈晓明 李国平 周明 赵安
叶广芩 刘华溪 金炳华 张艳茜 雷钟哲 陈世旭
牛倩 刘醒龙 党益民 雷达
何启治 杨小玲 白描 蒋惠莉 姚秦川 李清霞
吴克敬 赵刚 魏英杰 周燕芬 梁桂 韩怀仁 何平 王仲生 阿莹
李遇春

永生的忠实

何启治

23年前，长篇小说《白鹿原》连载于《当代》杂志1992年第6期和1993年第1期（审稿编辑依次为洪清波、常振家、何启治、朱盛昌），其单行本于1993年6月由人民文学出版社出版（责任编辑为刘会军、高贤均、何启治），首印14850册。如今，其作者陈忠实同志永远离开了我们，离开了这个热闹喧嚣的世界，让我们想起来就感到无比的难过和忧伤。

我约请陈忠实写农村题材的长篇小说，始于1973年的冬天。那时我刚从湖北咸宁“五七干校”回到人民文学出版社，在现代文学编辑室的小说北组当编辑，分管西北片，西安自然是工作的重点。我在1973年的隆冬去找陈忠实约稿，既因为省作协向我推荐了他，也因为我刚看到了他刊发在《陕西文艺》上的两万字的短篇小说《接班以后》，还因为那时候还没有可供发表中短篇小说的《当代》杂志（《当代》创刊于1979年）。在西安郊区工委所在地小寨的街角上，我拦住了推着一辆破旧的自行车出来的陈忠实，就在寒风中向他约稿。在陈忠实听起来，这几乎就像老虎吃天一样不可思议。而我却强调《接班以后》已经具备了可以扩展为长篇的基础，依陈忠实在农村摸爬滚打十几年的阅历完全可以做成，又以韦君宜亲自选定的两位北京知青（沈小艺、马慧）已经写成知青题材小说《延河在召唤》作为佐证。总之，陈忠实还是记住了我这个从人民文学出版社这个“高门楼”来向他约稿的编辑。以后，我们时断时续地联系，他也始终信守着和我的约定。

到了 20 世纪 80 年代，陈忠实代表作之一的中篇小说《初夏》几经修改，终于经我之手刊发于《当代》1984 年第 4 期。陈忠实的《初夏》，可以视为他创作长篇小说之前必要的过渡。他的创作上了一个新的台阶。

终于，他可以向我谈及自己的长篇创作了。1990 年 10 月 24 日，忠实在给我的回信中谈道：“关于长篇的内容……作品未成之前，我不想泄露太多，以免松劲。……这个作品，我是倾其生活储备的全部以及艺术的全部能力而为之的。究竟怎样，尚无把握，只能等写完后交您评阅。”又说，“此书稿 1987 年酝酿，1988 年拉出初稿，1989 年计划修改完成。不料学潮之后清查搞了几个月，搁置到今春，修改了一部分，又因登记党员再搁置。……我争取今冬再拼一下。”最后表示：“待成稿后我即与您联系。您不要惦记，我已给朱（盛昌）应诺过，不会见异变卦的。也不要催，我承受不了催迫，需要平和的心绪做此事。”

我们当然对这本未披露书名但倾尽全力的长篇充满期待。后来的实际情况就是：1992 年 2 月下旬，我接到忠实的来信，询问是由他送稿到北京还是由我们派人去取稿。我们决定派《当代》文学一编室的负责人高贤均和《当代》杂志的洪清波到西安去取稿。忠实说，大约 3 月 25 日，“在作家协会的客房里，我只是把书稿从兜里取出来交给他们，竟然连一句话也说不出来。那时涌到嘴边一句话：我连生命都交给你们了，最后关头还是压到喉咙以下而没有说出，却憋得几乎涌出泪来”。而“出乎意料的是，在高、洪拿着书稿离开西安之后的 20 天，我接到了高贤均的来信。我匆匆读完信后噢噢叫了三声就跌倒在沙发上，把在他面前交稿时没有流出的眼泪倾溅出来了。这是一封足以使我癫狂的信。信中说了他和洪清波从西安到成都再到北京的旅程中相继读完了书稿，回到北京的当天就给我写信。他俩阅读的兴奋使我感到了期待的效果，他俩共同的评价使我战栗”。（引自《我与人民文学出版社·何谓益友》，人民文

学出版社 2001 年 3 月北京第 1 版）

就这样，陈忠实著长篇小说《白鹿原》经过人民文学出版社 6 位编辑的阅读和编发稿件的劳动，与读者见面了。

《白鹿原》面世迄今，累计印数已达 200 多万册（主要是由人文社出版的 1993 年原版本、修订本、精装本、手稿本、茅盾文学奖获奖书系、“百年百种中国优秀文学图书”书系，以及北京十月文艺出版社、作家出版社和文化艺术出版社出版的《陈忠实集》宣纸本、点评本等），盗印本已接近 30 种，其印数也与正版相近。可见，说《白鹿原》的实际总印数已达 400 多万册，当不为过。

《白鹿原》一出世，评论界欢呼，新闻界惊叹，读者争相购阅，一时洛阳纸贵。

前辈评论家朱寨指出：“《白鹿原》给人突出的印象是凝重。全书写得深沉而凝练，酣畅而严谨。就作品生活内容的厚重和思想力度来说，可谓扛鼎之作，其艺术杼轴针黹的细密，又如织锦。”（引自《〈白鹿原〉评论集》第 40 页，人民文学出版社 2000 年 7 月第 1 版）

张锲说：“《白鹿原》给了我多年来未曾有过的阅读快感和享受。……（有）初读《静静的顿河》《战争与和平》《红楼梦》时那种感觉。”（见 1993 年 7 月 16 日《白鹿原》北京讨论会纪要）

范曾读《白鹿原》后即赋七律一首：“白鹿灵辞渭水陂，荒原陌上隳宗祠。旌旗五色凫成隼，史倒千秋智变痴。仰首青天人去后，镇身危塔娥飞时。奇书一卷非春梦，浩叹化为酒漏卮。”并附言：“陈忠实先生新著《白鹿原》，一代奇书也。方之欧西，虽巴尔扎克、斯坦达尔，未肯轻让。甲戌秋，余于巴黎读之，感极悲生，不能自已，夜半披衣吟成七律一首，所谓天涯知己，斯足证矣。”（据范曾赠《白鹿原》作者手迹）

海外评论者梁亮指出：“由作品的深度与小说的技巧来看，《白鹿原》肯定是大陆当代最好的小说之一，比之那些获得诺贝尔文学奖的小说并不逊色。”（《从〈白鹿原〉和〈废都〉看大陆文学》，载《交流》1994 年第 14 期）

不必再征引了。仅此数例可见海内外读者对《白鹿原》评价之高和反响之热烈。

据陈忠实介绍，国内已出版了13部《白鹿原》的评论研究专著，单篇评论300多篇。《白鹿原》在香港出了天地图书版，在台湾先后有两家出版社出版，韩国出了韩文版，日本出了日文版，越南没有跟作者打招呼出了越文版。不久前出版了法文版，英文版正在翻译中。

我们当然还可以从小说的基本要素来考查《白鹿原》。例如说，它有精心的结构，有诸如白嘉轩、鹿三、田小娥、朱先生等独一无二的艺术形象，有好看的堪称经典的故事，有个性鲜明的、有张力的语言，等等。

但是，推崇、肯定《白鹿原》的最重要的依据，我认为还是要从它对中国当代文学的开拓性、突破性来寻找。从这个角度来看，《白鹿原》对历史的反思是有空前深度的。《白鹿原》真实准确地描写了大动荡、大变革的时代生活，描写了中国人在20世纪前半叶的生存状态和心路历程，波澜壮阔、惊心动魄。它通过对我们这个民族"秘史"的书写，让读者陷入深深的思索：我们为什么几十年来都在风风雨雨、恩怨情仇中厮杀与折腾？中华民族如何才能走向真正的繁荣昌盛与达至现代文明社会？

社会历史在进步演变的过程中，会使人们对一些事物或一部重要作品有新的认识。关于《白鹿原》也同样有这种现象。1997年12月，茅盾文学奖的部分评委坚持要陈忠实对《白鹿原》作修订的两点意见，大约10年以后都有了不同的反响。

其一，是车宝仁在《〈白鹿原〉修订版与原版删改比较研究》一文中指出的，修订版删改原版2260多个文字符号，修订版比原版少了1900多个文字符号。对朱先生指国共斗争翻鏊子折腾老百姓的说法的修改，"显得生硬不自然"，"这里的修改很难说修改得很好"。对这种删改的合理性显然是存疑的。至于对性描写的删改，则认为"随着社会和时代向前推进，社会观念的变化，将来人们会更多地看重原版的价值。此书在20世纪90年代前期出版时一些人批评其性描写，而新世纪以来已未见此类批评，也能说明读者评论家观念的推进”（参见《说不尽的〈白鹿原〉》第712—729页，陕西人民出版社2006年11月第1版）。

其二，是陈忠实自己明白无误的表述。关于《白鹿原》中朱先生的“鏊子说”，他指出“这里有一个常识性的界限，作品人物对某个事件的看法和表态，是这个人物以他的是非标准和价值判断做出的表述，不是作者我的是非标准和价值判断的表述。……这些人物对同一事件大相径庭的判断和看法，只属于他们自己，而不属于作者。……读者和批评家可以严格挑剔朱先生等人物刻画过程中的准确性和合理性，包括他的‘鏊子说’，是否于他是准确的和合理的，而不应该把他的‘鏊子说’误认为是作者我的观点”。面对有人认为“鏊子说”表明作者缺乏智慧的批评，陈忠实的回答是：“把智慧耗费到机巧上，且不说合算不合算，恐怕创作都难以为继了，如果还有作家的道德和良知的话。”（引自《寻找属于自己的句子——〈白鹿原〉写作手记》，载《小说评论》2008年第1期），陈忠实毫不含糊地反批评的态度再鲜明不过了。

我不可能就中国当代长篇小说的排序做正式的调查，但最近我在相熟的评论家、编辑和作家中提出这样的问题：当代中国长篇小说中，如果要排个座次，你们认为谁该坐这第一把交椅呢？有意思的是，他们不约而同地认为，《白鹿原》当之无愧地该坐这第一把交椅。如果再按二三四五排座次，那意见分歧可就大了。

2012年5月，我又从到延安参加毛泽东《在延安文艺座谈会上的讲话》发表70周年纪念活动的评论家朋友那里，听到关于《白鹿原》在当代中国长篇小说中地位的信息。其一，据说深圳某报举办包括网络、电话等形式的评选活动，评选“改革开放30年对中国影响最大的30部书”，入选的长篇小说只有两部，即拉美马尔克斯的《百年孤独》和陈忠实的《白鹿原》；其二，是南京的某大型文学刊物邀约一批有影响的中青年评论家评选当代中国的最佳长篇小说，陈忠实的《白鹿原》毫无争议地当选。

这些信息，可以说起码没有出乎我的意料。高大全式的人物和没有缺点的作品是没有的，优秀乃至伟大的作品却肯定是有的。

自1988年4月起笔写《白鹿原》，陈忠实几乎耗尽了他的全部心血。每周，他回城一趟，从家里带吃的馍回到白鹿原下的祖屋里，靠着冬天一盆火、夏天一盆凉水写作。屋门前10米手植的一棵梧桐树，从大拇指粗长到胳膊粗，有了可以给主人遮挡阳光的绿荫。梧桐树见证了陈忠实写《白鹿原》付出的一切艰辛。为了完成《白鹿原》的创作，陈忠实不知经受过怎样的心灵的煎熬和付出多少心血与牺牲。石家庄的一位医生或护士在给陈忠实的信里说："我想写出这本书的人不累死也得吐血……不知你是否活着还能看到我的信么？"

所以，作为《白鹿原》的组稿人、终审人和责任编辑之一，我和我的同事们说过，一个编辑，一生中能遇到陈忠实和他的《白鹿原》，是我的幸运。关键在于你遇到这样厚重的文学经典（在文学史上不管有多少争议都是无法回避、绕不过去的作品）时，不管有多大的压力，都要敢于为它拍胸脯、做保证，甚至立下"军令状"，愿与这样优秀的作品共荣辱，与它的作者同进退。

陈忠实当然也是个重友情、讲信义的作家。对我，对咱们《当代》杂志和人文社，从相识、相交以来，一直如此。

2012年5月，我和辽宁省作协主席刘兆林、江西省作协主席陈世旭，应陈忠实之邀访问白鹿原，参观陈忠实文学馆，在思源学院白鹿讲堂讲课，在白鹿书院座谈、题字，到原坡上采摘樱桃……老朋友聚在一起度过了几天愉快的时光。其间，陈忠实和我商讨了在人民文学出版社设置"白鹿当代文学编辑奖"的事。我们在一起商量了初步的方案，如章程草案之类。我曾建议就以"陈忠实"冠名，他却以"白鹿"取代了自己的名字。

回到社里和当时的社长潘凯雄、总编辑管士光报告了，他们俩都表示积极支持。其后，潘凯雄调任中国出版集团副总裁，"白鹿奖"的事便由新社长管士光主持。

2013年1月7日，由新社长管士光主持召开"白鹿当代文学编辑奖"评委会会议。评委还有赵萍、付如初、杨柳和我，参与其事的还有当时的社长助理、我们戏称为“秘书长”的周绚隆。会议确定了具体的奖项、获奖者名单和有关事项的安排。

3月20日，因健康原因极少外出的陈忠实亲自来到北京，和人文社社长管士光一起向荣获“白鹿当代文学编辑奖”的编辑颁奖，颁奖会由新到任的主持当代文学编辑工作的副总编应红主持。何启治荣获“《白鹿原》出版纪念奖·特别奖”；刘会军、洪清波、常振家、朱盛昌荣获“《白鹿原》出版纪念奖·荣誉奖”；于砚章、王建国、刘会军、刘炜、刘海虹、包兰英、王鸿谟、许显卿、刘稚、杨柳、脚印、周达宝、周昌义、胡玉萍、彭沁阳、赵水金、何启治等17人荣获“白鹿当代文学编辑奖·特殊贡献奖”；杨柳、孔令燕荣获首届“白鹿当代文学编辑奖”。前三项其实就是奖励20年前组织、编辑出版《白鹿原》的有功人员，和奖励《白鹿原》面世20年来人文社在编辑出版当代文学作品方面有突出贡献的人。“白鹿当代文学编辑奖”则从2013年起两年评选一次，奖金由陈忠实提供，新闻发布会等活动经费由人文社负责，奖励人文社在当代文学编辑工作中贡献突出的个人，以激励当代文学编辑的工作热情，不断提高人文社当代文学原创作品的品质和社会影响力。

我最清楚，陈忠实是一位忠厚实诚的、对当代文学的繁荣发展有使命感的大作家，也是对咱们人文社有真感情的大作家。新闻界、文学界对此也是认同的。“白鹿当代文学奖”颁奖会后，经媒体广为报道，一时传为文坛佳话。

列夫·托尔斯泰在他的文学札记中说：“人一生的幸福，是能为人类写一部书。”这里的“一”当然只是泛指的数量词。他自己的传世之作就有《安娜·卡列尼娜》《复活》和《战争与和平》等。同样，法国的伟大作家雨果，也因为他的《巴黎圣母院》《悲惨世界》和《九三年》而彪炳史册。那么我想我们可以毫不夸张地说，陈忠实的《白鹿原》当然也属于“为人类写（的）一部书”。

去年10月23日，我和人民文学出版社的周绚隆、刘稚到西安去看望病中的陈忠实，给他带去散发着油墨清香的10卷本《陈忠实文集》（包含他的新的文学作品，共 380 多万字）。不久，又看到了邢小利著《陈忠实传》（陕西人民出版社 2015 年 11 月第 1 版）正式面世。我想，这些对病中的忠实都是一种安慰吧。

1936 年 10 月 19 日鲁迅病逝于上海。10 月 24 日郁达夫在《怀鲁迅》一文中十分沉痛地说：“没有伟大的人物出现的民族，是世界上最可怜的生物之群；有了伟大的人物而不知拥护、爱戴、崇仰的国家，是没有希望的奴隶之邦。”我们当然不会简单地把忠实和鲁迅相比，但就应该懂得拥护、爱戴、崇仰我们这个民族、国家出类拔萃的杰出、伟大的人物来说，其精神是完全一致的。好在我们已经跨过了那个不幸的时代，我们已经知道爱戴、崇仰我们的大作家陈忠实。

书比人长寿。精神的影响比物质的东西更深远。

有陈忠实的作品在，有《白鹿原》在，陈忠实就是永生的。我们真挚的朋友、我们敬爱的大作家陈忠实同志永远活在我们心里，永远活在千千万万的读者中间。是的，我们一定会记住永生的陈忠实。

啊，白鹿远行，呦呦鹿鸣。精魂犹在，长留人境。

（2016 年 5 月 1 日，写于寓所北窗下，其时我的视力已下降至 0.1）

（《当代》2016 年第 4 期）

先睹为快

洪清波

1992年3月，我和高贤均去成都作家邓贤处组稿。邓贤那几年在人文社和《当代》杂志连续发表了《大国之魂》《中国知青梦》，正红遍全国。对他当时即将完成的新作，我们也充满期待。临行前，时任《当代》杂志的副主编何启治告知我们，中途在西安停一下，取回陕西作家陈忠实刚刚杀青的长篇小说。

当时，关于陈忠实，我只有些耳闻。听前辈说，20世纪80年代，他曾获过《当代》主办的全国中篇小说奖。那时获奖没什么奖金，但足以改变作家的命运。陈忠实从此就踏上专业作家和作协领导的坦途。对陈忠实刚刚完成的作品，我也是有期待的。首先这是他第一部长篇；其次，这部作品虽未面世，江湖上就有了相关的传说。

记得1990年，我和同事周昌义去西安陕西作协组稿。当时周昌义连续发表陕西几位青年作家的作品，反响很好。为了趁热打铁，进一步扩大他们在文坛的影响力，我们专程前往拜访。结果令人失望，到了作协，竟然一个人都没找到。记得作协领导尴尬地说，年轻人都到海南淘金去了。

当时的背景是，坊间传闻海南继深圳之后，要成立经济特区。消息传出后，有几十万青年知识精英横渡琼州海峡。去海南成了年轻人的时尚，没想到特立独行的文学人也没能幸免。现在看来，那几年正是文学由盛到衰的历史拐点。

其实，在我们一踏进位于西安建国路的陕西作协大院时就感受到了这种气氛。作协大院豪华气派，显然是王府豪门的故居。而眼下，大院里所有房间的门窗紧闭，除了收发室的大爷，空无一人，只有一些纸片随风飘荡。当时的情景酷似主人全家逃难去了，留下老用人看守老宅。

作协领导看出我们的失望，安慰似的说，陈忠实正在家乡灞桥写他的长篇，已经有两年多了，应该是你们想要的。现在想来，当时我们的感受一定如同听了时下流行的话术套路：一个坏消息，一个好消息。至于二者能否对冲，我已经记不清了，但老陈的长篇工程，印象却无比深刻。

所以，当何启治让我们去西安取老陈的书稿时，我多少有些悬念终于要揭晓了的兴奋。记得火车到西安时，是上午八九点钟，未曾谋面的陈忠实一下认出了我们，想必是我们特征突出。高贤均轻车熟路地与老陈寒暄着，我在一旁观看着这个熟悉的陌生人。

他的面相，以城里人的标准，该有六七十了，脸上岁月的痕迹彰显。但他的身手矫健，拎着我们的行李还能健步如飞谈笑风生。当得知他其实与我们差不多是同龄人时，我才真的震撼了。这也许就是写《白鹿原》和看《白鹿原》的差距。

后来看了老陈关于这段回忆的文章得知，不单是我们在观察他，他也在观察我们，只是老陈的表达更给力，叫作：一个迷人，另一个更迷人。我理解老陈之所以用如此稍显香艳的表述，是他对我们第一印象不错，认为我们是值得信任的可托之人，可见他当时对自己那部呕心沥血的作品即将被裁决时的复杂情感。

老陈安排我们下榻作协招待所之后，先问了我们的行程安排，得知我们来去共 3 天时，好像松了口气。他给了我们几本他的旧作，说长篇还要修改和复印，走之前一定给我们。老陈照例问我们有什么要求，小高说就是想先睹为快。老陈抱歉地笑笑，说不急，这两天让作协同志陪你们转转。我去忙稿件的复印，就不陪你们了。

应该说，接下来的 3 天，是我们出差史上最无聊的 3 天。虽说有老陈安排的作协同志循例陪着吃饭逛景点，但失去了进一步了解老陈和他的作品的机会，一切就都味同嚼蜡。后来高贤均索性推辞了一切活动安排，说是要研读老陈既往的作品。记得老陈的作品集真不少，现在还有印象的是《四妹子》和《蓝袍先生》。读了一天作品，我俩面面相觑，但都明白对方的意思了。当然，我们担心的并不是这些作品，而是那篇至今神秘兮兮的长篇。接下来，等待就变得更漫长。

关于这几天的等待，我和高贤均也分析过，为什么老陈通知我们来取稿，可又保密又要等 3 天。直到老陈的“枕头工程”大获全胜之后，我们还认为当初他可能是不清楚自己的美丑，不好见公婆呢！后来，看了老陈亲密文友的回忆文章，才知道老陈写《白鹿原》的 5 年多，关于书的一切对任何人都只字不提，书稿也不让任何人碰。老陈自己的解释就是，蒸馍不能透气，透了气就蒸不熟了。最近我又看到老陈关于那段往事的回忆，编辑来西安取稿，恰逢母亲住院，分身乏术，未尽地主之谊，连何启治曾经盛赞过的葫芦鸡都没请他们吃。原来如此，只可惜，得知这一切原委时，高贤均已经去世 10 多年了。好在他理解老陈，理解好事多磨。

终于到了要走的时候了，老陈风尘仆仆赶来，说去他家吃晚饭算是饯行。老陈家就在作协宿舍，离招待所很近。那天请我们吃了什么，一点印象都没了。没印象就说明老陈为接待我们，付出了巨大的努力。为了写《白鹿原》，老陈家的经济濒临破产，用老陈的话就是“那阵子他不怕请客，就怕客人吃不下家里的饭”。

我对老陈家的宴请没有印象，可是对他家的印象太深刻了。一个副厅级的作协副主席，家里的状况可以诠释一句成语：家徒四壁。我吃饭时只记得房间墙角里散乱地堆了些空啤酒瓶，这是我看到老陈家唯一能与现代社会接轨的标志物。当时全国人民都不富裕，但像老陈家这种情况的还是令人唏嘘。

终于到了分手的时刻。在作协送站的车前，老陈将厚厚一摞稿件交给我，却又不松手，表情看上去分明有些重要的交代，可到底没说什么。后来，老陈在回忆文章中说，当时他想说我可是要把生命交给你们了。或许是担心交浅言深怕吓着我们；或许是看我一副去心似箭的样子，不具备表达历史嘱托所需的氛围。总之，后来老陈只是在稿件上拍了几下，就完成了他酝酿良久的交接仪式。现在想来那种情景太像是多情总被无情恼了，为此我至今对老陈心存歉意。

说老实话，登上开往成都的火车，我们无比轻松。三天的清修留在车窗的后面，想得到的繁华就在前方等着我们，但十几个小时的车程还是让人百无聊赖。我就是在这种心态下开始阅读《白鹿原》的。结果，是地球人都可以预料得到的。后来，我拿了看过的稿子找到高贤均，顶着他疑惑的神情，向他保证这是货真价实的先睹为快。

果然，到了下火车的时候，高贤均就变得不那么淡定了，只要有时间就跟我开聊读后感。我都担心这样会让不明就里的四川作家朋友感到我们移情别恋了。确实，以往看邓贤初稿的标配是，白天看稿谈稿，晚上一票作家朋友，在来了就不想离开的城市里声色犬马。而这次，白天看稿谈稿依旧，晚上高贤均要求邓贤不要有任何安排，说是回宾馆看《白鹿原》。作家裘山山后来写过这段反常，那是在《白鹿原》成功之后。我们的四川作家朋友们，一起经历了这一见证奇迹的历史时刻。

回到北京，高贤均和我分别走出书和出刊的三审程序，依旧是一路盛赞。特别是我的复审，时任《当代》杂志副主任的常振家阅稿后评价甚高，甚至有失于一贯的稳重冷静，要知道那可是《当代》老主编秦兆阳激赏他特有的工作气质。终审何启治副主编的评价自不必说。据陈忠实回忆，他写中短篇小说小有成就之后，就进入了创作的瓶颈期，是老何建议他写长篇实现突破，并顺便约了稿。老陈为此请老何吃了葫芦鸡，以为君子协定。

高贤均那边也一路顺风，人文社决定出版《白鹿原》。后来听高贤均说，老陈在接到用稿信之后，取消了一万只鸡苗的订单。原来如此，当初老陈的讳莫如深是因为面临着如此的生死抉择。后来看老陈的回忆文章，不似高贤均版本那么八卦，而是更文学的表达，一屁股坐在沙发上大吼三声。老陈是华阴老腔的票友，所以如此表达心情更可信。

《当代》于 1992 年年底和 1993 年年初，分两期刊发了《白鹿原》，反响久违的热烈。出书却不那么顺利。高贤均说新华书店首次征订才 900 多本，为此他诟病了传统的发行体制。好在不久"陕军东征"的旗号被文坛打出，凭着双璧《废都》和《白鹿原》的引领，陕西作家的 5 本小说创出了当时纯文学的销售高峰。我由衷替老陈高兴，至少他的财政困难终于彻底解决了。

刊发《白鹿原》不久，老陈约我写篇书评，说写好他负责联系发表。当时文评界对《白鹿原》盛赞有加，但权威人士也有不同意见。既然是权威，所以影响也蛮大的。老何甚至要我们所有审稿编辑做好最坏的准备。我想如果我简单写篇颂歌，人微言轻对老陈也无益。我考虑再三，还是针对当时文论界二元对立的评判现象，找个新的视角评价《白鹿原》的价值。于是我写了《第三种真实》，指出现实主义小说在中华人民共和国成立后 17 年间，表现出的是政党的真实；新时期开始，表现出了人民的真实；而《白鹿原》表现的是人类的真实。三种真实是视角的关系，无关是非对错。

我的目的是赞《白鹿原》又不否定其他层次真实的作品。其实现在想来，所谓的人类真实就是今天所说的普世的价值观，只不过在 20 世纪 90 年代初还没人提倡这种价值观。这篇评论发表在《当代作家评论》上。关于我的观点，我没同老陈正面交流过。后来，常振家从西安《白鹿原》讨论会上带回老陈的反馈，他说"小洪那篇评论写得有点意思"。我听后当时没太当回事，这点意思要当真不就没意思了么。直到 2001 年的一天，我才感到老陈不是随口应付。

记得那天下午，编辑部来了一个真称得上是美女的韩国人。她找到我，说自己是研究《白鹿原》的留学生。她去西安见到陈忠实问询《白鹿原》研究的问题。后来老陈告诉她可找《当代》洪清波。该女生之所以对《白鹿原》有兴趣，是因为韩国当年有本写民族历史的小说，历史观与《白鹿原》相似。由于小说写于军人政府时期，所以成为禁书，最近才解禁。我与女生探讨，在社会动荡期，作家如有远见，不受当时意识形态所囿，才能写出具有生命力的文学。这件事不大，只是间接证明老陈认可了我对《白鹿原》的看法。

《白鹿原》问世后，我与老陈交往很少，只是不断从各种渠道得到他的信息。2005 年，我突然收到来自人艺的一封信。信封里有两张票和一张便笺，说遵陈忠实老师所托，送上《白鹿原》话剧首演票两张。看戏时我见到了被簇拥着的老陈，我们相互点头致意。后来，《白鹿原》又被改成舞剧电影，老陈一律支持鼓励，哪怕改编遭到无情非议。我知道，老陈超自信，有原著在畅销，还担心什么呢！

与老陈打交道 20 年，我们几乎没有面对面地交谈过，直到 2013 年的某天，突然接到出版社的通知，晚上参加宴请陈忠实的宴会。人文社刚刚与陈忠实签了新的版权合同，要宴请他，老陈提出让我也出席。餐桌上见了面，我们分别说对方没什么变化。说实在的，我真没恭维老陈，我一直认为他透支了苍老，就没见他年轻过。

不知为什么，一见老陈，有关《白鹿原》的脑细胞就被激活。我跟他聊了《白鹿原》的最新心得。老陈在作品题记上交代，小说是关于一个民族的秘史。这大致不错。但今天的社会背景下，我更觉得《白鹿原》生动地展示了在中国实行了 2000 多年的封建宗法制度，是如何在最后的 40 年（1910—1949）里解体的。老陈同意我这样的概括。我说其实中国南方明中期这种解体就开始了。陕西关中由于地理文化上的封闭性，成为最后解体的地区之一，就像大熊猫是古代动物的活化石一样，关中便是旧制度的活化石。老陈看上去很开心。我明白，他开心不是认可我的言论，而是《白鹿原》成为我们谈话永恒的主题，颇有些开谈不说《白鹿原》，纵读诗书也枉然的意思。

当时我并不清楚，这次就是我和老陈最后的晚餐了！ 2016 年 4 月 29 日，陈忠实病逝了。接下来，史上最隆重的追思追悼活动就开始了。人文社派出了阵容庞大的吊唁团队前往西安主会场。我没能去现场送老陈最后一程。我知道，老陈与我从来都是神交的关系。好在，老陈是枕着第一版《白鹿原》走的，现场还有作家红柯高举着当年的那本《当代》杂志。

老陈将来再见时，我们还可以聊聊《白鹿原》。

（《当代》2016 年第 4 期）

《白鹿原》的第一次研讨会

常振家

20 多年前，正当严肃文学在商品经济大潮和俗文学冲击下备受冷落，不少作家为此困惑、莫衷一是而倍感浮躁的时候，古老的关中大地却在悄悄地孕育着一位成熟的作家。

陈忠实用了整整 6 年时间，苦心经营，呕心沥血，终于在他那远离闹市的乡村老屋里熔铸出一部沉甸甸的大作品——《白鹿原》。

《当代》杂志 1992 年第 6 期和 1993 年第 1 期发表了这部鸿篇巨制。《白鹿原》一问世，便以其雄浑厚重、咄咄逼人的气势、深沉冷静的历史思考以及众多崭新饱满的艺术形象征服了读者。

《白鹿原》的成就首先表现在它独特的历史眼光和艺术表现的大胆突破上。陈忠实在经历了五六年痛苦的人生思考和艺术思考之后，以一个作家罕见的勇气和艺术胆魄，极为逼真自然地将艺术概括依附于对社会历史的深刻思考和理解，字里行间弥漫着一种历史的厚重和苍凉，从而形成了一种宏大、深邃、质朴的艺术风格，形象深刻地反映了半个世纪中华民族的苦难、悲剧和历史演变，沉实练达的笔触、撼人心魄的描述，令人荡气回肠。白嘉轩、朱先生让人耳目一新；鹿子霖、白孝文、小娥、黑娃、鹿三等个个鲜活饱满；……对这些人物的描写不仅写出了旧时代中国农村道法文化的底蕴，而且展示了民族的精神和灵魂，写出了作家迄今为止所能理解到的历史和生活的必然。在小说创作中，陈忠实这种除了阶级斗争以外的，从人性、文化、伦理、道法、人格等多方面审视历史的眼光不仅是独特的，而且有着突破性意义。

《白鹿原》的发表，引起了社会的关注，首先是文坛的关注。

1993 年 3 月 23、25 两日，中共陕西省委宣传部、陕西省作家协会联合在西安召开《白鹿原》研讨会。省委宣传部部长、副部长亲自到会，来自陕西多地的评论家、作家 50 余人参加了研讨会。何启治和我作为《当代》杂志的代表专程去西安参加了这次会议。

这是我记忆中有关《白鹿原》的第一次研讨会。

时间过去了 20 多年，许多记忆已经模糊甚至丢失，以下所述只是我记忆中的点点滴滴。

促膝长谈

何启治和我是开会的前一天到达西安的。这是我第一次来西安，一下车便受到陈忠实的热情接待。记得他当时心情非常好，为我们忙上忙下，安排房间，亲热得像见到了家里人。

我和老陈 1984 年就认识，那年他到北京来领“《当代》奖”，我们曾一同开会，一同游慕田峪长城。只是后来很多年没见过面，直到这次为《白鹿原》发稿才又联系上。

住下后，何启治晚上要去看朋友，陈忠实过来陪我聊天。我很高兴，我有许多话要同他讲。我和陈忠实算是同一辈人，都不善聊家常，没说几句，话题就转到《白鹿原》上。老陈给我讲了这些年的写作经历，讲到他为何去查县志，为何躲进乡村祖屋，为何既关注又不参与文坛各种流派的纷争……真讲得我热血沸腾。他讲的那一切，有些是我读作品时能看到或感觉到的，因此很容易产生共鸣。他对文学事业的那份执着，他不为外界诱惑影响的那股定力，他的坚忍不拔，他的牺牲精神无不使我感动。特别是听他讲到去灞桥乡村祖屋，为自己营造创作氛围，以及约法三章以保证“整个写作期间能聚住一锅气”时，我暗暗佩服他对于艺术真谛的深刻理解与感悟。不要看他外表似乎“土”，他真真的是个大艺术家呢！

为满足我的好奇心，也是为了证实我最初读稿时的种种猜测，我便开始问他创作前读过哪些书。

《古船》？读过。

《百年孤独》？读过。

《静静的顿河》？早年就读过。

我又一连串说了几本，其中有对也有错。我们不时发出笑声，那情景就像两个孩子在做猜谜游戏。

陕西三杰

在长达 6 年的时间里，陈忠实吃了那么多苦，付出了那么大生命代价，才写出了这部《白鹿原》。可是按当时的稿费标准，千字最高才 30 元，这样满打满算，陈忠实的稿费也只有 1 万多元。太不公平了！可我又想不出好办法，因为当时的稿费是国家规定的。《当代》杂志不做广告，也不拉赞助，我们没有钱弥补陈忠实的损失。我像个神经病似的不断重复着这个话题，而厚道的老陈却没有一句怨言，总是用真诚友善的笑面对我……

我们的话题逐渐转到“陕军东征”上。当时陕西的文学创作正处于兴盛时期，陈忠实的《白鹿原》又为这兴盛加了一把火。路遥、陈忠实、贾平凹“三足鼎立”之势已经形成。这三位作家个个实力非凡，而且每个人后面都跟着一帮年轻人。他们你争我赶，互不服气……这种竞争也在一定程度上促进了陕西创作的发展和繁荣。

我和陈忠实都很兴奋，不知不觉竟聊了 3 个小时。老陈说话很朴实，很真诚，不做作，不铺张，实实在在。有些话很精辟，很形象又富有哲理。他很直率，几乎是有问必答，不躲闪，不回避。我很喜欢听他讲话，受益匪浅。

研讨会

第二天，研讨会正式举行。那场面自然是热烈的。全省评论界、学校以及各地作家。杨争光等一帮青年作家格外抢眼，楼道里不时传来一阵阵秦腔的长吼……

会议开始了，发言一个接着一个，对作品的分析也是头头是道，有理有据，很有水平。我也一边听，一边对照着自己看稿时的体会，不住地点头。

这是我第一次直接领略陕西评论界的风采。当畅广元、李星等人发言时，我仿佛置身于北京中科院的研讨会之中。陕西作家了得，陕西评论界的实力也同样了得！

该我发言了，会场热烈的气氛感染着我。我先说了自己阅读时的感受，接着介绍《白鹿原》发表时北京方面的一致反应。当我读到人们对作品的高度评价时，突然有人喊了一句："还不就是白烨一个人在那折腾……"我权作没听见，继续发言，会议照常进行。这声音不是很大，但与会场的气氛极不和谐。会后冷静下来想一想，有不好的声音也是自我的肯定。我似乎又隐隐约约感到了他们心中的那种"不服"。会场休息了，楼道里又响起了那一声惊天动地的秦腔。

深深的一鞠躬

研讨会开场很成功，陈忠实的创作实践、创作成果、变革精神以及《白鹿原》在新时期文学发展中具有的突破性意义，得到了人们广泛的认可。闭幕会时，陕西省委宣传部部长王巨才做了热情洋溢的发言。讲话结束时，只见他转身向陈忠实恭恭敬敬地深深地鞠了一躬。至今，他讲话的内容我一句也记不清了，但他鞠躬时那无比诚恳、无比恭敬的神态却深深地印在我的记忆里。他对《白鹿原》以及作家陈忠实创作的心悦诚服，他对人类灵魂的铸造者——作家创作劳动的尊敬，都尽在这深深的一鞠躬中。过去我从没见过这样的场面，后来也没听说过。

一张一次成像的照片

会议期间曾有一天空闲，安排何启治和我去看西安周围名胜古迹，结果前一天晚上，何启治说他要去会朋友，不想去了，这样就剩下我一个人。老陈知道我是第一次来西安，就决定陪我去。我说你那么忙，换个人陪我吧，他决意不肯。

第二天一大早我们就出发了，整整跑了一天。华清池、秦兵马俑、秦王坟、大雁塔……一路奔波、马不停蹄。老陈不停为我解说着，十分热情耐心。路过灞桥时，他一下子从座位上站起来，指着窗外那一片草原对我说，那就是我家祖屋的方向……参观兵马俑时，老陈站在当年美国总统卡特参观时的位置上，形象地描述了卡特当时被眼前的景象震撼、泪流满面的情景。从他那动情的讲述中，我感受到老陈骨子里的那种民族自尊和自豪。

从博物馆出来，我说要是在这儿合个影就好了，可是同行的人都说没有带相机，有点遗憾。我们继续往前参观，走着走着却发现老陈不见了。就在我们四处寻找的时候，只见老陈从不远处领来一位摄影师。他的相机可一次成像，立等可取。我和老陈高兴地合了影，他对我说，这也是他的心愿。同老陈相识的 30 年当中，我们也曾有过几次合影，但这张一次成像的照片却让我格外珍惜。

《白鹿原》在展示民族精神的同时也寄托了陈忠实的道法理念，而这也一定程度上影响了他做人的行为准则。他做人很认真，对自己要求很严，重友情，重信誉，重名声。他为人真诚，谦和，不善张扬。他待人厚道，热情周全，常常为别人着想，与他接触过的人都对他有良好的印象。

再看陈忠实

陈忠实在一次访谈中这样说："作为文学主体的作家，通过自己的体验和认识，将国家和民族在多个历史时期所经历的痛苦和欢聚真实地再现出来是至关重要的。我曾在评论路遥的作品时，认为路遥就是取得这样成就的重要作家，也因为这一点，我很敬重他。"路遥比陈忠实小10多岁，但当时已写出《平凡的世界》那样的大作品，他再也坐不住了。他说："我感到了一种巨大的无形压力，我下决心要奋斗，要超越，于是才有了《白鹿原》。""要不是路遥，我没有这股劲。"陈忠实的话让我明白了很多。

文章最后，我想把陈忠实的一段话送给那些正在创作路上苦苦求学的作家们。陈忠实说："苦闷是某个创作阶段上自我否定的必然过程。自我否定是一种内在的动力，是打破自己思维定式的一种力量。""对于一个作家来说，可怕的不是苦闷，而是思维呈现的太多的定式。思维定式妨碍吸取，排斥进取，导致作家洋洋得意自我欣赏，因而也导致作家思想和艺术生命的老化。"

陈忠实的智慧还表现在对自己生命的把握和安排上。他知道自己生命的价值在哪里。他非常清醒自己什么时候该干什么，能做到什么。

他分析了，他安排了，他实现了。

陈忠实走了。他的生命已经定格。

一部沉甸甸的《白鹿原》摆在那里。他的人品、文品摆在那里。不用多说。

2016年5月于北京风度柏林

（《当代》2016年第4期）

和陈忠实相处的日子

赵　安

陈忠实走了，一代巨匠飘然仙逝。

听到这个消息，我木然坐了半天，脑袋里像断了片。他走了，我奇怪反复地想着一个画面：白鹿原上，苍穹之下，陈忠实的背影，越走越远。我努力地想着，却始终想不起来他走着的背影，应该是什么样子。细细思量，每次都是我从他那儿离开，他起身送我到门口，我几乎从来没有送过他。在陈老师家摆设的灵堂前，燃香伫立，鞠躬致哀。陈老师，今天我来送您了。

和陈老师相处十五六年，闹不清楚俺俩究竟是什么关系，说是朋友，少了一份亲密；师生，没有那一份传承，交往像蜻蜓点水。如果准确地用书面语言说，我们的关系是甲方乙方。

2001 年 7 月，我和赵军驱车到陈老师的故乡——西安灞桥西蒋村去签《白鹿原》电视剧的改编合同。大约下午两三点，我们赶到了他那间前面平顶房、后面窑洞的屋子。陈老师一个人在乡间写作，正准备吃午餐：两个馒头、一碗白菜熬豆腐、几块肥肉。那时我们拍的《12 · 1 枪杀大案》播得正火，陈老师饶有兴趣地问东问西，抽着他的“黑杠子”（巴山雪茄），兴致勃勃拿出一幅他刚刚收集到的照片，是书中朱先生的原型——牛兆濂先生的遗像，让我们看。这位民国先贤目光炯炯，不怒自威，我说跟陈老师有点儿像，陈老师哈哈笑出了声。那是一个愉快的下午，窑洞透着阴凉。当我们怀揣着合同，在白鹿原下、灞水河畔的公路上，迎着夕阳，开着白色的普桑一路狂奔时，感觉像快活林里一对劫了皇纲的土匪。

版权转让 3 年，期限很快就到期了，我们没有拿下电视剧的立项。

2004 年的 6 月，西安一个酷暑的晚上，我和陈老师坐在省作协一间空荡荡的办公室里谈判。陈老师想给我倒杯水，暖壶是空的。我滔滔不绝地说着 3 年的辛劳，企图继续续约。陈老师淡然地听着，表态像一个老农民一样简单直接：我听明白了，你说得舞马长枪的，还是拿不下这事儿。你不用给我解释，现在做啥事儿都难，你只要拿来国家批准的红头文件，哪怕是一张二指宽的条条，咱就继续。我企图舌灿莲花，口干舌燥了一个多小时，最后，和陈老师达成一份口头协议：你可以继续做，我也不能在一棵树上吊死，谁能批下来我就签给谁，这对大家都公平。我知道有不少影视公司虎视眈眈，但又无话可说。

陈老师把我送下楼。天黑了，我沮丧地走着，想起省作协这院子，大神云集，原来是军阀高桂滋的公馆，西安事变时羁押过蒋介石，脊背上一个劲儿冒凉气。

人怕啥偏偏遇见啥，往后的日子里，经常在各种场合碰见陈老师，他偶尔会问一问我进展如何，我总是设法讲述自己的努力和辛苦。陈老师只是听着，一副不问耕耘、只问收获的淡然。我常常说到最后，就只剩下了支支吾吾。后来，就有点儿怕见他，怕他问起，不知该说些什么；又怕他不问，老怀疑是不是已经有人截胡。发展到一看见他那张饱经风霜的脸，就心里打怵；一听见他说哪家影视公司又找他了，就心如刀绞。陈老师总是一脸淡然，皱纹深刻。记得有次省上开会，总共就 20 余人，一进会场，就看见陈老师大马金刀地坐着，抽着他的“黑杠子”，我竟然借上厕所悄悄地溜了。这样的日子，过了五六年。

2010 年 10 月，金秋送爽。《白鹿原》电视剧的立项批文下来了。第一时间，我给陈老师打电话。陈老师不相信，你甭哄我老汉，把红头文件拿来。我说现在没有红头文件了，广电总局只在网上公示。他仍然不信。我说，陈老师，你不信我，没问题，你找个你信任的人，上网查查，如何？

晚上，陈老师电话来了。俺俩在长安一号找了个小包间，要了一瓶红酒，点了几个小菜，他很高兴。说10年了，你终于胜利了，过程能写一部长篇小说了。我也让陈老师教乖了，直奔主题，说版权咋办。他笑了，我说话算话，版权至今我谁也没签，你批下来，以后我就只认你了。我问他对改编有什么意见，应该注意些什么，对人选有什么建议。陈老师说，小说写完，我的事就完了。发表到社会上，那就陈忠实是陈忠实，《白鹿原》是《白鹿原》了。咋改，找谁改，那是你的事了。那天我们聊得很高兴，说了很多，说什么记不准了。我只记得陈老师满脸的皱纹都开了，慈祥得像个菩萨。还有，就是第一次感到，涩涩的干红，滋味那么隽永，好喝。

编剧申捷读了上百本书，又在白鹿原上转了半个月，做好了准备，想和陈忠实谈谈。陈老师很有意思，约他时，他总是说，咱找个中间点，都不远，你跑一半，我跑一半，于是我们又约到了长安一号。他俩坐在一张三人沙发上，一人靠一头。申捷圆头圆脑，像打足了气的皮球，说到创意就眉飞色舞；陈老师稳稳地坐在那里，像半截老榆木根雕，不紧不慢，让人想起《哈利波特》里面的老树精。陈老师谈了人物的想法、他们的原型，谈了他没有展开写朱先生只身退清兵的遗憾、黑娃的人物原型的命运等等。聊得很惬意，临走，我背过申捷问陈老师，感觉咋样。陈老师又是淡然一笑，这是你的事，甭问我。临了又补了一句：我没想到他这么年轻。

在剧本创作的两年多里，陈老师打过几个电话，每次都问得很艺术，但总是一个借口，说他来了几个朋友，问到这事咋样了，所以，他问一下。我一边给他汇报着进度，一边暗自思忖：这可爱的老汉，是真别人问了才问一下，还是自己想催了，不好意思？

申捷苦熬了两年半，剧本做完了。我给陈老师打了个电话，说剧本做完了，送审前，您要不要看看。陈老师说，你送吧，我不看了。语气感觉很大度，和一种已经落到你手里了，由着你糟蹋吧的无奈。过了3个月，省上专家研讨会开过几天后，我突然接到陈老师的电话。他说，哎，赵安，你把剧本做完也不送我一套看看？我有点蒙了。我说，陈老师，3个月前我就问你看不看，你说不看了，你可不敢冤枉我。陈老师笑了，说我忘了，赶快给我送一套。我心里有底，因为在研讨会上评价很好，著名评论家李星说，他终于发现了一个可以和陈忠实进行灵魂对话的编剧。过了大概半个月，陈老师问我能不能约编剧一块坐坐。申捷欣然前往，在酒桌上，陈老师专门端起一杯茅台，走到申捷面前敬酒，说辛苦了，以后剧本修改，有啥事儿都可以找我。鬼机灵的申捷说道，陈老师，老赵说你看剧本，我紧张坏了，就怕你骂我。陈老师笑了，说剧本你是专家，我还能骂你。大家都笑了，陈老师开心得像个孩子。

剧组紧张的筹备开始了，陈老师身体有些不佳的消息不停传来。张嘉译和刘进、申捷都几次提出来，要去看望陈忠实。我和陈老师联系，他说不用了，他在治疗，不方便，等他好一点儿，他一定会去看望大家。

开机前夕，我跑到陈老师的书房，想动员陈老师出席开机仪式。陈老师当时精神还好，就是说话吐词有些不太清楚，说几句，就要吐一口口水。我让陈老师看了演员的单人海报，陈老师看得很仔细，每一张都看半天，仿佛和自己心中的人物在对照，他没有作品评。我说，陈老师，十几年了，终于开拍了，轮到咱自己过事了，你这尊大神不就位，撑不起台面。哪怕去转一转，露个脸。陈老师拒绝了，说我给你写幅字吧，算是祝贺。你不是一直想要我的字么，我的字现在也很值钱了。陈老师笑着，说你说写什么词。我说我哪敢班门弄斧，你就给咱电视剧写一幅吧。于是俺俩商量起来，陈老师挥毫写下了“激荡百年国史，再铸白鹿精魂，祝贺《白鹿原》电视连续剧开拍”的四尺中堂。

电视剧开拍后，几次和张嘉译在一起喝酒，他都提到咱还是得去看看陈老师，总觉得咱不去不对劲儿。我又找陈老师联系了两次，他都拒绝了。他说，让大家好好拍戏，心领了，不麻烦了，我好点儿去看大家。电视剧前期拍完了后，我专程去给陈老师汇报，那次感觉陈老师好多了，说话也几乎正常了，而且已经在书房里又开始忙碌了，对电视剧投资两个多亿有些吃惊，关心地问能卖回来不？我说这回赚了。他笑了，赚了就好，再让你赔了，我还睡不安生了。我说陈老师要不要看看片花，陈老师说，我不看了，等你做好了，我再看。陈老师言谈举止，有一种病后释怀的泰然。

大概一个月前，我们为电视节剪辑了一个片花，大家还是想让陈老师看看。我又给他打电话，这回陈老师答应得很痛快，说，好，但这周不行，安排不过来，下周吧。到了下周，我再打电话，陈老师关机了。我问陈老师的办公室主任杨毅，杨老师说，陈老师要集中打半个月针，陈老师现在最操心的也就是《白鹿原》电视剧了，等打完针后再约吧。谁知道，等来的就是噩耗。

李晓说，陈忠实逝世，剧组要在官微上发一条消息，让我看看稿子，我加了一句话：您说过，《白鹿原》的改编，您寄希望于电视剧，没能让您看到是我们永远痛彻心扉的遗憾。

陈老师公祭的灵堂设在省作协，就设在高桂滋公馆里。碰见的熟人都在说，陈老师最大的遗憾，就是没看见电视剧播出。灵堂内鲜花簇拥，简洁庄重。陈老师在相片上笑着。眼神交流，阴阳相隔。我想，陈老师，您上天了，成神了，求您保佑了，我们一定会尽全力做好电视剧《白鹿原》，完成我们甲乙双方这次意义深远的约定。

您老驾云西去，白鹿精魂永存！

（《延河》2016 年第 6 期）

五

阎纲 铁凝 李卫
忽培元 梁鸿鹰 张燕峰
杨海蒂 叶子 李星 王心剑
王蓬 贾平凹 李向红 樊蓉 肖云儒 张志忠
白烨
张凤 陈毓 朱鸿 洪清波 赵安 红柯 陈彦 韩小蕙 常振家
陈晓明 李国平 周明
叶广芩 刘华溪 金炳华 张艳茜 雷钟哲 陈世旭
牛倩 刘醒龙 党益民 雷达
何启治 杨小玲 白描 蒋惠莉 姚秦川 李清霞
何平 王仲生 阿莹
吴克敬 赵刚 魏英杰 周燕芬 梁桂 韩怀仁
李遇春

“忠实”是陈忠实生命的底色

雷钟哲

文学巨匠、茅盾文学奖获得者陈忠实因病去世后，社会各界通过纸媒、网媒、微博、微信等渠道，向这位作家表达了深切的思念与敬仰，这不仅是因为他的作品的伟大，还在于他的崇高的人格和优秀的品德。可以说，“忠实”就是他生命最为鲜明的底色。

在熟人和读者眼里，或者在电视采访镜头中，您见到的总是一副和蔼可亲的面容，脸上刻满了岁月的沧桑，身上永远是朴素的衣着，似乎与知名作家等头衔并不匹配，反而常常让人想起关中老农的形象或者邻家忠厚实诚的大哥。也确实，他的逸闻逸事，也总能折射中华民族的美德。

若干年前，有人托冉学东邀请陈忠实去外地参加一个笔会，承诺付给相当数额的酬金。冉学东将此事电话转告陈忠实，本想关乎收益的事陈忠实定会应允，却不想被其断然拒绝，并且挂断手机。十分钟后，陈忠实又打来电话，恳切地说：“我是忠实，你这娃都是社会上跑的，以后在有些事情上要考虑周全再给我打电话。你刚才提到我去外地写字的事，那和出门要饭吃不无两样啊！”说罢，陈忠实再一次挂断电话，这让冉学东诚恐诚惶，许久之后他才明白，陈忠实两挂电话断然回绝，正是出于文人的风骨，他在利益诱惑面前不想摧眉不愿折腰。他对年轻作者的请求，比如写序，从未要求过金钱回报。

作为著名作家，他虚怀若谷，从不高高在上，虚心对待读者的挑刺与批评。“两千年世纪交替春去春来春发生，八十载沧桑不改原汁原味葫芦头”，这是他为西安一家老字号餐饮店撰写的楹联，圈外人读起来朗朗上口，圈内人却说毛病不少，其中户鄠区一位中学老师姚格，就曾指出其平仄失替方面的问题。陈忠实听后不但表示“欢迎挑刺，一起提高”，还在记者采访最后，再次表达了自己对读者关爱的谢意。类似的是《咬文嚼字》亦曾对陈忠实的茅奖获奖作品《白鹿原》“挑三道四”，指出小说里用词不当和不合逻辑的地方。陈忠实听说后当即表示“人家挑得有道理”，“错了就错了，人家挑出来，我以后纠正一下”。与一些清高孤傲、不和凡人搭话又总是有说不完的理的人相比，品格高下立马可见。甚至每次在请客吃饭这些寻常小事上，他都叮嘱所请之人，谁要抢着买单，谁就别来。这样的执拗不得不说是一种实诚与厚道的表现。

不难看出，一副底层农民模样的陈忠实，却处处散发着文人雅士的风度和忠诚厚道的性情，绝不虚张声势，绝无自命不凡，这也才让众人在先生死后感怀良久。

（《陕西日报》2016 年 5 月 4 日）

陈忠实的自知

姚秦川

陈忠实是中国当代著名作家，曾担任中国作家协会副主席，其鸿篇巨制《白鹿原》荣获第四届茅盾文学奖。陈忠实为人朴实真诚，一直保持着一种自知谦逊的处世态度。

《白鹿原》发表前，陈忠实在大部分时间里都躲在老家的一间旧屋里写作，用他的话就是，既求得耳根清净，又能读书弥补文学上的残缺。这样蛰伏好多年后，伴随着 1992 年《白鹿原》的横空出世，陈忠实从此一鸣惊人。不久，陕西省作协有关领导专程跑到陈忠实居住的西蒋村，打算请他出任省作协副主席一职。陈忠实听后立即摇头道："我觉得自己的能力还没有达到担任这么重要职务的程度。再说，身为一个作家，我只想安静地写好文章，官场上的事我是个外行，实在难以胜任。"

几个月后，陕西省作协又派人前去和陈忠实谈话，这次他们给出的理由是，希望陈忠实能为陕西的文学事业做出带头作用。陈忠实本来早已想好再次拒绝的理由，听完这话只能勉强答应下来，不过他最后还是郑重地对前来谈话的领导表示："如果试用期不合格的话，请随时将我撤掉。"

不得不说，陈忠实并没有因为自己成名而沾沾自喜，更没有因为获得茅盾文学奖而自认高人一等，而是时刻保持着“自知”之明。也因了他的“自知”，他自始至终保持着平民老汉的形象，质朴、严谨、谦逊。这既是一个人的修养，也是一种卓尔不群的力量。

老子曰：“知人者智，自知者明；胜人者有力，自胜者强。”其意思是：了解他人是一种智慧，而了解自己则是圣明；战胜他人表明自己有力量，而战胜自己则表明自己很强大。可见了解自己、战胜自己是智慧中的智慧、强者中的强者。我们经常地站在有形或无形的“镜子”面前，可以自知自修自检自省，从而做到自惭自勉自律自重。

衢州孔庙里有一副对联，不妨敬录于此。上下联分别是：“学之习之温之乐之好之读书百年，仁与义与礼与知与信与修己一生。”横批：“问己。”

（《中国纪检监察报》2018 年 4 月 3 日）

附　录

陈忠实生平悼词

梁　桂

中国共产党优秀党员，中国当代杰出的作家，陕西文化艺术界的领军者，茅盾文学奖获得者，中国作家协会副主席，陕西省作家协会党组成员、名誉主席，中国共产党第十三、十四届全国代表大会代表，中共陕西省委第七届、八届、九届委员会候补委员陈忠实同志，因病医治无效，于2016年4月29日7时45分在西安逝世，享年74岁。

陈忠实1942年8月出生于西安市灞桥区西蒋村。1962年毕业于西安市第34中学。1961年加入中国共产主义青年团。1966年加入中国共产党。1962年到1982年在西安市灞桥区先后担任人民教师和文化战线领导工作。他成长初期接受传统文化熏陶和革命理想教育，投身家乡教育事业，桑梓育人，造福乡邻。身居于劳动生产第一线，献身于社会主义建设，对劳动人民追求幸福的愿望感同身受，为陕西的基层文化建设、文学队伍的培育和打造奠定了基石，做出了贡献。

陈忠实同志1982年调入陕西省作家协会任专业作家，1985年到1993年任陕西省作家协会副主席、党组成员，1993年到2007年担任陕西省作家协会主席、党组成员，2007年至今担任陕西省作协名誉主席、党组成员，2001年起担任中国作家协会副主席。1987年10月当选中国共产党第十三届全国代表大会代表，1992 年 10 月当选中国共产党第十四届全国代表大会代表。1988 年 5 月当选中共陕西省委第七届委员会候补委员，1993 年 5 月当选中共陕西省委第八届委员会候补委员，1998 年 5 月当选中共陕西省委第九届委员会候补委员。

陈忠实同志将自己的一生献身于文学事业。他 1965 年开始文学创作，迄今已出版《陈忠实文集》《陈忠实小说自选集》《白鹿原》《生命之雨》《告别白鸽》《原下的日子》《寻找属于自己的句子——〈白鹿原〉创作手记》等著作 100 余种。他的短篇小说《信任》获 1979 年全国优秀短篇小说奖，报告文学《渭北高原，关于一个人的记忆》获 1990—1991 年全国报告文学奖。长篇小说《白鹿原》1998 年获第四届茅盾文学奖。2007 年陈忠实同志荣获由中共陕西省委、陕西省人民政府颁发的首届陕西文艺大奖艺术成就奖。《白鹿原》等多部（篇）作品被翻译成英、法、俄、日、韩等语种文字出版。《白鹿原》被国家教育部列入“大学生必读”系列，被评为“改革开放 30 年影响中国人的 30 本书”，在权威的“改革开放 30 年 10 部长篇小说”评选中名列第一。《白鹿原》已被改编或移植为电影、电视剧、话剧、舞剧、秦腔、绘本、雕塑等多种艺术形式，是当之无愧的文学经典，征服了万千读者。

陈忠实同志是一位优秀的共产党员，具有长期自觉的党性历练，拥有坚定的政治立场，始终与党中央保持一致，旗帜鲜明地拥护党的方针政策，对社会主义事业、共产主义理想无限忠诚。陈忠实同志忠于党的文艺事业，一贯坚持党的宣传、文艺工作方针，坚持正确的创作导向，讲政治、讲原则、讲正气，他的创作紧扣民族历史命运和奋斗前进的方向，呼应改革开放、科学发展道路，展示了人民群众追求幸福生活的美好理想，在实现中华民族伟大复兴的征途中始终发挥正能量。陈忠实同志是献身于党的文学事业的忠诚战士。

陈忠实同志胸怀坦荡、光明磊落，忠实于自己从广大人民群众、社会生活实践中获得的思考和启迪，坚持真理。他生活朴素，廉洁奉公，实事求是，严于律己，不计个人得失，淡薄功名利禄，毕生坚守中华民族优秀的文化人格，追求人生的大气度、高境界。他为人正直、诚朴、谦和、热情，具有宽厚仁爱之心，在工作、创作和生活言行中，充分体现出追求真理的执着和忧国忧民的情怀。言为士则，行为世范，忠实同志在广大作家和广大人民群众中享有很高的声望和影响，他的人格力量和人格风范，堪称中国作家的表率。

陈忠实同志与时代同步，与人民同心，“为天地立心，为生民立命”，反映社会生活，记录时代风云，始终将自己的人生和创作融入时代主流和人民事业的伟大实践之中。他以文学为神圣，几十年如一日，坚韧不拔、精益求精，毕生献身文学，勇攀艺术高峰。他的创作继承优秀中华美学精神，显示出沉厚的现实主义品格和浓郁的中国气派，同时又以开放的视野，吸收借鉴世界优秀文学成果和当代世界文学先进经验，注重独立思考和创新发展。代表作《白鹿原》，厚积薄发，深沉博大，具有史志意蕴和史诗品格，作品豪放雄浑，深沉慷慨，波澜壮阔，丰厚隽永。在对历史的沉思中，在对中国传统伦理文化和世界文明的冲撞融汇中，找寻中华文明、中国精神的根由和动力，讴歌中华民族历经磨难而不屈，勇往直前的精神品格。这部长篇和当代其他优秀长篇小说一起，把当代我国长篇小说的创作推向了一个新的高度，构成了当代中国文学的艺术标杆和精神标识。20 多年中，《白鹿原》经受住了历史的检验、艺术的考量和读者的筛选，成为中国当代文学的经典作品，具有无可争辩的经典意义。

陈忠实同志长期担任中国作家协会副主席和陕西作协领导工作，在文学创作的同时把大量的精力和心血投入到文学事业组织管理当中。他对当代中国文学的繁荣，对陕西的文化建设和文学发展，都有宏观的思考和践行。他质朴平易、倾心爱护、帮扶青年作家成长，在传承发扬陕西文学精神，建设陕西文学队伍，催生精品力作方面，情深意浓，呕心沥血，殚精竭虑。他具有宽广的文化情怀，参与陕西历史文化和革命文化的研究弘扬工作，投身大学的人文教育，为民族文化的承传、文学的普及和传播，倾注了大量心血。在生命弥留之际，忠实同志还关心陕西经济社会的发展，鞠躬尽瘁，感泣动容。

陈忠实同志的一生，是自觉坚持马克思主义世界观、人生观、价值观的一生，是坚持共产党人理想信念的一生，是全心全意为人民写作的一生，是以文学为神圣，不断攀登艺术高峰的一生。他把自己的创作，与土地、与人民、与民族优秀的文化传统自觉地结合起来，与改革开放、民族图强的道路紧密联系在一起。他始终遵循社会主义的文艺方向，为繁荣和发展当代中国的文艺事业做出了杰出的贡献。陈忠实同志的文学遗产，是中国文学的宝贵财富。

陈忠实同志逝世后，习近平总书记等党和国家领导人非常关切，委托中国作协和陕西省委送来了花圈，对陈忠实同志的不幸逝世，表示哀悼，向家属表示诚挚的慰问。这体现了党和国家领导人的文学情怀，更体现了党和国家对文学事业的高度重视。中国作协、陕西省委、省人大、省政府、省政协领导，社会各界代表、文学爱好者、普通读者到陈忠实同志家中和省作协吊唁大厅悼念，寄托对这位人民作家的深深哀思。

陈忠实同志的逝世，是中国文学的重大损失，是陕西文学艺术的重大损失。我们要化悲痛为力量，努力工作，团结奋进，进一步深入学习贯彻习近平总书记在文艺工作座谈会上的重要讲话精神，深入生活，扎根人民，努力创作精品力作，为繁荣陕西文学事业，为文学梦、中国梦的共同理想而努力奋斗。

世间已无陈忠实，天地白鹿魂永存。

陈忠实同志，安息吧。

（本文为2016年5月5日陕西省委常委、宣传部部长梁桂同志在陈忠实遗体告别仪式上宣读的悼词全文）

（《延河》2016年第6期）

永远的《白鹿原》

本报记者　樊　蓉　　实习生　牛　倩

老陈是一个很杰出的作家，为中国文学做出了重要的贡献。他的作品会长期存留下去的。对他的去世，我们确实很悲痛。这真的是中国文坛的一个损失。但是人也没办法，病了没办法。他的去世，对“陕军团”肯定是重大的损失，但是也没办法。唉……

——贾平凹

笑脸沧桑不朽的忠实

2015 年春节前后，陈忠实发现自己的口腔里频繁长出一个个的口腔溃疡，忙于创作与读书的老人最开始并没有把这个小病当回事。然而，就是这个在常人眼里小小的问题最终惹来了大麻烦，久治不愈之下，陈忠实来到了西京医院，经专家会诊后，确认为舌癌。晴天霹雳，震惊、恐惧之后的老人选择了坚强、乐观，坦然面对、积极治疗。由于患病的位置特殊，无法手术治疗，陈忠实及家人选择了放疗、化疗。忍受着放、化疗的各种不适，老人依然在位于西安石油大学的工作室坚持工作，读书、写字。2016 年 1 月，在陕西省作协主办的“陈忠实当代文学研究中心成立 10 周年暨陈忠实文学创作研讨会”上，人们见到了久违的陈忠实的身影，严重的口腔疾患影响了他的进食，脸颊深深地凹陷下去，日渐消瘦，形销骨立，但精神矍铄。

经过一年多时间前后七八次的住院治疗，人们似乎看到了他治愈康复的希望。然而，病情再次恶化，3 月 3 日，陈忠实入院治疗。这一次，这位坚强的老人没能挺过去，永远离开了他一生钟爱的土地和文学。陈忠实的女儿这样描述父亲：“患病期间，他一直很坚强，也很独立，直到最后头脑都是清醒的。确实病痛很折磨人，但他确实很坚强。”

4 月 29 日上午，位于西安市复聪路教育公寓陈忠实的 20 平方米灵堂，肃穆庄严。遗像选择了陈忠实先生 50 岁左右的一幅照片，脸上洋溢着爽朗的笑容。按照中国传统习俗，遗像两边摆放着蜡烛、香，生前好友 100 余人，在这里一一上香，鞠躬。王仲生教授失声痛哭，这位第一次陪陈忠实走进西京医院的人，参与了很多治疗意见的好友，抑制不住自己的泪水。陕西师范大学教授朱鸿，在从西京医院赶到灵堂后，泣不成声，他告诉记者：“我写了一篇关于陈忠实的文章，本来打算让他在生前能够看到的，可是现在……”

在位于西安市建国路 83 号的省作协院内，一层层摆放着几百个花圈，已陆续有不少作家前来悼念陈忠实先生。29 日一大早得到消息后，省作协对陈忠实先生去世一事专程召开紧急会议，对外发出讣告并布置起陈忠实的灵堂。省作协将正式展开一系列对陈忠实的追思活动，时间定为 4 月 30 日至 5 月 4 日。

送别大师中国文学界为之哀号

大师离世，中国作协迅速将讣告转发，浙江、重庆、辽宁等省市也向陕西省作协发来了唁电；一些行业作家协会，如石油、电力作家协会也向省作协发来唁电；此外作家麦家、蒋子龙等以个人的名义发来唁电。据不完全统计，截至29日中午，省作协已收到唁电30多封。中国作协书记处书记吴义勤告诉记者："得知这一消息，我非常沉痛，陈忠实先生的逝世是中国文学的一个重大损失。他确实是当代难得的伟大的作家，《白鹿原》奠定了他在文学史上的崇高地位。我在西安两年和他建立了深厚的友谊，刚到西安时他常带我去白鹿原上他自己的樱桃园里摘樱桃，在灞河边上给我讲述他创作《白鹿原》的情景，还去他的文学馆里参观聊天……我们在一起有很多非常好的记忆，我认为陈忠实是一个在人格上没有缺陷的人，在文学上很伟大的作家。"

中国作协副主席、评论家李敬泽表达了深深的哀痛："陈老师是当代文学非常杰出的作家。他真的是一位君子，一位忠厚的长者，品格非常令人尊敬。"

中国作协副主席高洪波说："他为人质朴，像他生活的陕北土地一样厚重。相处起来，你会感觉到他具有浓浓的亲和力。"

著名评论家阎纲在听闻陈忠实离世的消息时只说了一句话："我太难受了，我已经说不出话来。"

中国当代文学研究会会长白烨告诉记者："有人问我他是不是陕西文学领军人物，我说何止陕西，他是全中国文学的领军人物。他在与不在是不一样的，他在的时候像一座山一样，给你一种感召，一种力量；他不在了，这个空白是别人无法弥补的。《白鹿原》写完后已经把他整个人掏空了，他把他的生命鲜血全部献给了创作，献给了社会和人民，从这个意义上讲，他以另外一种方式在继续活着。"

中国散文学会会长王巨才说："忠实不仅是知名作家，也是非常优秀的文学组织工作者和领导人。他在扶持陕西省内外年轻作家上不遗余力，他给那么多年轻作者认真撰写评论、书稿序言，从字里行间看出他对这些尚未成名的作者的竭力扶持。他在文学事业潜心创作中的艰辛，那种突破自我朝着文学的最高目标奋进所经受的磨砺非常令人敬佩。"

中国报告文学学会常务副会长、文学评论家李炳银说："他的文学创作对中国来说已经超出他作为一个作家本人的范畴，他对中国文学的贡献是推进了各种文学的发展，对中国文学有一个高峰式的建设作用。他会因《白鹿原》而不朽。作为一个陕西的乡党，他对文学的追求，对人的和善，将使人永远铭记他。”

著名作家贾平凹在受访时表示，他昨天还去医院看望了陈忠实，当时陈忠实已不能说话，但意识还是清醒的。没想到他这么快就走了。贾平凹称：“老陈是一个很杰出的作家，为中国文学做出了重要的贡献。他的作品会长期存留下去的。对他的去世，我们确实很悲痛。这真的是中国文坛的一个损失。但是人也没办法，病了没办法。他的去世，对‘陕军团’肯定是重大的损失，但是也没办法。唉……”

著名作家阿来说：“陈忠实的读者很多，读者们并不会随着他的逝去而遗忘他，《白鹿原》在中国文学史上也永远不会被遗忘。”

陕西省作家协会主席团顾问程海说：“陈忠实这个人为人忠厚，在文学上给了我很多帮助。他真的是热爱文学，他的精神将长存于世，他的人格魅力也是不会消失的。”

陕西省文艺评论家协会主席、陕西师范大学新闻与传播学院院长李震说：“2016 年 4 月 29 日将成为中国文学史上又一个黑色的日子，又一颗文坛巨星陨落了，天空一片黯淡。我们失去了一位仁厚质朴的长者，一位人生的导师和楷模，中国文坛失去了一个重要的标志。《白鹿原》熔铸了 20 世纪中国乡村小说的三大传统：鲁迅传统、沈从文传统和赵树理—柳青传统，同时吸纳了西方现代小说中的拉美传统，可以说是 20 世纪中国文学成就最高的领域——乡村小说的集大成者。这部作品的影响力已经超越了时空限制。”

陕西省作协副主席阎安说：“听到这个消息，觉得泰山倾颓了。陈老师在当代文学史上是一个孤峰独高的作家。在中国当代文学史上，很多作家都可以归结为是这种风格这种流派，但是我觉得从文学传承和文学生态的角度来说，陈忠实是一个独立的传承，《白鹿原》对现代汉语叙事文学来说是不可复制的、不好模仿的文学现象，他对当代汉语叙事文学的贡献和意义远远没有被开发出来，未来也值得去研究。我们是在陈老师的身边成长起来的，他在为人处世方面的那种温柔、博大与刚健，给人感觉就像秦岭一样。陈老师是党培养的作家，所以他一直尽着培养下一代的职责，无论是作为一个长辈、一个先行者，还是作为一个社会将他培养起来的作家，他都是非常厚重非常大气的一个人，从人格上、文学态度上来说都是一个典范。”

西北大学杨乐生教授说：“我们从20世纪80年代末期认识到现在快30年了，他是一个外表给人严厉，其实是一个非常宽厚的人。20多年前，我对他说了这样一句话，《白鹿原》的开头是：白嘉轩后来引以为豪的是一生里娶过七房女人。我一生引以为豪的是结识了陈忠实这位良师益友。”

斯人已去白鹿原充满忧伤

1997年陈忠实以长篇小说《白鹿原》一举成名，获第四届茅盾文学奖。其他代表作有短篇小说集《乡村》《到老白杨树背后去》，文论集《创作感受谈》，中篇小说集《初夏》《四妹子》《陈忠实小说自选集》《陈忠实文集》等。目前，已出版《陈忠实小说自选集》三卷、《陈忠实文集》七卷及散文集《告别白鸽》《生命之雨》《家之脉》和《原下集》等40余种作品。《信任》获1979年全国短篇小说奖，《渭北高原，关于一个人的记忆》获1990—1991年全国报告文学奖。

作为扛起当代文坛大旗的重要人物，2011年11月，陈忠实第三次连任中国作协副主席，自2001年12月在中国作协第五届全国委员会上当选中国作协副主席起，他依次当选第六、七、八届中国作协副主席。2013年，陈忠实出版了他的第100部作品《白墙无字》。这本书收录陈忠实在2010—2012年之间创作的散文、论说以及对话，通过真挚朴实的文字与读者分享自己的敏锐观察、独特思考和深沉情感，透露出作家对故土的深深眷恋，释放出陈忠实一贯温暖真诚的人文情怀。

在陈忠实的众多作品之中，众人尤多关注的，仍是最经典的那本《白鹿原》。《白鹿原》被教育部列入“大学生必读”系列，已发行逾200万册，推出点评版、手稿版等，并以秦腔、连环画、雕塑、话剧、电视连续剧等多种艺术形式进行着演绎与传播。2012年，由王全安指导的改编自陈忠实小说《白鹿原》的同名电影被搬上了大银幕，并且获得了第62届柏林国际电影节最佳摄影银熊奖和金熊奖提名。《白鹿原》是一部渭河平原近现代50年变迁的雄奇史诗，一轴中国农村斑斓多彩、触目惊心的长卷，集家庭史、民族史于一体，以厚重的历史感、丰富的文化意蕴和复杂的人物形象在同类作品中脱颖而出，成为当代文学中不可多得的杰作之一。著名学者范曾这样评价：“陈忠实先生所著《白鹿原》，一代奇书也。”作为一部公认的优秀长篇小说，《白鹿原》的后续影响仍不断在发酵，它已激活并将继续传承更多艺术门类中的陕西元素。

陈忠实出生在西安东郊白鹿原下的西蒋村，年少时就在这片黄土地上挖野菜、拾柴火。白鹿原的春夏秋冬、草木荣枯，陈忠实都再熟悉不过了。他了解白鹿原的办法，一方面是走访那些上了年纪的老人，从他们的记忆中去找寻家族历史记忆的残片；另一方面，他仔细查阅有关白鹿原的县志。尤其是当他看到20多卷的县志，竟然有四五个卷本是有关“贞妇烈女”时，感到既惊讶又费解。那些记述着某村某某氏的简短介绍，昭示着贞节的崇高和沉重。县志里往往是某女十五六岁出嫁，隔一二年生子，不幸丧夫，抚养孩子成人，侍奉公婆，守节守志，直到终了，族人亲友感念其高风亮节，送烫金大匾牌悬挂于门首。这些布满了几个卷本密密麻麻的贞节女人，用她们活泼的生命，坚守着道德规章里专门给她们设置的“志”和“节”的条律，经历过漫长残酷的煎熬，才换取了在县志上几厘米长的位置，这让陈忠实产生了逆反式的怨念。田小娥的形象就是在这种情况下，在陈忠实脑海中浮现出来的。

从1988年开始，陈忠实把妻子和长辈安置在城里，只身来到乡下的祖屋，潜心创作。4年的艰苦写作，每天陈忠实都要经受着各种人物在脑海中的较量，纠结的心情让陈忠实额头上的皱纹如同黄土高原上的沟錾一般深刻。1992 年 3 月 25 日，近 50 万字的《白鹿原》终于画上了句号。

陈忠实曾经这样回忆过《白鹿原》的出版过程：“当年人民文学出版社两个编辑从北京来拿稿的时候，作为我来说心里面还很不安，不知道他们会是什么看法。按通常的习惯，一篇 50 万字的长篇要叫编辑们看完，要经过小说组组长，还有出版社的领导层层审阅，最后给你一个公开表态，对这个书能出或者不能出，评价如何，估计最少得两个月以上。我想，如果不能出版，我就回家去养鸡。因为闷头写这个长篇写了 4 年，其间几乎再没有写其他文章，稿费收入基本没有，家里生活一下就会陷入困窘状态。但是我完全没有料想到，在他们从西安拿走书稿以后，刚刚过了 20 天，我就接到了回信，而且评价很好、很高，这也完全出乎我的意料。他们对这个小说的首肯和甚高的评说，对于一个创作者就觉得自己的全部用心、用意都被理解了，就是完全得到了一种共鸣，这应该是一个作家最幸福的时刻。”

时隔这么多年，小说《白鹿原》依然受到广大读者的追捧和热爱，畅销不衰。

从 1993 年 6 月正式出版发行那一年，就印了 70 万册。20 年来，几乎每年都印 10 万册。电影上映后，《白鹿原》一年要印 50 万册。人们不禁感慨一部文学经典鲜活而又持久的生命力。谈及《白鹿原》，陈忠实曾说：“我写的作品里反响最大、最持久的就是这个长篇小说了。20 年里，这个书还没有被遗忘，能够被几代读者所喜欢，这应该是对作家最好的褒奖，我也感到安慰。我喜欢了一辈子文学。从初中二年级就喜欢文学，一直到 50 岁才写完一个长篇，要写这个长篇的时候心里就寄托很重，不说是为国为民，而是自己做了大半生的文学梦。起码这个长篇写成，应该算是我一生喜欢文学的心理安慰，用民间的俗话来说，就是可以垫棺做枕，不留遗憾吧。”

一语成谶。今天，白鹿原上的桃花、杏花已退去了鲜艳的模样，槐花散发着沁人心脾的香甜，释放在整个乡村的田野和村庄，灌进庄稼院的围墙和窗户。成片的白杨树林，在蒙蒙灰雾里不失其肃然和庄重。陈忠实老屋东西围墙根下的三株枣树上，长出了小小的紫红色的芽苞。然而，斯人已去，这古老的院落充满忧伤。

（《陕西日报》2016 年 4 月 30 日）

陈忠实与《白鹿原》：一个人、一本书、一座原

李　卫

著名作家陈忠实以白鹿原 20 世纪前半叶为背景创作的小说《白鹿原》，获第四届茅盾文学奖，将白鹿原的风土人情、民俗文化推向了世界，勾勒出一篇白鹿原雄奇史诗，描绘出一轴波澜壮阔的白鹿原画卷，奠定了白鹿原民俗风情旅游的基础。如今，依托“白鹿原”这一文化品牌，白鹿原上生态旅游、文化旅游产业正发展得如火如荼——

4 月 30 日，著名作家陈忠实先生去世第二天，记者驱车登上白鹿原，这座陈忠实生于斯、长于斯、心心念念的白鹿原。4 月的天，白鹿原上正是草长莺飞、树木茂盛、鲜花怒放的时节，蓝天白云下，葱茏的绿树掩映着一座座安详的村庄，空气中弥漫着洋槐花和绿草的清香，古老的白鹿原一派生机勃勃、郁郁葱葱的景象。

白鹿原上樱桃红了，然而，那个心系白鹿原，用一生书写白鹿原的人却已永远地离开了我们——

寻找民族的精神和心灵演变的秘史

白鹿原，一个深情而神秘的地方，因陈忠实笔下的《白鹿原》而闻名遐迩。白鹿原自然环境独特，东南依山，三面环水，风成黄土堆积台塬面积263平方公里，海拔高于西安300米，虎视十三代古都，自古是兵家必争之地，历代王朝长治久安的天然屏障：土层厚达百米，土壤肥沃，农业发达；地下水蕴藏丰富，鲸鱼沟水万古长流，水质甘冽甜润；空气清新，天空湛蓝，四季分明。白鹿原历史文化积淀深厚，是古代满、蒙古、羌等少数民族杂居及其与汉文化融汇之所，民风淳厚，传奇色彩浓烈。

陈忠实的一生与白鹿原有着解不开的渊源。他出生在白鹿原下的西蒋村，“我家住在白鹿原北坡根下，出门便上原”。1962年高中毕业，陈忠实做乡村小学、中学教师和区、乡干部20年，1982年才调至陕西作家协会从事专业创作。常年在农村的生活，使他对农村、农民和他生活的这片沃土有着深刻的理解，饱有深情。

1985年，他花了两三个月时间写了8万字的中篇小说《蓝袍先生》，思考时代变迁下人的生存困境，突然间意识到自己对中华人民共和国成立前的中国乡村生活、乡村社会“还有一些鲜活的记忆”。由此，他开始构思长篇巨著《白鹿原》。那时，他对这本小说有自己的野心，他说：“我是为着死时有一本可以垫棺做枕的书进入这部小说创作的。”

陈忠实在《白鹿原》创作手记中写道：“在我之前的两代或三代人，在这个原上以怎样的社会秩序生活着？他们和他们的子孙经历过怎样的生活变化中的喜悦和灾难……以这样的心理和眼光重新阅读这座古原的时候，我发现这沉寂的原坡不单在我心里发生响动，而且弥漫着神秘的诗意。”于是他扑下身子在广大农村中去寻找民族文化之根，寻找这个民族的精神和心灵演变的秘史。

《白鹿原》的时代背景设在清末民初至中华人民共和国成立前夕中国最变化多端、复杂多样的年代；同时，作者把故事的空间放在了“京畿之地的关中”大地的白鹿原上。这片土地正如作者自己所描述的那样，“封建文化、封建文明与皇族贵妃们的胭脂水、洗脚水一起排到宫墙外的土地上，这块土地既接受文明也容纳污浊。在缓慢的历史演进中，封建思想文化、封建道德衍化成为乡约、族规和家法、民俗，渗透到每一个乡社、每一个村庄和每一个家族，渗透进一代又一代平民的血液，形成这一地域上的人的特有的文化心理结构”。

据友人回忆，“他在乡下老家一个人创作《白鹿原》的过程十分艰辛，没有时间写短篇小说，断了稿费来源，他每隔一段时间要从乡下赶到城里去背妻子擀好的面条和蒸好的馒头”。陈忠实自己回忆说，“我家当时的条件很差，住房逢雨必漏，我的经济收入还无法盖一幢新房子，更不可奢望有一间写作的书房。我在一间临时搭建的小屋里，倚着用麻绳捆绑固定四条腿的祖传的方桌写我的小说，而且自鸣得意”。其创作生活之艰苦可想而知。

历经6年，陈忠实蛰伏于白鹿原下倾尽全力、呕心沥血的鸿篇巨制《白鹿原》终于完成了。作者将白鹿原上以白、鹿两个大家族为轴心的整个乡土社会搬到了我们面前，厚重而又极具表现力的语言，细致而又洗练到让人难以忘怀的细节，一个个命运独特、个性突出的人物，整体的浑厚、苍凉而又颇带神秘感的地域文化特色，还有那血泪交流、悲剧交叠的沉重的历史氛围等等，使其在文学上达到的高度不言而喻，成为中国当代一部杰出的现实主义文学巨著。

《白鹿原》出版发行后，一时洛阳纸贵，在国内外读者中反响强烈，在文学界评价很高。评论家认为，该作是一部渭河平原近现代50年变迁的雄奇史诗，一轴中国农村斑斓多彩、触目惊心的长幅画卷。著名学者范曾评价说：“陈忠实先生所著《白鹿原》，一代奇书也。方之欧西，虽巴尔扎克、斯坦达尔，未肯轻让。”

《白鹿原》1997年获第四届茅盾文学奖，并被教育部列入“大学生必读”系列，被改编成秦腔、话剧、舞剧、电影等多种艺术形式。问世20余年来，《白鹿原》每次被改编大都会在读者间引燃一次《白鹿原》

热。据不完全统计，《白鹿原》迄今已发行逾200万册。一时间，“白鹿原”这一原已湮灭的地名驰名中外，家喻户晓。

在《白鹿原》书的扉页，印有巴尔扎克的一句话：“小说被认为是一个民族的秘史。”既然是“史”，必存在变迁。今日白鹿原，巨大的面貌改变和发展变迁，我们不能忘记一个人，那就是陈忠实。

因着他的一本书，白鹿原变了。

白鹿原文化品牌成为聚宝盆

“因为一只白鹿的出现，这道原便有了象征着吉祥安泰的白鹿的名称。随后，汉文帝葬在白鹿原西北的原坡上，原坡根下流淌着灞水，文史典籍称为霸陵，这道原也被改名为霸陵原，民间却少有人说。自北宋大将军狄青在原上屯兵驯马，这道原又被改换为狄寨原，一直沿用至今，白鹿原的名字早已淹没以至消亡了。近年间，因为拙作《白鹿原》的发行，这个富于诗意也象征着吉祥安泰的白鹿原的名字又复活了。”陈忠实在《愿白鹿长驻此原》中如此写道。

由于陈忠实《白鹿原》作品的声名远扬，白鹿原这个名称又重新复活了。这个诗意的名称，带给人们无限的遐想，并且成为一个有着巨大含金量的文化品牌。今日的白鹿原已成为一个集合了大学城、影视城、民俗文化村、樱桃沟、草莓园的旅游文化生态乐园。

过去，这里曾是荒坡和梯田，荒坡上长满枣刺和杂草。大约不过10年前，那种延续了不知多少年的广种薄收乃至无收的景象中止了，退耕还林，便有了这一派让上原和下原的人心旷神怡的绿色。民办大学由二道原扩展到白鹿原上，小麦地变成了校园，挂着种种专业校牌的民办大学已建成10余所，形成了一个颇具规模的民办大学城。陈忠实曾回忆道：“在我粗略的印象中，1949年中华人民共和国成立前，这道原上大约只有两三所新式小学；截至20世纪90年代，仅有三四所中学，分属三个区县督管；到今天不过10年时间，这里已经形成拥有10余万学子的民办大学城了。”

与文化产业一同发展起来的还有白鹿原上的生态旅游业。据村民回忆，原来原上干旱缺水，只能种点麦子，后来村里打了深井，开始种植樱桃树、草莓。原上原下，形成了万亩樱桃园、草莓园，成为西安人旅游的后花园，也有不少外地游客慕白鹿原之名专程前来旅游。每到 5 月樱桃成熟时节，原上原下和原坡的万亩樱桃园里，笑语喧哗。到了秋季，葡萄又熟了。沿着公路走来，一路上路边一座座小帐篷，都是当地农民售卖樱桃、草莓的摊位。村民告诉记者，现在的生活比起以前好多了，吃穿不愁，家家都盖起了平房或小二层楼。

纵目远眺，绿树掩映着一个个村庄，一幢幢小楼从绿树的空隙间显露出来。原上建成的白鹿原葡萄主题公园风景如画，既栽种着葡萄，又成为新人们婚纱摄影的基地。一群新人正在这里拍摄婚纱，脸上洋溢着幸福的微笑。

今昔白鹿原，印证了时代的变迁和发展。

依托着白鹿原文化品牌，诸多文化旅游项目纷纷落户于此，有白鹿原民俗文化村、“白鹿原 · 白鹿仓”等等，其中规模最大的当数陕旅集团投资建设的白鹿原影视城。

陕旅集团不仅拍摄出品了电影《白鹿原》，又基于此，开始建设白鹿原影视城。白鹿原影视城位于白鹿原东部的蓝田县前卫镇。记者日前来到建设基地，看见影视城以两原之间的山谷为轴线，坐落于落差百米的谷底，与原上形成高低两层的空间格局，气势宏大。据项目负责人介绍，白鹿原影视城项目计划总投资 6 亿元人民币，建设期 3 年，于 2013 年开工建设。影视城以白鹿原为品牌依托，以关中文化为核心价值，以文化体验为主题产品，以现代演绎为创意表达，以生态休闲为服务配套，是一个集影视创作、文化体验、乡村旅游、欢乐休闲、康体运动、度假疗养为一体的主题旅游文化产业基地示范区。影视城分为文化休闲区、儿童游乐区、农耕景观区、实景影视体验区和关中民俗风貌区等八大功能区块，同时以具有显著历史特点的武关、萧关、大散关、金锁关、潼关形成五关合围，展示大关中理念。

据了解，白鹿原影视城将通过明清关中老县城、村庄等古城古镇古村风貌，展示古朴纯粹、原生态的关中风情和地域民俗文化，打造特色关中休闲旅游目的地，填补我省文化影视基地空白。截至目前，核心区一期“白鹿村”场景复原工程及美术效果做旧工程全面完工，并接待了《毛泽东》《兵出潼关》《老腔》等10余部影视剧组的取景拍摄；二期“滋水县城”的县衙、关中大席、王府等建筑主体施工全部完成，景区即将于今年7月对外试运营。

一本书、一部电影带火了一座原。因为陈忠实的《白鹿原》，白鹿原被世界重新认识。业界不少专家对白鹿原项目的文化与旅游影视功能给予充分肯定。陕西省电影家协会副主席、西北大学博导张阿利教授对此非常看好。他认为，白鹿原影视城依托《白鹿原》文化品牌，有着差异化定位并且高度融合本土文化，是属于陕西的、有关中风情的影视基地，将成为填补陕西影视基地空白，弘扬关中本土文化的新地标。

“一个文化的品牌，必须要有文化产业为支撑，白鹿原由一部小说、一部电影延伸开来，已经开始形成一整套完整的产业体系，应该变成聚宝盆。”陕西师范大学旅游规划设计院副院长宋保平认为，白鹿原文化基地的投建正是对白鹿原这一文化品牌的延伸开发，开启了“电影+旅游”的产业发展新模式。

白鹿原影视城项目2014年成为陕西省政府30个重点文化产业项目之一，预计项目建成后年均旅游综合收入将达到2亿元以上，接待游客200万人次/年以上，将迅速拉动区域经济可持续发展，成为我省文化旅游产业的一大新亮点。白鹿原上发生着天翻地覆的变化，因着一个人，一本书，一部电影——

如今，白鹿原上的樱桃红了，陈忠实却走了，但他在文学上高山仰止的崇高建树和人格魅力将继续激励和滋养着这片土地上的人们，他带给我们的巨大精神财富和文化财富将永驻人间。

（《陕西日报》2016年5月2日）

陈忠实：永不熄灭的火炬

——陈忠实遗体告别仪式侧记

李向红　高　山　柏　桦　曹　瑞　郭　青　王戈华

还是到了告别的时刻，尽管心里千般万般地不舍。

5 月 5 日上午，中国共产党优秀党员，中国当代杰出的作家，茅盾文学奖获得者，中国作家协会副主席，陕西省作家协会党组成员、名誉主席陈忠实同志的遗体告别仪式在西安市殡仪馆咸宁厅举行。来自社会各界的上万名干部群众，自发地从四面八方赶来，只为能再看陈忠实一眼，再送陈忠实最后一程。陈忠实的逝世，是中国文学的重大损失，是陕西文学艺术的重大损失。

万水千山阻不断　九州长空咸哀声

4 月 29 日 7 时 45 分，陈忠实因病医治无效，在西安逝世。噩耗传开，一时间，全国各大媒体纷纷报道这一消息。无数陈忠实“沉默的读者”集体出现在网络上，以各种方式留言表示哀悼。在此后的日子里，社会各界人士自发前往位于陕西省作家协会的追思堂和其家中、故居追思悼念陈忠实。来自北京、上海、黑龙江、四川、甘肃等地的文艺界代表和刘文西、何启治、白烨、濮存昕、郭达、孟冰、张嘉译等文艺名家，以及陈忠实先生的好友们纷纷赶来，来送这位德艺双馨的文学巨匠。直到5月4日，已有3万多人悼念陈忠实，收到国内外唁电160多份。

5月4日，中国作家协会主席铁凝、副主席李敬泽，人民文学出版社社长管士光、副总编辑周绚隆，《白鹿原》首版责编何启治等抵达西安，并去家中悼念。铁凝说："陈忠实把写作视为生命，这几十年来他以不朽的作品捍卫着文学的神圣！他以端严正大、忠厚率真的人格品格，成为一个民族、一块不屈不挠的土地上一个非常耀眼的文化标识。"李敬泽说："陈老师是我们民族历史的重要的杰出的书写者。他是个大作家，在我们面前始终是个宽厚的长者，是个君子。从这个层面讲，无论是他的为人还是为文，都是光辉的楷模！"

与之相交30多年的著名学者肖云儒说："忠实文如其名，对文学的态度正像他的名字一样忠诚踏实。他的肉体离我们而去，但是他的作品，他的精神，他的音容笑貌，都还在我们心里活着！"

省文艺评论家协会副主席柏峰说："陈忠实的文学意义，将会在现在与将来的文化与文学史上矗立起一座丰碑，因为他的笔触深入到一个民族心灵最隐秘最核心的地方，这是轻易不能超越与否定的思想品格和艺术质地。《白鹿原》是任何奖项不足以标志的小说，陈忠实不朽！"

"这么好的书，这么好的人，怎么能不来呢？"台湾学者蔡金安特意千里迢迢从台湾赶来，他在台湾出版了陈忠实的作品《白鹿原》和其他一些散文集。说起为什么选择出版陈忠实的书，蔡金安说《白鹿原》是他看过的"最好看的小说，最有历史意义，也最气势磅礴的一部小说，所以在出版这本书时也格外用心，力求以最好的装帧来表示对这本书的尊重"。而对陈忠实这个人，蔡金安说："他很有古人之风，长者之风，还曾特意带我去白鹿原上看了真实的白鹿原。"

来自上海的姚岚女士，捧着先生为她题字的书，回忆起曾经先生鼓励的话语："他用方言对我说，文章要写好就要勤奋，多写、多看、多练。"2015年10月，她的新书刊印前，托人找到先生，希望能得到先生的题字。此时陈老师已经生病了，本以为仅有一面之缘，自己的希望会落空，没想到先生拖着病体为她题了字。曾经以为还有机会当面道谢，这一别却是生死之隔。

长安四野悲音起　绵绵哀思诉真情

5 日清晨，凤栖山上的苍松翠柏迎风昂首，在晨风中瑟瑟作响，似悲声如呜咽。西安市殡仪馆广场上的水池中，白色的睡莲含苞沐水，卓然而立，如陈忠实的品格高洁出尘，美玉无瑕。万余人佩戴白花，排成长队，来为陈忠实送行。其中有陕西省党政领导、文化艺术界代表，也有来自陈忠实家乡、母校的群众。为了陪陈忠实走完最后一程，外地的朋友们提前就赶到了西安。

7 时许，虽然距离陈忠实遗体告别仪式尚有一个小时，但咸宁厅前已经聚满了前来悼念的人群，有被搀扶着的耄耋老人，有被扛在肩头的孩童，有整齐列队的学校师生，还有挂着军功章的抗日老兵……人们相扶相伴，素衣默言，热泪低垂。

在告别现场，陈忠实先生的老朋友、《白鹿原》的第一位读者、著名评论家、茅盾文学奖评委李星，无法抑制自己的感情放声痛哭，那样的悲痛看得人心痛。李星曾这样评说他的这位老朋友：“人格的重量影响作品的重量，有多伟大的人格，就有多伟大的作品；有多高的境界，就有多高的作品。”

来自陈忠实家乡西安市灞桥区的 74 岁老人王吉仲在儿子王三喜的搀扶下来为陈忠实送行。王三喜说：“20 世纪 60 年代，陈老师到我们村做驻队干部的时候，我父亲是大队长，两人共事多年，即使后来陈老师离开村子，也一直来往。”“诚实、热情、肯干，艰苦奋斗的精神强。”王吉仲老人边说边流泪，“他为人质朴诚恳，心里总是装着百姓。那个时候，他边下乡边写作，大家都觉得这个年轻人将来必成大器。”

在涌动的人潮中，一位父亲将儿子高高架起，骑在肩头。这位来自咸阳的文学爱好者马先生在得知陈忠实追悼会将举行的消息后，当天一大早便带着5岁的儿子，从咸阳专程赶来参加追悼会。看着这一大一小，周围的人纷纷掏出手机拍照，不全是为了这父子俩，而是为了所有崇敬陈忠实的人的那份心意。

离愁弥漫凤栖山　万古文章留英名

7点半时，一队身穿蓝白色校服的学生在老师的带领下，来到咸宁厅前，整齐列队送别先生最后一程。来自陈忠实母校——西安市第34中学的50余位师生代表，静静伫立在广场上，默默注视着那扇铜铸的大门。“因为陈爷爷在我们学校读过书，所以我们以母校为荣。爷爷的作品我们都认真地读过，《白鹿原》写得那样好，那是因为他太爱自己的故乡……”白雪的话代表了同学们的心声。

上午8时，陈忠实遗体告别仪式正式开始。悼念厅、广场上，嘤嘤泣泣。伴随哀乐低回，大家向遗像默哀，共同追忆这位用作品与人格征服万千读者的文学巨匠。

咸宁厅内，陈忠实遗像笑容灿烂，目光坚毅。两旁，悬挂着巨幅挽联，上联是“三秦文胆，华夏风骨，铸忠实人格，笔蕴千钧担天道”，下联是“终南气象，灞原襟怀，育白鹿精魂，情含万汇传史音”，赞扬了陈忠实一生为人为文的成就和气度。

在介绍完陈忠实生平后，全体人员向陈忠实先生遗体三鞠躬，并做最后告别。

送别陈忠实的人把告别大厅围得水泄不通，“让我再看您一眼……”男女老少，泣不成声。

灞柳低垂白鹿原　文学高峰陈忠实

“一缕青烟携忠魂，归故去；万古文章留英名，传世间。”陈忠实将自己的一生置身于那片灿若流金的黄土地中，用生命书写着这片他深爱的土地，描绘着一个厚重久远的黄土高原的记忆。如陈忠实所说，他一生最幸福的时刻，就是在白鹿原下那10年。

1965年，他开始了他的文学创作道路，迄今已出版《陈忠实文集》《陈忠实小说自选集》《白鹿原》《生命之雨》《告别白鸽》《原下的日子》《寻找属于自己的句子——〈白鹿原〉创作手记》等著作100余种。他的短篇小说《信任》获1979年全国优秀短篇小说奖，报告文学《渭北高原，关于一个人的记忆》获1990到1991年全国报告文学奖，长篇小说《白鹿原》1998年获第四届茅盾文学奖。2007年荣获由陕西省委、省政府颁发的首届陕西文艺大奖艺术成就奖。《白鹿原》等多部（篇）作品被翻译成英、法、俄、日、韩等语种文字出版。

其垫棺之作——长篇小说《白鹿原》，在历史和人的结合中塑造了一系列真实而又有独创意义的中国农民形象，展示了民族的精神和灵魂，被国家教育部列入"大学生必读"系列，被评为"改革开放30年影响中国人的30本书"，在权威的"改革开放30年10部长篇小说"评选中名列第一。《白鹿原》已被改编或移植为电影、话剧、舞剧、秦腔、绘本、雕塑等多种艺术形式，是当之无愧的文学经典。

在告别仪式上，陕西省委常委、宣传部部长梁桂这样介绍陈忠实先生：陈忠实，胸怀坦荡、光明磊落，忠实于自己从广大人民群众、社会生活实践中获得的思考和启迪，坚持真理。他生活朴素，廉洁奉公，实事求是，严于律己，不计个人得失，淡薄功名利禄，毕生坚守中华民族优秀的文化人格，追求人生的大气度高境界。他为人正直、诚朴、谦和、热情，具有宽厚仁爱之心。在工作、创作和生活言行中，充分体现出追求真理的执着和忧国忧民的情怀。言为士则，行为世范，忠实同志在广大作家和广大人民群众中享有很高的声望和影响，他的人格力量和人格风范，堪称中国作家的表率。

20多年中，《白鹿原》经受住了历史的检验、艺术的考量和读者的筛选，成为中国当代文学的经典作品，具有无可争辩的经典意义。这正是源于，他与时代同步，与人民同心。“为天地立心，为生民立命”，他的作品反映社会生活，记录时代风云，始终将自己的人生和创作融入时代主流和人民事业的伟大实践之中。他以文学为神圣，几十年如一日，坚忍不拔、精益求精，毕生献身文学，勇攀艺术高峰。他的创作紧扣民族历史命运和奋斗前进的方向，呼应改革开放、科学发展道路，展示了人民群众追求幸福生活的美好理想，在实现中华民族伟大复兴的征途中始终发挥正能量。

悼念陈忠实的最好方式，不应只是重读他的代表作，还应缅怀与汲取他值得人们敬重的精神。

斯人已逝，风范长存，陈忠实用不朽的作品和高洁的人格挺起了陕西文化的脊梁。这位内心装满民族命运和百姓命运的人民作家，无论是站起，或是倒下，都是永恒的陕西文化标志，他的文学贡献和文化精神都将在历史长河中显现出不息的光芒。

（《陕西日报》2016 年 5 月 6 日）

陈忠实：仍然让我们仰望星空

杨小玲　李向红　俱文辉

“有的人活着，他已经死了；有的人死了，他还活着。”4 月 29 日，是著名作家陈忠实逝世一周年的日子。在很多喜爱他的读者的心目中，他似乎从未离开。报纸、网络、微信上，人们用诗或文章纪念他；在他的老家灞桥区西蒋村，一拨又一拨的人前去瞻仰……他的代表作《白鹿原》依然畅销，而根据《白鹿原》改编而成的影视剧、话剧、舞剧等艺术形式的作品，依然备受瞩目。《白鹿原》每种艺术形式的问世，都会在读者间引燃一次《白鹿原》热。陈忠实曾说：“一部小说能被多种艺术形式所诠释，让观众从不同的艺术角度去领悟、去理解，是作家最值得欣慰的事情。对作家而言，作品最终要与读者完成交流；对我而言，获得最广泛的读者喜爱，是高于任何奖项的安慰。”他若泉下有知，亦会欣慰——

小说《白鹿原》：书店里的畅销书，备受读者喜爱

记者近日在钟楼书店、小寨嘉汇汉唐书城等书店了解到，《白鹿原》虽然出版了 20 多年，却依然广受读者的喜爱，各种版本的《白鹿原》占

据着书店的显著位置。据小寨嘉汇汉唐书城的工作人员介绍，去年陈忠实逝世时，《白鹿原》的销售曾掀起过一个高潮，不到一周时间就达到近3000本，这之后，《白鹿原》每月有近50本相对稳定的销量。在钟楼书店记者偶遇前来买《白鹿原》的张老师，他说，他是一名大学老师，最早看《白鹿原》是在大学校园的图书馆，一晃多年过去了，自己由学生变为老师。今天来买《白鹿原》，就是想重温一下当年看书时的震撼。

电视剧《白鹿原》：激荡百年国史，再铸白鹿精魂

作为陈忠实最期待的艺术形式，历经17年艰辛筹拍的电视剧版《白鹿原》终于在2016年制作完成。该剧由张嘉译担纲艺术总监并领衔，主演的还有何冰、秦海璐、刘佩琦等戏骨级演员，以及雷佳音、翟天临、李沁、姬他、邓伦、王骁、孙铱等实力新生代联袂出演。电视剧开拍伊始，陈忠实曾挥毫写下了“激荡百年国史，再铸白鹿精魂，祝贺白鹿原电视连续剧开拍”的四尺中堂送给剧组，但他未等到剧版《白鹿原》的开播却溘然长逝，成为所有人的遗憾。为了演绎好这部经典之作，所有演员都拼尽了全力，开拍前一个月，演员们就集体下乡体验生活，吃住都在农村，男演员锄地、赶车、干农活，女演员则缝线、纺棉、学扯面。正式开拍后，正值盛夏时节，阳光炙热，开镰收麦、交农罢工、刑审田小娥等百人、千人的大场面戏份就是在这种条件下完成的拍摄。编剧申捷说：“《白鹿原》令我诚惶诚恐，因为《白鹿原》浸透的不仅有中国传统文化，同时也深刻反映了那个时代的社会变迁，揭示了一个民族生存和发展的根基是其文化传统。”

陈忠实纪念文集出版：
世间已无陈忠实，天地白鹿魂永存

陈忠实逝世半年后，作家出版社和四川文艺出版社先后推出了纪念

文集《写作就是他的生命：陈忠实纪念文集》以及《魂系白鹿原：陈忠实纪念文集》。两本文集都收录了铁凝、贾平凹等著名作家以及社会各界人士撰写的大量纪念和悼念文章。正如铁凝《在陈忠实的创作道路研讨会上的讲话》中所说："在他去世后，前往灵堂吊唁的人络绎不绝，他们中不仅有文学界和文化界的朋友，更多的是普通的读者，是远道而来的乡亲们。"这些文章，意在表达对陈忠实先生的怀念之情，也希望让更多的人了解和学习陈忠实的文字和品质。

近日，陕西人民出版社推出由邢小利、邢之美合著的《陈忠实年谱》。该书起讫于陈忠实生卒之年，以时间为经，以事迹为纬，辐射时代背景与文学语境，突出陈忠实文学人生的节点、亮点与拐点，覆盖陈忠实重要的文学活动与文学成就，以陈忠实的个人记录与人生轨迹展现陈忠实的个人风采与人生沉浮。书中有大量丰富多彩、不为人知的细节，都是作者近距离观察陈忠实所掌握的第一手素材，同时收录陈忠实著作目录、获奖作品目录、研究著作目录，以及相关研究论文，为陈忠实及陈忠实作品爱好者提供了一份翔实的作家档案和研究资料。

陕西人艺版话剧《白鹿原》：开启全年驻场演出，打造陕西文化新名片

2015 年 12 月，由著名编剧孟冰编剧、胡宗琪导演，陕西人艺老中青三代艺术家演出的 3 小时 30 分钟方言版话剧《白鹿原》首次登场，无论是妙用古希腊戏剧中的"歌队"形式呈现出千姿百态的陕西关中村民形象，还是祠堂、牌楼等随时可移动转换的精致景片，或是将全戏推入高潮的"老腔"，这部剧充满激情的创作、地道的陕西风味，台词、配乐与舞美的完美结合，都让它无限接近《白鹿原》原著的韵味，也获得了专业人士和观众的一致好评。在随后的全国巡演中，场场引发轰动，很多地方出现了一票难求的局面。该剧也在第六届国际戏剧"学院奖"中

夺得多个奖项，成为“现象级话剧”，造就了中国话剧“新巅峰之作”。2017年2月，驻场版《白鹿原》隆重登场，全年将持续156场在西安人民剧院驻场演出。新版本可谓“浓缩精华版”，时长压缩了1个多小时，整个演出时间在2小时15分钟左右。陕西人艺院长李宣表示，“这个版本主要是在剧院驻场演出，因此时间上需要更多考虑普通市民和游客的观看节奏”。新版本还创新性地引入“双语字幕”，让更多的外国友人也能方便地欣赏演出。

新版电影《白鹿原》：年底开拍，又一个艺术展示

由芦苇担任编剧和艺术总监的新版电影《白鹿原》剧组日前正在西安选景，影片预计将于2017年年底开机。据悉，新版电影《白鹿原》是陈忠实在临终前两个月最后一次的授权。

电影《白鹿原》被搬上大银幕，可谓一波三折。陈忠实生前曾透露，1992年小说《白鹿原》公开出版后仅一个月，就有导演找陈忠实谈电影改编权。“最先找我的是当时人在美国的吴天明，他托他的弟弟找到我。”没过多久，谢晋的影视公司给陈忠实打来电话，表示想改编《白鹿原》，但此时陈忠实已经授权给吴天明了，遗憾的是最终没有拍成。据了解，张艺谋、陈凯歌都曾试图将《白鹿原》搬上大银幕，但均未能如愿。2012年，由王全安执导的电影《白鹿原》上映，身为陈忠实好友的编剧芦苇曾为之耗时5年、七易其稿，但最终因为与王全安的创作理念差距太大而退出。编剧芦苇在谈及为何要重拍《白鹿原》时称：“这是要给已逝的陈忠实老师以及关中人一个交代。”芦苇还表示，这次重拍电影《白鹿原》，“绝不动手脚，绝不徇私情”。

据了解，2016年2月，陈忠实与编剧芦苇、麦丹影视导演董董在西安工作室进行了长谈，三人一拍即合，就此决定将重拍电影版《白鹿原》。董董回忆与陈忠实老师见最后一面的情景时称，满屋的书山和陈老师的祥和睿智让人心生敬佩，我们说话都是轻轻的，因为那时陈老师因病发

音较低沉。她还透露称："陈老师希望重拍《白鹿原》电影，一定将关中人的汉子精神展示给世界。"制片人李守祥说："我们想还原历史，并非历史本身，而是呈现一种精神，一种民族文化和血脉的传承。"

深深的怀念：陈忠实"忠实文学，忠实人生"

著名作家王蓬：《白鹿原》问世20多年来，一直处于中国文学和长篇小说的峰巅，并因改编为话剧、电影一次次掀起热潮，给人新的感受和启迪。犹如莎士比亚的戏剧，诞生的几百年间长演不衰。说不尽的莎士比亚成为英国人的骄傲；说不尽的陈忠实和他的《白鹿原》也会成为中国人的自豪。《白鹿原》中所深刻反映的厚重丰富、绚烂夺目的社会生活画卷将成为我们民族探究不尽、研究不完的文化遗产和精神财富。至于我个人，在与陈忠实40年的交往中，所有的际会和交集都让我回味不尽，时时给我启迪和激励，并受益终身。作为同时代的作家，陈忠实和他的《白鹿原》所达到的高度，让我毕其一生之力不可望其项背，在我第5次阅读《白鹿原》时，萌生过这样的念头：我没有写出《白鹿原》，但写出了其他作品，丰富了文学也丰富了这个诞生了《白鹿原》的时代，丰富了这个民族的文化积累，也应该是种贡献，也就应该心平气和地继续自己的写作。至于陈忠实在我心目中的位置，可用一句话概括，那就是：高山仰止。

陕西省作家协会创研部主任邢小利：我和陈忠实在一个单位长期共事，对他的人和创作是比较熟悉的。他的晚年其实是寂寞的。我与晚年的陈忠实过从甚密，我在那个时候意识到了他在当代文学史上的价值和意义，提出给他写一本评传。开始他不同意。他认为带"传"字的就是"传"，他不同意所有人为他写"传"。其原因，一方面是他看到一些写活着的作家的"传"，因为有炒作嫌疑引起公开特别是私下的非议；另一方面，他认为"传"要真实，而活着的人都不可能做到全部真实，他有避讳，作者也要有避讳，这样的"传"必然是片面的。后来同意我写了，又嘱我“大胆写，放开写”。关于陈忠实，我先后写了 3 本书，2012 年出版了《陈忠实画传》，图片配文字，图片有历史感，也有现场感；书中附录《陈忠实年谱》，比较简略。2015 年出版了《陈忠实传》。2017 年《陈忠实年谱》单独出书，增加了很多内容，原来的年谱只有几万字，现在则有 20 余万字。“传”侧重写的是传主一生的大关节，“年谱”则是流水账，是年复一年、月复一月、日复一日的雪泥鸿爪，两者互为补充，以期尽可能地接近真实的丰富的陈忠实，并从中能读出某些关于文学也关于历史的某些幽微而丰富的信息。

陕西人民出版社编审孔明最近写了一篇文章，名曰《做一个人》，灵感来自怀念一个人，即陈忠实老师。他说，时间去得太快了，好像丢了一个盹，陈老师谢世一周年的忌日竟逼近了。作为出版社编辑，一年来我策划、责编的图书中有两本与陈老师有关，一本是《陈忠实年谱》，另一本是《陈忠实——郑文华人物专题摄影作品选》。此前，我还编过《陈忠实传》。这三本书都给我注入了一种强烈的正能量，那就是做人当做陈忠实。陈忠实的文学成就今生难以企及，陈忠实做人就如同他的名字：忠实！如果再延伸，那就是八个字：“忠实文学，忠实人生。”他一路走来，一路忠实，一路鲜花；他含笑走去，带走了鲜花，却留下了“忠实”。陈忠实不死，因为《白鹿原》，更因为“忠实”！

著名作家方英文用“信念、奋斗、奉献”六个字来概括陈忠实先生巨大的人格魅力。“陈忠实对国家的贡献，主要是实现了个人内心的生命体验，并把它通过文学形式表达出来。”

陕西省文艺评论家协会副主席刘炜评，曾为陈忠实先生写过两首绝句，一首是《白鹿原》获得茅盾文学奖后：“先生自是大手笔，白鹿原上演黄钟。一书读罢叹观止，到处逢人说陈公。”多年之后他又给陈老师写过一首绝句：“廿年灞上识陈公，椽笔远承太史公。唯有剥离臻大造，不教心帜愧苍穹。”省社科院文学研究所研究员张艳茜未语泪先流，她回忆了和陈忠实先生生前最后一次见面时的拥抱：“那时陈老做了第一阶段的治疗，说有一些胃口了，召集一些好朋友吃泡馍。那天我去得比较早，陈老师也先到了，像这一类的餐叙，每次陈老师都要先说明他请大家，我每次去得比较早，但是那次陈老师先我而到。我去的时候跟他先拥抱了一下，10 月 10 日天气不是很冷，他穿着厚毛衣，我通过厚毛衣拥抱他的时候，触到那种很坚硬，没有多么柔软皮肤的那种瘦削，那种手感，那种触感，到现在好像还遗留着。”张艳茜讲述了和陈老师接触的三个阶段：带着崇仰的心情仰视戴着作家光环的陈老师，作为作协副主席兼任《延河》主编的严厉、严肃、严格，很负责任的领导陈忠实，以及 60 岁之后更加和蔼可亲的邻家大哥陈忠实。

（《陕西日报》2017 年 4 月 29 日）

白鹿原，一个安放伟大作家灵魂的地方

王心剑

2019年4月15日（农历己亥年三月十一日），在陈忠实三周年忌日（公历4月29日）之前，他的骨灰安放仪式于西安灞桥白鹿原举行。

陈忠实离世三年之后，又回到了他的老家，回到了他一辈子梦魂萦绕的故乡，回到了生他养他的大地母亲温暖的怀抱。他的墓地坐落于沟梁褶皱此起彼伏的山坡高处，背靠巍巍白鹿原，面朝旖旎灞河水，周围有松涛过耳，樱桃芬芳，鸟语花香。这里，也只有这里，才是真正能让作家灵魂安息的地方。

因为此处不仅是他的诞生地，还是他倾注毕生心血和火热般激情着力描摹的地方。

白鹿原，这个在西周时期因吉祥物——一只白鹿驰过而得名的古原之上，曾经安葬过大汉朝一代明君汉文帝和他那贤良的母亲薄太后以及妻子窦皇后，也安葬过大唐盛世一代圣僧唐玄奘。而今，陈忠实的骨灰也安放于此，必将引来无数文人墨客以及崇拜者的瞻仰与凭吊。他的灵魂将与白鹿原、灞河水融为一体，他的精神风貌将与这片土地同在，他的不朽业绩也将与家乡的山河一样赫然屹立，流芳千古！

墓园下面，行走约百步，沿坡根居住着数十户人家，人称西蒋村。

这是灞河川道南侧一个不起眼的小村庄，村西头关帝庙遗址旁，有一条蜿蜒而上的原坡深壑，传言这就是当年神奇白鹿上原的沟道，原上人把这条静幽的沟壑叫作鹿道口。沟道的坡根底下，矗立着陈忠实出生的农家小院。

77 年前农历八月的那天，农家小院传来一声婴儿啼哭。家境贫寒、勤劳善良的陈家老父母，绝对不会想到眼前这个孱弱的小生命，将来要背负身后这道厚重的古原，迈开人生的脚步，去开启自己充满艰辛而又无比辉煌的人生旅程。

就是这个面相被称作与黄土高原沟壑纵横的地貌有着惊人相似的人，就是这个秉承了黄土地的浑厚与深沉的人，就是这个被白鹿原一道龙脉赋予了聪明与智慧的人，他的未来命中注定要饱含深情地刻画这座古原上下的草木风物，挖掘这座古原数千年来的人文沉淀，书写这座古原厚重而神秘的一部史诗。他要让这道古原随着自己的如椽巨笔，在无数人的心头和脑海里跳跃燃烧，要让这道古原不托飞檄之势，走出灞河川，走向神州大地和环宇各个角落，走进不同肤色、不同人种的所有读者的心灵深处……

人生贵在有一个理想，贵在有一种追求，这是驱动生命不断向前迈进的强大动力。

就是这个当初的小小少年，为了人生不能虚度，为了能让自己的视野不局限于眼前的灞河川，即使仅仅为了听一声时代火车的汽笛声，性格倔强有着独特人生理解的他，硬是靠着坚强的信念，踩踏着磨穿了鞋底、磨破了脚板的烂鞋，任凭血染沙石公路，义无反顾地奔走十几里去投考远方的学校。

贫穷挡不住有志者的脚步，清寒熄灭不了心头照亮未来的火炬。就是为了心中那一股诗与远方的渴望，他经受了一个农村孩子求学生涯中的一切艰难历程：每周往返六七十里回家里背馍；天天吃着开水泡馍就咸菜的饭食；假期回家挑担买菜筹措学费；品尝着因家贫不得不中途辍学而吞咽下鼻涕泪水的苦涩。少年时期的所有磨难，坚韧了他的人生意志，丰富了他的人生阅历，及早地开始了他对生活经验的积累，加深了他对社会、对人生的更本质的理解和把握。

这个白鹿原人的年轻后裔，有过其他人很少经历过的挫折与低谷，有过与梦寐中渴求的高校交臂而过的失意与落寞，也有过对命运的怀疑与迷惘。可他最终被埋藏在心灵深处的创造潜力所唤醒，生命里强大的神圣的别样追求促使他拿起笔来重新书写人生。水激石则鸣，人激志则壮，一个真正的陈忠实因痛苦而励志，经挫折而奋起，一个伟大的作家由此诞生。

他在回到家乡躬耕田亩的过程中，尝试着以新的生命体验去适应环境，以火热的胸怀投入进白鹿原人的生活。他带出了毛西乡最好的学生班级，他成为最好的民请乡村教师，他写出了可爱家乡的每一种新变化，他的散文《夜走流沙沟》《杏树下》《樱桃红了》，一篇又一篇飞出灞河川，字里行间充分洋溢着对家乡人民的深厚感情。

在经历了血与火的一场动荡与浩劫之后，在那个文化尽毁的荒原之上，他跃马扬鞭一骑绝尘开始了自己的文学征程。《接班以后》《高家兄弟》《无畏》……一篇篇满带着田园野菜香味破土而出的小说，让他一步一个脚印步出灞河川，奔驰在八百里秦川，一跃成为中国文坛最耀眼的新星。有识之士此时已经断言，他将是中国未来最具潜力的农村题材作家，在他的笔下将会有震惊世人的巨著问世。

他对文艺来源于生活有着自己独特的理解，他对小说艺术的探索有着近乎固执的坚持，他宁肯多走弯路也要保持对文学的敬畏，他小心翼翼地借鉴国外文艺理论而绝不随波逐流。

在很多人怀疑他的艺术道路能走多远的时候，在别人的文学成就像一波又一波巨浪迎面扑来，让他应接不暇面临尴尬的时候，他心如止水波澜不惊，秉承着柳青的忠诚于生活、忠诚于人民的坚定理念，用坚实的脚步丈量着家乡白鹿原的每一寸土地，一个一个村子深入采访，在田间地头与每个老农促膝而谈，抽着同一锅烟，喝着同一罐水，倾听着家乡老三辈人一个个动人的故事。

长篇小说《白鹿原》的问世，别人看到的是洛阳纸贵的轰动效应，看到的是渭河平原半个世纪以来的一部雄奇史诗，看到的是他登上中国文学最高殿堂的荣誉。而他们没有看到的是，作家潜藏在自己心灵深处对家乡人物的深厚感情。他写出了白鹿原家乡最好的先生、最后一代最典型的地主、最后一代最忠厚最令人唏嘘的长工，就连笔下被蹂躏的田小娥，作家在写完她的死也是眼前一黑，以至于哽咽无语。作家把他对这块土地深厚的感情，化作大爱融化于每一个人物，甚至每一段文字。作家见不得人对他笔下推崇的人物有别样的贬损，因为他是一个为人民而写作的作家，他深深地热爱着自己的人民！

陈忠实墓园，背后原坡高峻，势走龙蛇；前眺骊山晚照，万马奔腾；左有千年古都飞腾的气象，右有华胥古人呐喊余音之袅袅。

陈忠实生于白鹿原，离世后回归于白鹿原。白鹿原这块土地的精气神铸造了他的风骨与人格精神，他的灵魂也将与家乡、与这块土地紧紧相拥。

他就是一座青山，将与白鹿原一起永存于世！

（《文艺报》2019 年 5 月 6 日）

敬　告

本书使用的部分文章未能与作者取得联系，深表歉意。敬请原作者及时与我社联系，提供您的联系地址、邮编和电话号码，我社将按有关标准给付稿酬，谢谢。